JN496451

다초점 렌즈로서의 재난인문학

그물망과 교차점

다초점 렌즈로서의 재난인문학

그물망과 교차점

초판1쇄 찍은 날 | 2022년 1월 2일
초판1쇄 펴낸 날 | 2022년 1월 6일

지은이 | 한순미
펴낸이 | 송광룡
펴낸곳 | 문학들
등록 | 2005년 8월 24일 제 2005 1-2호
주소 | 61489 광주광역시 동구 천변우로 487(학동) 2층
전화 | 062-651-6968
팩스 | 062-651-9690
전자우편 | munhakdle@hanmail.net
블로그 | blog.naver.com/munhakdlesimmian
값 16,000원

ISBN 979-11-91277-36-4 93300

· 잘못된 책은 바꿔드립니다.
· 이 책 내용의 전부 또는 일부를 재사용하려면
반드시 저작권자와 문학들의 동의를 받아야 합니다.
· 이 책은 2019년 대한민국 교육부와 한국연구재단의 지원을 받아 수행된 연구임
(NRF-2019S1A6A3A01059888).
· 2019년 5월 1일 시작한 한국연구재단 지원사업 조선대학교 인문한국플러스사업단
(HK+) 아젠다 〈동아시아 재난의 기억, 서사, 치유〉 연구의 결과물을 엮은 것이다.

다초점 렌즈로서의 재난인문학

그물망과 교차점

한순미 지음

문학들

서문

인문/면역학

코로나 바이러스가 세계를 지배하고 있다. 총칼처럼 날카로운 무기를 든 것도 아닌 그것이, 우리의 몸을 제멋대로 드나들면서 보이지 않는 힘을 과시한다. 초국경의 전염균이 이웃과 공동체의 경계와 질서를 위협하기 시작한 것이다.

연구실에 격리된 채로, 나는 변이 바이러스가 출현하고 돌파감염이 일어나고 있다는 속보들을 접할 때마다 인문학이 바이러스의 점진적인 지배력과 전파력을 닮아 있다고 생각했다. 지구, 세계, 우주라는 거대한 덩어리를 한순간에 공포와 두려움의 장소로 만들어버린 바이러스의 속도와 흐름에서 인문학이 나아가야 할 방향을 짐작해 보기도 했다.

팬데믹이 유행하는 동안 이탈리아 로마를 상상하는 행위는, 숨을 들이마시고 내쉬는 활동과 같이 반복되는 일상의 규칙으로 자리했다. 저 먼 곳으로 이동할 수 없는 격리의 상황이 오히려 갈 수 없는 그곳을 더욱 자주 떠올리게 한 것이다. 그리움의 감정은 엄격한 방역수칙을 수시로 위반했다.

동일한 생각과 행위를 매일 반복적으로 지속하는 경우, 그것이 무엇인가를 변화시키는 실천적인 힘이 될 수 있다는 믿음을 놓고 싶지 않았다. 글을 읽고 쓰는 일을 멈추지 않는 것은 변이하는 전염균에 대응할 수 있는 면역학을 정립하려는 시도와 멀지 않게 다가왔다. 이것이 '재난/인문학'을 '인문/면역학'이라고 바꾸어 부르는 이유다.

이 책은 한국연구재단의 지원을 받아 2019년 5월 1일에 시작한 조선대학교 인문한국플러스사업(HK+) 아젠다 '동아시아 재난의 기억, 서사, 치유: 재난인문학의 정립' 아래 진행한 연구 결과물을 엮은 것이다. 팬데믹의 유행과 함께 신문에 게재한 칼럼, 논평문과 평론의 일부도 포함되어 있다.

글쓰기는 어떤 장소에서 시작하고 전개하느냐에 따라 다른 빛깔과 목소리를 낸다. 나는 한국에서 그리고 광주라는 지역에서 재난을 인문학의 관점에서 연구한다는 것이 어떤 의미를 지닐 수 있는 것인지에 대해 질문했다. 현재의 시공간에서 출발해 과거 역사에서 재난들을 어떻게 기록해 왔는지를 돌이켜 보았다.

재난의 시대, 팬데믹의 시대를 앓고 있는 흔적들에서 단절된 듯 연결된 재난인문학의 별자리를 그려 보고 싶었다. 1부 〈그물망: 재난의 인식과 서사〉와 2부 〈교차점: 재난의 기억과 치유〉는 각각 "그물망"과 "교차점"이라는 핵심어를 중심으로 재난인문학 연구의 단상과 방법론을 배치했다. 팬데믹 이후의 재난에 관한 단상들에서 재난의 기억과 인식, 재난의 서사와 치유라는 연구방법론을 펼쳐 보이게 구성했다.

원래 이 책에 실린 글들을 소개하는 긴 서문을 준비하고 있었는데, 다음과 같이 논문의 첫 문장을 열었던 기억을 떠올리면서 짧게 쓰기로 했다. "재난의 한가운데에서 살아가면서 재난인문학에 대한 글을 쓴다는 것이 사치스럽게 느껴진다."(Disaster Humanities After the Pandemic, 2020. 12.) 이 느낌은 여전히 변함이 없다.

재난의 세계를 감지하고 옮기는 것은 더 이상 나의 생각과 감각이 하는 일이 아니다. 바르게 말하면, "다초점 렌즈로서의 재난들"이 이 책의 낱말들을 선택하고 문장들을 짓게 했다. 재난들이 글의 어조와 스타일을 결정했다. 그러므로 재난들이 이 책의 실제 저자들이다.

K방역에 저항하고 있는 백신 미접종자들도 혼자만의 방에서 이 책을 펼칠 권리가 있다. 선천적으로 면역력이 약하게 태어난 사람들, 후천적으로 면역력을 상실한 사람들이 이 책에 실린 글들과 먼저 접촉했으면 한다.

2022. 1.

한순미

차례

2장 팬데믹 이후 재난인문학

3장 거울과 카메라 : 한센병 발화에서 "당신"의 각도

2부 교차점 : 재난의 기억과 치유

부록

Disaster Humanities after the Pandemic

1부

그물망

: 팬데믹 이후 재난인문학

1장

재난 단상들

1. R0값, 수학적인 저항을 생각한다

이탈리아 소설가이자 물리학 박사인 파올로 조르다노(Paolo Giordano)는 "2020년 2월 29일" 코로나19 발생 현황 지도를 보면서 음울한 빛깔로 단상을 기록하기 시작한다. 때로 냉정한 어조로 희망을 전하기도 한다. 그는 감염자 1명이 2차 감염을 일으킬 수 있는 인원을 수치화한 R0값[알제로, 기초감염재생산지수]을 낮춘다면 이 사태를 바꿀 수 있다고 말한다. "만약 우리가 필요한 기간만이라도 단호하게 사회적 거리를 둔다면 마침내 R0값은 임계점 아래로 내려가 전염병의 기세는 수그러들 것이다. R0값을 낮추는 것은 우리가 코로나19에 저항한다는 수학적 의미다."[1)]

---

1) 파올로 조르다노, 『전염의 시대를 생각한다』, 김희정 옮김, 은행나무, 2020, 18~19쪽.

파올로 조르다노의 책에서 주의 깊게 읽은 부분은 "바이러스가 이 사람에서 저 사람으로 옮겨가지 못하게 행동한다면" 혹은 "R0 값을 낮추는 것은 우리가 코로나19에 저항한다는 수학적 의미다." 라고 비교적 '단호하게' 표현한 문장들이다. 그러니까 지금의 거리두기는 바이러스의 무차별적인 전파력에 맞서 '수학적인 저항'을 개시한 것이라고 말할 수 있다. "사실 수학은 숫자의 학문이 아니라 관계의 학문이기 때문이다."라는 문장은 전염의 시대를 사유하는 문법을 요약한다. 전염의 역사는 곧 접촉과 관계의 역사다.

언제부턴가 숫자를 확인하면서 하루를 시작한다. 코로나19가 일상의 작은 습관을 바꾸어 놓은 것이다. 거리를 떠돌아다니는 말들에서도 전염의 공포가 다녀간 흔적들이 발견된다. 낯선 용어들을 검색한 후 뜻을 겨우 헤아리고 추가된 예방 수칙을 점검하는 것도 일과가 된 지 오래다. 이토록 많은 외래어, 신조어, 그리고 의학 지식을 접해 본 적이 있었나 싶을 정도다.

바이러스는 사람과 사람 사이의 원근을 지배하고 조절한다. 내 몸이 바이러스와 호흡하고 있다는 사실, 그리고 나의 숨결이 다른 사람의 숨결과 연결되어 있다는 사실을 새삼 깨닫는다. 내 안팎에 무수한 바이러스와 타인들이 살고 있었던 것이다. 어느 순간, 다른 상상과 생각이 번지기 시작했다. 자주 만나고 싶어도 만날 수 없는 얼굴들이 밤하늘의 별들처럼 반짝였다. 보이지 않는 숨결로 이어진 연대의 별자리. 고독한 시간과 공간을 생각하는 방식에 변화가 생긴 것이다.

비대면 시대, 생활 속의 거리두기가 지속되는 동안 고독은 일상이 되고 있다. 한편 바이러스는 지구의 모든 생명체를 친구로 만든다. 알다시피, 세계보건기구가 선언한 팬데믹(pandemic)이라는 용어는 그리스어로 '모두'를 의미하는 'pan'과 '사람'을 뜻하는 'demic'의 조합어이다. 즉 모든 사람이 감염될 수 있다는 말이다. 팬데믹의 유행은 인간과 인간만이 아니라 인간과 동물, 인간과 사물 간의 연결과 접속의 끈을 더욱 긴밀하게 드러낸다.

"공포(panic)의 어원은 그리스 신화 속 삼림과 들의 신 '판(Pan)'에서 유래됐다. 판은 때때로 큰소리를 질렀는데, 그 소리가 어찌나 크고 끔찍했던지 주위가 온통 소스라치게 놀랐다고 한다."[2] 패닉과 팬데믹은 'pan'이라는 글자를 공유하고 있다. 반인반수의 몸으로 변덕스럽고 화를 잘 내고 공포를 불어넣었던 판. 인간과 짐승의 속성을 모두 지니고 있었던 판은 팬데믹이 유행하는 동안, 잘 보이지 않는 곳에 자리한 폭력, 불평등, 소외, 차별, 배제 등 어두운 자국들을 더 큰 목소리로 불러낸다. 포스트 코로

---

2) 파올로 조르다노, 『전염의 시대를 생각한다』, 앞의 책, 72쪽.

나 시대에 반드시 다루어야 할 과제들이다.

이 예상치 못한 재앙의 긴 터널을 어떻게 통과할 수 있을까. 코로나19는 이런 질문에 거의 강제적으로 직면하게 만든다. R0값을 낮추기 위해서는 거리두기를 실천하면서 전염의 공포를 이전과 다르게 사유하는 방법이 필요하다. 여기에는 인문학, 의학, 인류학, 생태기후학, 지질환경학 등 여러 학문 간의 벽을 넘나드는 융합적인 지식이 요청된다.

나는 바이러스의 전파력에서 숱한 재난들이 남기고 간 흔적들을 떠올린다. 4·3, 6·25, 4·19, 5·18, 4·16 등과 같이 숫자로 기념하는 날들을 더 이상 반복해서 겪지 않으려면 잠재된 폭력의 빈도'값'을 줄여나가야 한다. 저 먼 역사를 떠올리지 않아도 폭력이 도래할 위기는 일상의 곳곳에서 감지된다. 기후변화는 인간이 지구환경에 행사한 폭력의 결과다. 이 모든 것이 '수학적인 저항'으로 맞설 수 있는 것이라면, 언제나 바로 지금이 시작할 때다.

2. 재난 뉘앙스 인용법

말들이 거처를 상실한 것처럼 도처에서 범람하고 있다. 기후재난과 팬데믹 이후에 겪게 될 또 하나의 전쟁은 다양한 말들을 기록하는 일에서 일어날 것이다. 재난을 이야기하는 "발화의 양태"를 주목하는 이유는 바로 그 때문이다.

초국경으로 이동하는 팬데믹에 관한 발언들을 인용하는 것은 한층 사려 깊은 태도를 요한다. 그것은 전염균의 발생 원인과 전파 경로, 방역에 관한 책임과 관련되는 일이다. 팬데믹의 유행을 둘러싸고 떠도는 말들은 팬데믹 이후 감염병 기록에서 무엇이 뜨거운 쟁점이 될 것인지를 미리 보여준다.

감염병을 지역, 인종, 민족, 종교 등 특정한 표지와 함께 사용할 경우 갈등과 분쟁을 촉발하는 계기가 된다. 굳이 말하는 사람의 이름을 적지 않아도 익숙할 몇 가지 사례들을 다시 옮겨본다. "중국 바이러스(Chinese Virus)"[2020. 3. 16.] "외부 바이러스 테러"[2020. 8. 15.] "코로나 공포정치"[2020. 8. 23.] 정체없이 출현한 저 말들을 어느 곳에 넣어 문장을 완성해야 할지 난감하다. 정확한 것은 저 말들이 유랑하기 시작한 '날짜'다.

과학기술학, 정치학, 인문학을 넘나드는 하이브리드 사상가 브뤼노 라투르(Bruno Latour)의 『과학인문학 편지』는 학생들에게 보낸 여섯 통의 편지들을 엮은 책이다. 이 편지들에서 라투르는 "잘 말하기"가 무엇보다 중요하다고 강조한다. 그러기 위해 '말해진 것'을 먼저 인용부호 안에 묶어 볼 것을 제안한다. "발화체 즉

‘말해진 것’과, 말해진 것에 부여되는 중요도의 차이를 낳는 ‘양태[말하는 방식]’”를 구분해 읽어야 한다는 것이다. 그의 발언을 직접 들어보면 ‘말장난’은 아닌 게 확실해 보인다.

> (…) 지구 온난화가 인류가 원인이 되어 일어났다는 것과 “지구 온난화는 인류가 원인이 되어 일어났다”는 전혀 같지 않습니다. 말장난을 하는 게 아닙니다. 첫 번째 발화체는 ‘세계에’ 속해 있지만 두 번째 발화체는 ‘세계에 대한’ 불확실한 담론에 속해 있습니다. 과학철학 전체가 이 뉘앙스에 달려 있다고 해도 과언이 아닐 겁니다.[3)]

문장에서 따옴표는 말과 생각을 세계에서 분리하는 역할을 한다. 가령, 지구 온난화의 원인을 서술할 때 따옴표를 쓸 때와 문장 안에 그냥 풀어쓰는 것은 전혀 다른 느낌을 준다. 과학철학은 확실성과 불확실성을 구분하는 “뉘앙스”에 의존해 있다는 것이 브뤼노 라투르의 중심 논지이다. 재난의 사태를 말하는 방식에 주의해서 말들을 인용하지 않으면 사실, 거짓, 진실의 차이를 확실하게 분별할 수 없다고 보기 때문이다. 브뤼노 라투르의 편지들을 읽다 보니 융합의 시대에 분별없이 뒤섞는 것만이 대안은 아닐 듯

---

3) 브뤼노 라투르, 『과학인문학 편지』(COGITAMUS), 이세진 옮김, 김환석 감수, 사월의책, 2012, 91~92쪽.

싶다.

예기치 못한 재난들이 발생할 때마다 어디에서 생겨났는지 알 수 없는 소문, 유언비어, 가짜 뉴스들이 출현한다. 그러한 현상도 이해할 수 없지만 그런 말들을 '사실'이라고 믿어버리는 사람들의 순진함이 더 납득하기 어려울 때가 많다. 그럴듯해 보이는 분석을 소설 속 등장인물의 수다에서 듣는다.

> "악당이 사실의 조작을 잘하기도 하지만, 사실 자체의 모호한 성격 때문에도 그래요. 우리들이 흔히 말하는 사실이란, 사실은, 사실이 아니고, 그 사실에 대한 어떤 사람의 해석일 때가 많아요. 사실과 해석은 전혀 다르죠. (…)"[4]

그러니까, 우리가 알고 있는 '사실'은 사실 그 자체라기보다는 오히려 사실에 대한 '해석'일 때가 더 많다는 이야기다. 그것은 사실 자체가 지닌 모호함 때문이기도 하겠지만 사실 자체를 개인적인 해석이나 견해를 덧붙여 사실을 왜곡하는 사람들 때문에 생겨난다. 악의를 지닌 악당들은 자신의 의도에 따라 사실을 "조작"함으로써 무고한 사람들을 희생시킬 수 있는 근거를 마련하기도 한다.

---

4) 서정인, 『철쭉제』, 민음사, 1986, 153쪽.

따라서 "사실을 찾아내기보다는 사실에 가까워지려는 끊임없는 노력"은 단지 한 작가에게만 해당되는 일은 아닐 것이다. 제자 자로가 공자에게 정치를 하기 전에 무엇을 하겠느냐고 묻자, 공자는 "정명(正名)"을 하겠노라고 말했다(『논어』). 명분이 바르지 못하면 말이 이치에 순하지 못하므로 이름을 바로잡아 사회의 질서를 세우고자 한 뜻에서였다. 시간이 흘러도 빛이 바래지 않는 명답이다.

고작 두 눈으로 눈앞에 진행되고 있는 모든 일들을 제대로 볼 수는 없다. 시간이 흐른 뒤에야, 오래전 어느 날 있었던 일들, 그리고 바로 전에 일어난 일들을 되감아 볼 수 있을 뿐이다. 그런 점에서 인간은 매 순간 다른 시간을 감각하면서 다른 역사의 마디를 통과하고 있다고 말할 수 있다. 할 수만 있다면 사실에 가까워지려는 노력을 잊지 않으면서 그 한 자락을 인용하려 애쓸 뿐. 인터넷 신문을 보다가, 일단 따옴표를 써서 검색한 날짜와 함께 인용해 두어야 할 말들을 찾아서 재난어휘목록에 추가해 넣어 둔다. "5·18 당시 헬기사격은 사실 아냐" "헬기사격 있었다" "신기루" "증거 넘쳐"[2020. 8. 24.]

3. 백 년 전 '전염 예방에 관한 건'

백 년 전, 1920년 무렵 식민지 조선에서의 일이다. 당시 경찰청 경무국장의 지시사항이 신문에 실렸다. 그 가운데 위생과에는 '1. 위생 상태의 개선 향상에 관한 건'과 '2. 전염 예방에 관한 건', 두 가지 안건이 전달되었다.

'위생 상태의 개선 향상에 관한 건'은 조선의 위생 상태를 양호하게 개선하기 위해 당해 연도 위생비를 수립하고 병원과 자혜의원 증설한다는 계획이다. 각 도청에 위생기술원을 배치하고 지방에 공의(公醫)를 늘려 질병을 치료하고 건강을 보호하고자 한다는 것이다. '전염 예방에 관한 건'은 악질(惡疾), 천연두, 두창 등이 유행하므로 위생사상을 향상함과 더불어 전염병 예방을 위한 방역계획 수립의 필요성을 설명하고 있다.

전염병과 유행병이 창궐하던 식민지 조선에서 위생과 방역은 더할 나위 없이 중요한 과제였다. 일제강점기 식민 통치 위생정책을 소개하고자 백 년 전 신문을 인용한 건 아니다. 또한 나의 눈길이 머문 곳은 위생과 전염병 예방에 관한 구체적인 지시 내용이 아니다. 마지막 부분에 덧붙인 구절이 가시처럼 마음 한구석을 아프게 찔렀다.

衛生을說할際는可及的言語를平易하고難解의文字를避하야 民衆을理解케하고

—『동아일보』 1920. 4. 21. 3면

한자를 한글로 바꾸고, 띄어쓰기를 해서 풀어서 보면 다음과 같은 내용이다. 즉 '위생에 대해 말할 때에는 되도록 쉬운 언어를 사용하고 어려운 문자를 피하여 민중이 이해할 수 있게 하라'는 뜻이다.

한글을 빼앗긴 당시에 저 신문 위의 글자들을 이해하고 전염병의 위험성을 인지할 수 있었던 사람들은 몇 명이나 되었을까. 신조어들로 도배한 신문들을 보고 있으려니 여기가 어느 나라인가 싶다. 코로나19 방역 당국은 매일매일 예방수칙과 확진자의 이동경로를 상세하게 문자로 전달하고 있지만 확진자는 여전히 줄어들지 않는 모양새다. 방역수칙을 전달받아도 이해할 수 없는 디지털 문맹자들이 적지 않은 탓인가.

법원은 개천절 '드라이브 스루 집회'를 허용했고 정부는 '가이드라인'을 지켜달라고 당부했다. 방역수칙을 충실하게 지키고 싶은 마음이 너무 컸기 때문일 수도 있다. 어느 것이 대체 맞는 발음인지를 떠올렸다. "드라이브 뜨루" "드라이브 드루" "드라이브 쓰루" "드라이브 스루". 방역에 충실한 요즈음, 깨끗해진 손가락으

로 자주 사용하고 있는 '드라이브 스루'라는 발음을 따르기로 한다. 혹은 "차량집회" "보도지침" "길잡이"를 써 보기로.

시공간을 더 먼 곳으로 거슬러 올라가서, 17세기 말 유럽의 한 도시에서 페스트가 발생했을 때를 다시 꺼내 읽어 본다. 밀접한 접촉을 방지하기 위해서 조치와 법규를 섬세하게 마련했다. 외출의 순번을 정해 왕래가 필요한 사람들만이 특정한 장소를 다녀갈 수 있었다.

> 왕래가 허락되는 것은 감독관들, 동장이나 읍장들, 그리고 호위병들이고, 그것도 감염된 집들 사이와 시체들 사이로 한정되며, 죽어도 상관없는 '매장부 인부들'은 그대로 방치되는데, 그들은 "병자를 운반하고, 시체를 매장하고, 청소를 하는 등 비천한 일을 하는 하층민들"이다.[5)]

코로나19 확진자와 "불법집회"에 온통 관심이 쏠려 있는 가운데, 아무도 모르는 사이에 죽어가고 있는 비천한 사람들의 이동 경로와 일상에는 관심이 부족한 것 같다. 전염균은 모든 사람들에게 평등하게 전파된다. 전염병이 지나간 자리는 불평등한 것들로

5) 미셸 푸코, 「일망 감시방법」, 『감시와 처벌: 감옥의 역사』, 오생근 옮김, 나남출판, 1994, 290쪽.

가득 쌓인다. 이 몹쓸 전염병은 불평등한 현실과 소외된 사람들을 드러내는 데에는 분명 쓸모가 있다.

4. 격리의 역사는 곧 접촉의 역사이다

말에도 역사가 있다. 어떤 말들은 비슷하거나 같은 소리를 내는데, 서로 다른 뜻을 품는다. 말의 생김과 쓰임에 역사적 맥락과 흔적이 스며들어 있기 때문이다. 새삼, 동음이의어의 변천에 대해 설명하려는 것이 아니다. 코로나19가 전 세계를 휩쓸고 있는 가운데 지상을 가득 채우고 있는 말들이 내게는 왠지 아주 낯설지 않게 다가온다. 코호트, 자가격리, 소독, 방역, 사회적 거리두기, 생활 속 거리두기 등 다양한 용어들은 기시감을 일으킨다.

격리의 역사는 곧 접촉의 역사이다. 다시 말해 격리는 인간과 인간이 함께 모여 살아온 시간만큼 누적된 기억을 지닌 말이다. 전염병의 인류사 속에서 격리는 전염병의 유형에 따라 다른 용법으로 사용되었지만, 그것은 인간과 사회를 보호해야 한다는 명목 아래 전염의 공포에 대응하는 방식 중의 하나였다.

바이러스는 이웃을 바라보는 시선을 바꾼다. 바로 곁에 있는 사람이 격리의 일차적인 대상이 된다. 전염균보다 무서운 것은 사람이다. 앞으로 많은 시간을 함께하기 위해 '너와 나'를 잠시 격리한다. 코로나19는 더 가까이 가기 위해 '너'에게서 멀어지라고 한다. 이렇듯 '자가격리' '사회적 거리두기'는 타율적이고 강제적인 격리가 아니라 자율적으로 서로를 보호하는 방법이다. '생활 속의 거리두기' '일상적 거리두기'는 자신과 타인, 사회와 국가를 안전하게 보호하고 유지하기 위한 실천적인 윤리가 된 것이다.

어느 날 갑자기 찾아온 바이러스는 그렇게 나와 이웃, 인간과 사회의 원근을 조절한다. 어렵게만 느껴졌던 전문 의학 지식은 일상을 유지하기 위한 상식으로 자리한다. 개인 정보 유출 문제가 거론되면서 익명검사와 확진자의 동선 공개를 축소하는 정도에서 그치긴 했지만, 불특정 다수가 감염 대상이 될 수 있다는 이유로 병원과 국가가 생명을 통제하고 관리하는 것을 당연한 일로 받아들인다. 특정한 지역, 종교, 외국인, 소수자에 대한 혐오의 감정이 쏟아졌다.

코로나19가 전염시킨 것은 불안과 두려움만은 아니다. 서로를 멀리하라는 예방 수칙을 강조하는 분위기 속에서 서로를 격려하고 후원하는 다양한 움직임들도 일어났다. '너와 나'는 더 이상 혼자가 아니라는 사실을 피부로 체감한다. 그러나, 재난 이후 사회에서 도래할 연대의식과 새로운 공동체의 가능성을 제시했던 숱한 책 속들도 이 혼란한 마음을 다스리는 데에는 별 쓸모가 없다. 저소득층 임금노동자들은 코로나19 이전과 이후에도 보호받지 못한 사회적 약자들이긴 마찬가지다. 재난은 잠재되어 있던 불평등한 구조를 한층 바깥으로 드러낸다.

코로나19 사태가 전개되는 과정을 실시간으로 지켜보면서, 나는 근대 이후 한국 한센인과 한센병이 건너온 삶과 역사를 다시 펼쳐 본다. 한센병에 대한 전염의 공포는 차별과 배제를 동반한 강제적인 격리 정책을 낳았는데, 그것은 한센인을 향한 낙인의 감성을 동반한 추방의 논리와 다르지 않았다. 한센병의 역사에서 쓰인 '격리'라는 말은 코로나19로 인한 '격리'와는 차이가 있다. 그런데도 두 가지 전염병이 일으킨 현상들은 적지 않게 닮아 보인다.

격리라는 말의 생애는 감염병의 역사만큼 복잡다단하다. 한국 한센병에 관한 기록 중에서 몇 가지 사례를 들어 한센병의 역사를 코로나19 사태와 겹쳐 생각해 본다.

이후의 기록들

전염병의 인류사는 기록하는 주체에 따라 다른 모습으로 현상된다. 전염병에 관한 기록들에는 전염균이 어디에서 먼저 발생했고 어떤 경로로 전파되었는지에 대한 관점의 차이에 따른 보이지 않는 긴장과 갈등이 내장되어 있다. 코로나19가 스치고 간 거리에서 한센인들의 얼굴은 더욱 선명한 윤곽을 그리며 다가온다.

나는 한참 더 시간이 흐른 후에 이 혼란한 장면들이 어떤 글자와 이미지로 기록될지 궁금하다. '코로나19 확진자'로 분류된 사람들은 당시 사회의 질서를 교란한 범죄자 혹은 일탈자로 분류될 것인가. 예방 수칙을 잘 지킨 사람들은 행정 명령을 준수하고 자신과 사회의 건강과 안전을 도모한 윤리적 주체들로 기억될 것인가.

코로나19가 남긴 물음들은 가볍지 않다. 마스크는 비싼 치료기구가 아니다. 그러나 평등하게 사용할 수 있는 마스크 뒤에 가려진 얼굴들은 결코 평등하지 않는 삶을 살아간다. 또한 우리가 같은 시간과 장소에서 함께하는 것만이 공동체가 아니라는 사실을 알려준다. 건강한 삶과 사회를 유지하기 위해서는 격리가 적절한 방법이 될 수도 있는 것이다. 이젠 한국 사회에서 지속된 공동체의 형상들도 조금 달라질 때가 된 것 같다. 격리는 곧 연대이다.

우리는 이미 전염의 공포 속에서 낙인의 대상을 선별하고 새로운 사회를 짓고 있는지도 모른다. 단절된 듯 연결된 '별자리 공동체'라고 이름할 수도 있을 그것. 포스트 코로나19 시대에 지금 여기에서 일어나고 있는 일들은 누구의 손끝으로 기록될 것인가.

5. '거주불능지구'와 어떤 사랑

기후재난과 팬데믹에 관한 새로운 용어와 다양한 이론들이 일상을 잠식하고 있다. 쏟아지는 책들을 다 읽을 수도 없는 일이지만 그냥 지나칠 수도 없는 일이다. 깊게 생각해 보기도 전에 폐기처분해야 하는 것들도 있고, 겨우 이해한 만큼 행동으로 옮겨 보려 할 때엔 이미 유물이 되어버린 것들도 적지 않다.

이 마음의 혼란을 어떤 유형의 재난에 포함할 수 있을까. 어쨌거나 감정과 생각에도 방역이 절실하게 필요한 때다. 한가롭게 '사랑'이라는 말조차 들먹일 여유가 없는 늦가을. 그럼에도 불구하고, 가을이 가기 전에 소설 속의 한 단락을 다시 펼쳐 본다.

> 어느 순간 사랑은 문득 당신 속으로 들어오고, 그러면 당신은 도리 없이 사랑을 품은 자가 된다. 사랑과 함께 사랑을 따라 사는 자가 된다. 사랑이 시키고 원하는 일을 하는 사람이 된다.[6]

그는 사랑이 어느 날 문득 당신 속으로 들어와서 당신과 함께 살고 있다고, 당신이 사랑을 선택한 것이 아니라 사랑이 당신을 선택한 것이라고 말한다. 사랑이 당신의 몸에 들어와 당신과 함께 '거주'하고 있다는 것이다. "그러니까 사랑에 빠졌다는 식으로 말하지 말라"고 명령한다. 나는 '사랑'이라는 촉촉한 말과 '함께'라는 단어에 이끌렸다. 코로나와 함께 살아가는 일상에서 몸살을 앓고 있는 지구에 '거주'하고 있는 '우리'를 연상했다.

『2050 거주불능지구』의 저자 데이비드 월러스 웰즈는 기후변화가 곧 세계 전체를 바꾸는 가장 근본적인 원인이라는 사실을 지구 온난화를 연구해온 수백 명의 학자들, 기후저술가, 기후운동가, 과학자들의 이론과 인터뷰를 바탕으로 전개한다. 돌이켜 보면 지

6) 이승우, 『사랑의 생애』, 예담, 2017, 11쪽.

구의 위기에 관한 이야기 혹은 더 이상 이전으로 돌아갈 수 없다는 말을 한두 번 들은 것도 아닌데, 이 책의 마지막 문장은 따끔하다.

> 당신은 당신이 보고 싶은 모습은 선택할 수 있다. 하지만 당신이 살고 싶은 행성은 선택할 수 없다. 우리 중 누구도 지구 외에는 우리 '집'이라고 부를 수 없다.[7)]

인간에겐 지구 외에 선택할 수 있는 다른 집은 없다는 말이다. 지구가 우리를 선택할 기회만 남겨져 있다는 것이다. 글쓴이는 기후재난의 위협이 우리 삶의 문턱까지 밀려와 지구는 편안하게 거주할 수 있는 행성이 아니라고 웅변한다. 그런데 솔직한 감상을 고백하자면, '21세기 기후재난 시나리오'를 상세하게 전하고 있는 저 두꺼운 책을 읽는 동안 나는 마치 옛날 이야기를 듣는 것처럼 무감각해졌다. 다음은 분명 나와 같은 독자를 향한 경고임에 틀림없다. "우리는 너무나 오래도록 우화로만 받아들였다. 그러다 보니 기후변화의 영향력이 우화 속에나 존재하는 허상이 아니라는 사실을 인정하지 못하고 있다. 하지만 기후변화는 실제로 우리를 둘러싸고 있다."[8)] 즉 기후변화는 "농작물 수확량, 전염병, 이주 패

---

7) 데이비드 월러스 웰즈, 『2050 거주불능지구』, 김재경 옮김, 추수밭, 2020, 342쪽.
8) 데이비드 월러스 웰즈, 『2050 거주불능지구』, 앞의 책, 50쪽.

턴, 내전, 범죄율, 가정 폭력, 태풍, 폭염, 폭우, 가뭄", "경제성장과 그로 인해 파생되는 온갖 결과에도 영향을 미친다"는 것이다.

기후변화를 초래한 것은 우리이며 그대로 방치하고 있는 것도 우리다. 이 책에서 '우리'라는 인칭이 자주 출현하는 이유를 알 법하다. 무엇보다 저자는 기후재난을 우화로 생각하지 않아야 한다고 강조한다. 하지만, 내겐 사랑의 우화를 상상하지 않고서는 거주불능지구를 사랑하기조차 어려운 일이다.

소설가 이승우가 내밀고 있는 사랑의 언어는, 강한 힘으로 상대를 지배하고 소유하는 것이 아니라 나무의 단단한 몸을 움켜쥐는 연약한 넝쿨식물의 몸부림과 같은 것이다. "믿음직스러운 튼튼한 나무를 끌어안고 올라가는 넝쿨식물"의 몸을 연인의 연약한 몸으로 비유한다.

> 넝쿨식물의 언어는, '너는 내 것이다'가 아니라, '나를 구해주세요'이다. '내 말을 들어라'가 아니라 '나를 받아주세요'이다. 선언이 아니라 부탁이다.[9]

아픈 지구와 어떤 사랑을 시작할 수 있을까. 기후재난에 있어

---

9) 이승우, 『사랑의 생애』, 앞의 책, 204~205쪽.

서는 '우리' 모두가 공범이다. 지구를 향한 몸짓은 간절한 언어로 "선언이 아니라 부탁"이어야 한다.

6. '벌레 이야기' 다시 읽기 : 용서와 소문

영국 대표 저널리스트 제임스 볼의 책『개소리는 어떻게 세상을 정복했는가』[10]에서는 듣고 싶은 대로 들리는 말들을 믿어버리는 사람들의 속성을 다양한 미디어를 사례로 들어 분석한다. '개소리(bullshit)'라는 번역어가 '허튼소리' '헛소리'보다 부정적인 어감을 줄 수도 있겠지만 저자는 성실하게 자료를 수집해 소문과 유언비어에 동조하는 인간의 심리를 예리하게 분석한다. 탈진실(post truth)의 현상이 생기는 이유는 허튼소리를 전달하고 그냥 그것을 믿어버리는 사람들이 계속 생겨나는 한, 지속된다는 것이 필자의 중심 주장이다.

제임스 볼은 여러 현장에서 거짓말들을 생산하고 유포하는 상황에 대처할 수 있는 방법들을 제시한다. 그 가운데 학교에서 미디어 문해력에 대한 기초교육을 실시하자는 의견이나 허위 사실

10) 제임스 볼,『개소리는 어떻게 세상을 정복했는가』, 김선영 옮김, 다산초당, 2020.

을 보도한 기사들이 삭제된 다음에도 정정한 기사를 널리 알릴 방법을 찾아보자는 제안이 눈길을 사로잡는다. 철저한 조사로 음모론에 굴복하지 않고 저항하면서 '명확한' 진실과 만나는 것이 민주주의의 토대를 이룰 수 있다고 강조한다.

광주 사람들을 향한 근거 없는 '낙인'은 거짓말을 그대로 믿는 사람들, 아니 거짓말을 믿고 싶어하는 사람들이 있었기 때문에 가능하다. 12월 9일, 국회에서 허위사실 유포 및 계엄군에 의한 성폭력 조사 등 5·18 관련 3개 법안이 통과되었다는 소식이 들린다. 앞으로 법안들이 실행되는 과정이 더 중요한 일이지만 일단 역사적 진실을 규명하는 작업은 지속되어야 한다는 사실을 환기하는 계기가 된 건 분명하다.

어둠 속에서 소리 없는 그림자처럼 살아온 사람들을 상상하는 것만으로도 숨결이 고르지 못하다. 『전라도닷컴』(2020년 5월호)의 기획특집 '마흔 번의 오월'에 담긴 글들은 온갖 거짓말들을 거두어내고 오월의 진실을 만날 수 있으리라는 기대를 안겨준다.

경상도 거제에서 광주로 시집온 새댁의 남편은 광주역 근처에서 세차장을 하다가 공수부대원들에게 변을 당했다. 그녀의 말들 사이를 잇는 말줄임표들은 울음소리를 낸다. "전두환이 죽으면 온 세상 사람들이 다 알아도 나 같은 사람 죽으면 암도 몰라…그냥 살다 가는 거지."(공선옥)[11] 평범한 사람들의 고통을 성실하게 기록한 역사책은 보기 드물다. 소설가 공선옥의 손끝은 그녀의 넋두리에 이렇게 응답한다. "다시 오월이 오고 작년 오월에 그랬던 것처럼 쑥꾹새가 운다."

새들이 소란스럽게 울 때마다 '마흔 번의 오월'이 날아든다. 그날 이후 눈앞을 스쳐가는 모든 것들은 죽은 아들의 얼굴과 겹쳐 보인다. 도청 앞 시위대에 있다가 총상을 입은 아들은 후유증을 앓다가 세상을 떴다. 성경을 필사하면서 하루하루를 지내는 어머니에겐 헛것들이 이 세상에 없는 아들인 것만 같다. "새만 와서 울어도 니가 새가 되아서 혹시 왔냐 하고 쳐다보요. … 내 옆에 온 것은 그것이 머이든 다 아들만 같으요. … 세월호 사고로 죽은 아그들도 짠하고 부모도 짠하고, 팽목에도 가 보고 그 부모들도 만났어요."[12]

그녀에게 '웃음'이란 게 남아 있으랴. 잊을 수 없는 아픔 하나는 천 개의 다른 아픔들을 불러낸다. 남이 겪는 고통은 더 이상 남의 일이 아니다. 오월 광주와 세월호는 그녀에게 똑같은 크기와 빛깔을 지닌 눈물바다이다. 고통과 진정으로 마주한 적이 있는 사람의

11) 「그들이 그렇게 사는 동안 사십년이 갔다」, 『전라도닷컴』, 2020년 5월호, 9쪽.
12) 「그들이 그렇게 사는 동안 사십년이 갔다」, 『전라도닷컴』, 2020년 5월호, 11~13쪽.

생애는 언제나 그 시간에 멈춰 있다.

하나밖에 없는 아들을 유괴해 살해한 범인을 그녀는 용서할 수 있었을까. 감옥에서 신의 용서를 이미 받았다고 말하는 범인 앞에서 그녀는 절규한다. "누가 먼저 용서합니까. 내가 그를 아직 용서하지 않았는데 어느 누가 나 먼저 그를 용서하느냔 말이에요. 그의 죄가 나밖에 누구에게서 먼저 용서될 수 있어요?"[13] 이 용서할 수 없는 마음들, 쉽게 용서하지 않으려는 마음들이 모여들 때 새로운 역사의 무늬를 그려나갈 수 있을 것이다. 의심 없이 그냥 믿어버리는 무책임한 눈, 귀, 입들과 결별할 때에만 소문 속에서 신음하는 진실한 목소리를 들을 수 있을 것이다.

인공지능에게 오월의 진실을 밝혀달라고 부탁해야 할까. 그런데 어디선가 인공지능도 거짓말을 할 수 있다는 글이 떠올라 갑자기 막막해진다. 아직 '용서할 수 없음'에 대해 계속 말해야 하는 이유는 소문 속에 갇힌 '정의로움'을 만나고 싶은 열망이 여전히 꿈틀거리고 있기 때문이다. 『벌레 이야기』의 주인공은 벌레가 아니라 바로 '그 사람'이다. "(광주 사람들이 아직 용서하지 않았는데) 누가 먼저 (그 사람)을 용서합니까."

13) 이청준, 『벌레 이야기』, 문학과지성사, 1985/2013, 75쪽.

7. 지독한 그리움의 장소, 5·18 광주

– 재난인문학으로 보는 역사 연대의 필요성

1980년 5·18이 어느덧 40돌을 맞이했다. 그런데 아무래도 저 문장은 과거형으로 마칠 수가 없다. 5·18은 아직 종결되지 않은 역사를 가리키는 표지이며, 광주는 간결하게 정돈해서 기록에 새겨넣을 수 없는 살아 있는 장소이기 때문이다. 시간과 공간 그리고 사람들이 역사의 숨결을 만드는 것이라면, 5·18 광주는 대문자의 역사라는 이름에 가둘 수 없는 생명체와 같이 여전히 꿈틀거린다.

지난 역사를 회고하고 기념하는 방식은 여러 가지이다. 5·18이 일어난 지 40년이 지나가고 있는 지금 여기에서 우리는 그 사건을 서로 다른 기억의 무늬로 되감는다. 역사란 무엇인가, 인간이란 무엇인가, 국가란 무엇인가. 이러한 묵직한 물음들을 한꺼번에 안겨준 사건이 바로 5·18이다.

그런데 우리는 그간 저 물음들에 얼마나 성실하게 응답해 왔을까. 아직도 그 '무엇'에 대한 어떤 확신도 가질 수가 없다. 하지만 동일한 질문들을 지속적으로 반복해서 묻게 하는 그것이 새로운 역사의 원천이자 시공간의 격차를 초월해 연대할 수 있는 장소로서의 5·18 광주가 획득한 의미가 아닐까.

5·18을 역사라는 이름으로 불러 볼 수 있는 것은 어쩌면 어떤 시공간에도 묶이지 않는 힘에서 비롯된 것이리라. 나는 그래서 5·18 광주를 '지독한 그리움의 장소'라고 이름해 본다. 언제 어디에서든지 그와 똑같은 폭력과 학살이 반복되지 않도록 지켜보는 눈빛들과 깨어 있는 마음들이 살고 있고 다시 태어나고 있는 곳. 역사라는 말로 결코 소유할 수 없는 다른 시간과 장소, 광주.

지울 수 없는 상흔을 남긴 5·18이라는 사건을 '재난인문학'이라는 세련된 말로 접근하는 것을 미리 거절하고 싶다. 5·18을 재난인문학 연구의 대상이라기보다는 사회적 재난, 역사적 재난을 인문학의 관점에서 다루어야 할 필요성을 근본적으로 제기한 사건이라고 여기기 때문이다.

최근 몇 년 동안 발간된 사진집과 구술 증언록을 읽으면서, 한 번도 마주한 적이 없는 그때 그 사람들을 상상해 본다. 총, 곤봉, 장갑차, 탱크, 방역차, 불타는 버스, 들것 위의 시체들은 폭력과 학살의 현장을 뚜렷하게 증거한다. 살아남은 자들의 손끝과 목소리로 이야기되는 죽은 자들의 기록을 읽는 일은 그 자체만으로도 견딜 수 없는 고통을 준다. 함성, 슬픔, 한숨, 눈물, 탄식이 한꺼번에 밀려온다.

죽기 전까지는 함께 있었는데, 더 이상 함께 있지 못하게 되었다는 것. 함께 있지 못한 사람들이 있었던 곳에서 함께한 순간들을 떠올리기 위해서는 또 한번 지독한 마음을 요청한다.

광주의 거리를 장식한 불꽃, 총소리, 핏빛이 길을 잃고 헤매는 영혼들의 마음속에서 반짝인다. 지쳐버린 영혼들을 다시 불러 세우는 마음속 지도 위에 오월의 광주가 있다. 그 지도 위의 광주는 멀고도 가까운 별들을 점선으로 연결해 새로운 역사의 형상을 짓는다. 그것은 다른 곳에서 고통받고 있는 사람들을 잇고 지난 역사와 다가올 미래를 교직한다. 다양한 감정과 생각들이 그 사이에서 진동한다. 그런 의미에서 5·18을 역사의 밑층을 움직이고 있는 '연대의 장소'라고 쓰고 싶다.

광주에서 시작된 물결이 더 먼 곳으로 번져가기 위해서는 다시 그날의 불빛과 웅성거림, 그리고 보이지 않는 곳에서 새로운 세상을 갈구하는 마음들이 함께 모여야 한다. 일반적인 언어체계 안에서 식별되지 않는 목소리들에 몸을 기울이는 일. 들리지 않는 목소리가 전달하는 진실의 한 자락을 듣기 위해 귀를 빌려주는 것. 눈물이 아니고서는 부를 수 없는 이름들, 작은 손가락으로는 옮겨쓸 수 없는 무수한 기억들, 쓰다가 끝맺지 못한 일기와 편지들, 이 거처를 상실한 말들의 더미에서 5·18의 역사가 남긴 빈틈을 채울 수 있는 기록들을 발굴할 수 있을 것이다.

오월 그날은 여전히 젊고 생생하다. 세속의 나이가 든다 해도, 광주는 늙지 않는다. 밤이 깊어가도 잠들지 않는 영혼처럼, 5·18 광주는 책 속에서 영원히 잠들지 않을 것이다. 아니, 못할 것이다. 나는 시간이 지나도 늙지 않는 역사가 있을 수 있다는 것이 두렵다. 기억은 나이를 먹지 않는다.

누군가를 애타게 그리워해 본 적이 있는 사람은 안다. 잊을 수 없는 그 사람과의 시간이 영영 지울 수 없는 상처로 자리한다는 것을. 말 없는 상흔은 그것 자체로 다른 삶을 살아가게 하는 힘이 된다는 것을. 통곡이 멈추지 않는 광주는 5·18이라는 사건이 일어난 적이 있었던 도시의 지명이 아니라 매번 폭력과 학살의 기억을 돌이켜 보게 하는 그리움의 장소이다.

역사란, 무엇인가. 죽은 자들이 산 자들에게 호소하는 말들, 살아남은 자들이 죽은 자들에게 보낸 편지들이 쌓여, 다른 역사를 만들어간다. 말을 잃은 자들에게 말을 되돌려주는 것으로부터 삭제된 역사 기록은 새로 쓰일 수 있다. 연약한 몸을 빌려, 소리와 글자를 듣고 쓰는 곳에서 이미 전개되고 있을 소문자의 역사(들)를 기다린다.

아물지 않은 그날의 상처를 어떻게 기념할 수 있을 것인가. 2020년에 떠올려 보는 1980년 오월 광주가 무섭고 아름답고, 그립다.

8. 기록 속에 기록되지 않은/못한 것들에게 : 국가폭력과 여성(들)[14)]

망각은 힘이 세다 : 무엇을 어떻게 기억할 것인가

불행하게도, 그것이 아무리 고통스럽고 아픈 일이었다고 해도 시간이 지나가면 본래의 기억이 지닌 색깔은 희미해지기 마련이다. 망각은 기억보다 더 힘이 세다, 이것은 결코 인정하고 싶지 않아도 인정할 수밖에 없는 사실이기도 하다. 그래서 더욱 기억한다는 것은 중요한 일이다. 낮과 밤이 지고 또 흘러, 또 다른 밤과 낮이 다가올 때마다 기억은 흐릿해지지만 고통의 강도는 더욱 거세지고 뚜렷해진다.

기억을 채우고 있는 것들은 소리 없이 삭제 혹은 변형되는 경

14) 이 글은 2020년 5월 29일, 광주여성가족재단에서 주최한 '5·18 40주년 기념 심포지엄'에서 발표한 현혜경(제주연구원)의 「제주4·3사건의 기억에서 배제당하는 여성들」, 김선미(부산대 사학과)의 「부마민주항쟁 속의 여성」, 김경례(전남대 사회학과)의 「5·18과 여성: 현황과 과제」에 대한 논평문을 재작성한 것입니다. 발표문에 담긴 진지한 고민들이 이 글 속에 일부 들어가 있음을 밝혀 둡니다.

우도 있다. 기억의 왜곡과 오류가 개입하기도 한다. 그래서 망각한다는 것은 역사적 진실을 회피하거나 은폐하는 행위가 될 수 있다. 연약한 기억의 힘에 의지해 망각과 싸우면서 진실의 한 자락을 붙잡기 위한 사람들의 노력, 남아 있는 기억의 파편들을 망각의 저편으로 보내지 않기 위해 말하고 쓰는 일을 지속하는 행위가 절실하게 요구되는 때이다.

말할 수 있는/없는 입들

오직 기록의 힘으로 고통의 세월을 견뎌온 사람들을 다시 떠올려 본다. 오랜 세월 동안 누군가에게 말하지 않으면 숨이 막혀서 죽을 것만 같아서 가죽나무에게, 새에게, 뜸부기, 구렁이에게 말을 건네 보기도 했을 것이다. 공선옥의 소설 속 정애는 묻고 또 묻는다.

> "가죽나무야, 우리 순애한테 무슨 일이 있었니? (…) 뜸부기야, 우리 순애한테 무슨 일이 있었니? (…) 우리 집에 무슨 일이 있었던 거니?"[15)]

광주에게 바친 이 눈물과 통곡의 서사시는 말과 글로 모든 것을 표현할 수 없었던 사람들이 그날 이후 어떻게 살아왔는지를 잘

15) 공선옥, 『그 노래는 어디서 왔을까』, 창비, 2013, 43쪽.

보여준다. 그날 이전과 이후에 겪은 처참한 일들을 누구에게 말할 수 있을 것인가. 마음속에서는 선명한데도 들어줄 사람들이 없었던 외로움의 순간들을 견디면서, 제발, 그날 무슨 일이 벌어졌는지를 말해달라고, 간절하게 되묻는다. 그러나, 어디에서도 아무런 대답을 듣지 못한다.

지금 우리에게 던져진 과제는 외로웠던 항쟁을 잊지 않고 기억하는 것이며 오랫동안 누구에게도 말할 수 없었던 고통의 세월을 증언하는 일이다. '기억하라'라는 말은 더 이상 명령형이 아니다. 그것은 국가폭력의 기억이 화려한 물결 속으로 사라지지 않게 할 수 있는 유일한 방법이다. 긴급한 요청이자 제안이다.

남성 중심의 진술을 중심으로 기록된 역사에서 소외된 여성들의 목소리를 듣기 위해서는 먼저 마을 공동체 내의 보이지 않는 역학관계를 살피는 작업이 요청된다. 또한, 하나의 사건은 어느 날 갑자기 일어나지 않는다는 점에서 사건의 전후에 일어난 다양한 사건들 간의 맥락을 파악하는 것도 그 한 가지 방법이 될 수 있다. 당시의 어떤 참여자들의 증언을 기록할 것인지도 핵심적인 사안이다.

폭력과 저항 사이에서 재현된 여성의 몸은 시민군, 혁명가, 열사라는 이름을 갖지 못한 채로 망각된 역사의 지층에 새거진 흔적으로 남아 있을 것이다. 지나간 역사적 사건에 관한 기억은 구술과 기억, 서사를 거듭하는 동안 추가, 삭제되어 끊임없이 재해석된다. 실증적인 자료 중심의 역사 기술에서 벗어나, 몸과 감각의 역사로 재구성될 여성들을 그려 볼 수 있길 제안해 본다.

증언하지 않는/못한 증언

처참한 죽음들을 두 눈으로 목격한 사람들은 미치지 않고서는 더 이상 살아갈 수가 없다. 쉽게 말이 되지 못한 아픔들은 소리 없는 소리를 낸다. 총과 칼 앞에서 무참히 쓰러진 평범한 사람들. 그들은 아무리 그들을 기억하고 또 기억한다고 해도 이전의 시간으로 다시 돌아갈 수 없다. 누가 사라진 그들을 왜곡하지 않고 기억할 수 있을 것인가. 누구의 기억과 말을 믿을 수 있을 것인가.

광장에서 여성들이 어디에서 무엇을 했는지를 세밀하게 기록하는 것은 중요한 일이다. 단 한 사람일지라도 '그녀(들)'이 겪었던 개별적인 사건들과 고통의 층층이를 더욱 섬세하게 읽어 보는 작업이 요구된다. 차마 증언할 수 없어서 증언하지 않는/못한 증언이 있다.

> "삼십 센티 나무 자가 자궁 끝까지 수십 번 후벼 들어왔다고 증언할 수 있는가? 소총 개머리판이 자궁 입구를 찢고 짓이겼다고 증언할 수 있는가? (…) 이 년 동안 그 하혈이 계속되었다

고, 혈전이 나팔관을 막아 영구히 아이를 가질 수 없게 되었다 고 증언할 수 있는가?"[16]

이것은 그날을 말하지 않으면서 그날과 더불어 그날 이전과 이후를 말하고 있는 증언이다. 선주의 증언에는 오월 이전부터 준비된 국가권력의 각본에 의해 희생된 몸, 그날 이후 몸 전체가 겪어야 했던 총체적인 위기 상황에 대한 상세한 보고가 담겨 있다. "더러운 빨갱이년"으로 불렸던 기억이 한 사람의 몸과 마음을 어떻게 완전히 훼손시켜 왔는지를 말하지 않고서는, 그날을 증언했다고 말할 수 없는 것이다.

저 여자의 증언은 공식적인 역사 기록에서 보고 듣지 못했던 몸의 증언이다. 한 사람의 영혼을 서서히 파괴시킨 그 잔인한 기억들을 모두 말할 수 없다면 증언을 거부하는 것 자체가 증언이 된다. 증언하는 것을 거부하는 몸짓이 바로 증언이다. 증언의 다양한 형태를 고려한 여성들의 기억 쓰기가 절실하다.

"포스트메모리" 작업

살아남은 자들은 죽은 자들이 겪은 시간을 잊지 못한다. 죽어버린 자들과 살아남은 자들의 이야기가 흑백사진의 명암처럼 현

16) 한강, 『소년이 온다』, 창비, 2014, 166~167쪽.

상된다. 그 순간들을 어떤 말과 글로 담아낼 수 있을 것인가. 어떻게 진실을 드러낼 수 있을 것인가. 가냘프고 무력한 언어의 힘으로 어떻게 사실을 배반하지 않으면서 사실 이상을 함축한 진실의 한 자락을 쓸 수 있을 것인가. 말이 아닌 종이쪽지 한 장도 진실의 한 자락을 증언할 수 있는 것이다. 오월 여성 아카이브 작업이 세밀하게 이루어지길 기대해 본다.

그러나 기록 속에 기록되지 않은/못한 것들이 있을 수 있다면 누구의 기억과 서사에 의해 기록된 역사인가라는 질문은 결코 가볍지 않는 문제다. 이것은 폭력과 야만의 역사를 서술하는 자의 관점과 태도에 대한 끊임없는 논쟁이 필요한 이유이다. 새로운 역사를 쓰기 위해서 기록 속에서 삭제된 기억을 재구성하고, 진실과 왜곡의 지점들을 명료하게 드러내는 작업은 그칠 수 없는 일이다. 여성들의 묻힌 이야기는 계속 이야기하는 과정에서 발굴될 것이며 폭력의 위기에 직면할 때마다 기록되지 않은/못한 것들은 새롭게 추가될 것이다.

용서와 화해가 반드시 아름다운 행위인 것만은 아니다. 진정한 용서와 화해란, 진실이 규명된 후에 피해자가 가해자에게 말을 걸기 시작할 때에야 비로소 가능한 것이다. 그만큼 그것은 더딘 발걸음으로 지속해야 할 미완의 과제이다.

9. 모란과 자운영의 꽃말 : 두려움을 넘어선 분노

이름이 곧 사건이고 역사가 되는 사람이 있다. 오로지 그녀의 이름만을 듣게 되는 때는 거의 없었다. 오직 그날을 위해서 태어나고 살아온 것처럼 오월의 시위 현장을 되풀이하는 자리에서는 그녀의 이야기가 함께 펼쳐졌다. 그녀는, 1980년 광주 오월과 함께 피고 지는 다년생 꽃잎같이 되살아나곤 했다.

핏빛으로 물든 창공을 향해 솟구치던 그 목소리의 주인공, 가두방송원 전옥주(전춘심). 나는 단 한 번도 마주친 적이 없는 그녀의 생애를 추모하기 위해 잠시 눈을 감는다. 숨결의 강도와 체온의 높낮이를 상상해 보았다. 남아 있는 문자 기록들 사이에서, 사진들 속에서 읽고 본 그녀가 그해 봄날, 광장으로 사람들을 끌어모았다는 사실은 여전히 전설처럼 느껴진다.

1989년 2월 24일, 제145회 국회 『5·18광주민주화운동 진상조사특별위원회 회의록』(제30호, 대한민국국회사무처)에 실린 그녀의 말들에서는 지극히 평범하고 따뜻한 온기가 전해졌다. 시위대에 참여하게 된 동기를 묻자, 광주역 입구에 놓은 두 구의 남자 시신을 본 "그 순간에 두려움이라는 것이 있기 이전에 분노가 정말… 그때는 뭐라고 표현할 수가 없었습니다."라고 덧붙였다. 동사무소에 들어가 '앰프'와 '마이크'를 "강제로" 들고나오면서 "돈 7

만 원을 제가 그 방에다 두고 내일 아침 5시까지 꼭 돌려주겠습니다"[17)]라고 했다는 장면을 말할 때에는 여유로운 당당함마저 스며 나왔다.

거룩한 사랑과 죽음들이 그녀의 목소리에 응답했다. "가정주부·고등학생·노년층을 비롯하여 할머니·술집 접대부·점원·회사원·남녀 근로자·정비공·넝마주이 등 전 계층의 시민이 합세하여 독재의 아성을 향한 함성을 뿜어 올리기 시작했다."[18)]

그녀는 이념으로 철저하게 무장한 혁명가도 아니었고 특별한 임무를 수행하기 위해 파견된 공작원도 아니었다. 그러나 전옥주라는 이름에는 "정부 '프락치'" "이북에서 교육받고 온 간첩" "이북에서 2년간 교육을 받고 온 모란꽃"이라는 낙인이 따라다녔다. 근거 없는 소문과 혐의에 고통받으면서 고문수사에 시달려야 했다.

그녀의 목소리는 누군가의 마음속에서 새로운 꽃말로 간직되었다. "빨간 T셔츠에 청바지를 받쳐입은 긴 머리 처녀"의 "그 외침은 슬프도록 고운 자운영빛이었고, 부엉이의 피울음"이었다.[19)]

---

17) 5·18민주화운동기록관, 『자료총서 5권』, 369~376쪽.

18) 고정희, 「광주민중항쟁과 여성의 역할/광주 여성들, 이렇게 싸웠다」(월간중앙, 1988. 5), 『자료총서 14권』, 5·18민주화운동기록관, 410~412쪽.

19) 나의갑, 「그때 그 목소리의 주인공, 전옥주는 누구인가?」(월간예향, 1988. 5), 『자료총서 11권』, 90쪽.

인터뷰에서 오월 항쟁의 주요한 과제가 무엇인지를 물었을 때 그녀는 힘주어 말했다. "'광주'는 어떤 개인이나 단체의 것이 아니고, 전 시민의 것, 전 도민의 것, 더 나아가 전 국민의 것입니다."[20)]

1980년 오월을 광주라는 지역에서 일어난 사건으로 축소하지 않아야 한다는 바람이 담긴 대답이었다. 오월 광주가 지역의 경계를 넘어서 널리 퍼지는 울음소리가 되길 바랐던 것이다. 들판을 가로지르던 그 목소리는 "두려움을 넘어선 분노"로 불꽃을 일으켰다.

수많은 사람들에게 감동을 주었지만 그녀 자신의 고통과 트라우마를 다독이고 치유하는 데에는 무능력했다. "'그래, 나는 죄인이지. 왜 내가 방송을 했을까' 해요."[21)] 자기의 목소리를 듣고 많은 사람들이 죽음의 행렬에 동참했다는 사실에 죄의식을 느끼고 괴로워했다. 그건 당신 탓이 아니라 그들의 몸과 마음속에 이미 자유와 정의의 불씨가 타오르고 있었기 때문이라고 속삭이지 못했다.

---

20) 나의갑, 「그때 그 목소리의 주인공, 전옥주는 누구인가?」(월간예향, 1988. 5), 『자료총서 11권』, 앞의 글, 120쪽.
21) 광주전남여성단체연합, 『광주 여성』, 후마니타스, 2012, 167쪽.

지난해 겨울, 오월 여성 아카이브 작업의 소중한 자료들을 소개한 『오월을 잇는 광주여성단체 활동사』(2020)가 발간되었다.[22] 오월 여성들의 묻힌 이야기는 계속 노래하고 이야기하는 과정에서 새롭게 발굴될 것이다. 광주 거리에서 휘몰아치던 전옥주의 목소리를 아카이브 목록에 추가해 본다.

억누를 수 없는 슬픔으로 떨리는 음성은 저항의 물결을 촬영한 무성영화의 장면에 맞춰 소리를 넣는 변사의 연설을 듣는 듯하다. “모란”과 “자운영”의 빛깔을 닮은 그녀의 목소리. 붙잡을 수 없는 한 가락의 목소리는 오월이 남긴 상처 자국을 희붉게 다시 비춘다. 곧 오월의 봄이다.

10. 기후비상 편식예찬

조너선 사프란 포어는 문학과 철학을 공부한 소설가이면서 역사와 경제의 흐름에 대한 해박한 지식을 갖춘 논픽션 작가이다. 그의 문체는 긴급한 행동을 촉구하기보다는 썩은 잔뿌리를 뒤흔드는 힘을 지녔다. 두 권의 책 『동물을 먹는다는 것에 대하여』(2011)와 『우리가 날씨다』(2020)는 식탁 위에서 출발해 지구의 몸

22) 5·18기념재단, 『오월을 잇는 광주여성단체 활동사』, 2020.

을 여행한 자의 고단한 기록처럼 읽힌다. 모험심과 여독이 함께 전해진다.

음식은 우리와 지구를 연결한다. "당신은 혼자 먹는 것이 아니다. 우리는 아들과 딸로서, 가족으로서, 공동체로서, 세대로서, 국가로서, 그리고 날이 갈수록 하나의 지구로서 먹는다."[23] 먹는 것을 행함으로써 우리는 지구의 일부가 되어간다. '지구로서' 우리는 먹는 것으로 기후를 변화시킨다.

저자는 다양한 문헌 자료들과 통계 수치를 인용해 육식과 기후변화의 긴밀한 상관성을 설명한다. 공장식 축산업은 가축의 호흡에서 배출되는 이산화탄소, 혐오스러운 냄새, 토지 황폐화, 수질 오염, 감염병 등 지구생태환경을 교란하는 주범이라는 것이다. 고기를 먹는다는 것은 기후재난을 촉진하는 원인이지만 그렇다고 당장 육식을 그만두고 채식을 해야 한다고 주장하지 않는다. 고기가 접시 위에 올라올 때까지의 과정을 관심 있게 생각해 보길 요청한다.

솔직한 마음을 표현한 문장들은 잔잔한 감동을 준다. "내가 다시 고기를 마음껏 먹기로 결정하는 미래는 상상할 수 없지만, 고

23) 조너선 사프란 포어, 『동물을 먹는다는 것에 대하여』, 송은주 옮김, 민음사, 2011, 330쪽.

기를 먹고 싶은 욕구를 느끼지 않는 미래도 상상할 수 없다. 가려 먹기는 전 생애에 걸쳐 삶을 규정하는 투쟁들 중 하나가 될 것이다."[24] 고기 없는 밥상은 왠지 쓸쓸하다. 그래서 더욱 하루의 식단을 결정하는 일은 일상을 바꾸는 혁명의 순간이다.

'가려 먹기'를 잘못된 식습관이라고 단정할 일은 아닌 듯싶다. 고기보다는 야채를 '편식'하는 것만으로 기후재난을 예방할 수 있다면, 동물성이 아닌 음식을 편애하는 것은 지구를 구할 수 있는 방법인 셈이다. 축산업이 기후위기를 초래하는 원인이라는 사실을 알게 되었다면, 동물을 습관적으로 먹는 행위와 '거리 두기'를 하려고 애써야 한다. 더 큰 문제는 누구나 알고 있지만 실천하길 주저한다는 점에서 비롯된다. 기후위기대응에 있어서 실천은 지식의 양이 아니라 결국 태도의 문제다.

'대재앙(apocalypse)'이라는 용어는 '드러내다, 밝히다'라는 뜻을 지닌 그리스어에서 나왔다. 재난은 이전에 보이지 않았던 사실들을 드러내고, 우리의 어두운 표정을 밝힌다. "전 지구적 위기가 연이은 비상사태로 터져 나올 때, 우리가 내리는 결정은 우리가 누구인가를 드러낼 것이다."[25] 글쓴이는 성경에서 하나님이 아담

---

24) 조너선 사프란 포어, 『우리가 날씨다』, 송은주 옮김, 민음사, 2020, 89~90쪽.
25) 조너선 사프란 포어, 『우리가 날씨다』, 앞의 책, 40쪽

과 아브라함에게 '어디에 있느냐?'라고 묻는 장면을 대재앙의 지구로 가져온다. 전쟁, 테러, 기후변화 등으로 인류가 위기에 처했을 때 당신은 어디에서 무엇을 생각하고 어떤 행동을 했었는가?

육식을 포기하거나 지구를 포기해야 한다. 지구의 상황은 드러나고 밝혀진 것보다 더 심각하다. 가축을 키우는 데에 사용하는 곡물로 굶주리는 인구를 구제할 수는 없는 것일까? '4장 영혼과의 논쟁'은 발랄한 어조로 응답한다.

> "고기 단 1칼로리를 생산하려고 동물에게 26칼로리를 먹여야 한다고. 유엔 식량특별조사관을 지낸 장 지글러는 10억에 가까운 인구가 굶주리는 마당에 바이오 연료에 1억 톤의 곡물을 쏟아붓는 것은 '인류에 대한 범죄'라고 썼어. 사실 살인 범죄라고 해도 좋을 거야."[26]

겨울 한파에 난방비를 감당할 수 없는 기후난민들이 늘어나고 있다. 재난에 취약한 사람들을 위한 복지와 인권을 고민해야 하는 시기에 고기를 (안) 먹는다는 행위를 결정하는 것은 '인류에 대한 범죄'를 묵인하지 않겠다는 다짐과 같은 것이다. 식사는 누구나 매일 빠짐없이 하는 일이니까, 동물성이 아닌 것들을 편식하는 것

26) 조너선 사프란 포어, 『우리가 날씨다』, 앞의 책, 190쪽.

은 일상에서 '기후위기비상행동'을 바로 개시할 수 있는 방법이다.

차가운 바람을 뚫고 식탁 위에 올라온 고기의 붉은 살결이 다르게 보인다. 홍수에 잠긴 후에야 가 보지 않은 길이 더 선명하게 보이는 법이다.

11. 폐허 수집가의 책 읽기

예술가의 생애는 어떤 손길과 눈빛으로 빚느냐에 따라 다른 형상으로 조각된다. 1830년에 태어난 머이브리지라는 이름은 여느 사진작가들에 비해 낯설다. 그는 기술과 공학을 결합해 연속사진을 촬영하고 동작연구 프로젝트를 진행하면서 활동사진의 역사를 열었던 인물이다. 사진과 더불어 철도, 전신 등 과학기술 문명이 탄생해 다른 역사로 질주하는 시기였다.

작년 가을에 사 둔 리베카 솔닛의 『그림자의 강』(2020)을 결국 한 해를 넘기고 나서야 읽게 되었다. 이 책에 드리운 예술가의 '그림자'는 짙고 검푸르다. 사진작가를 조명한 예술비평 에세이라고 단정하기엔 폭이 넓다. 흐르는 강물에서 건져 올린 머이브리지의 작업은 사진에서 영화의 시대로 건너가는 길목을 현상한다.

그런데 나는 이 책의 '제1장. 시공간의 소멸'을 읽다가 그만 멈췄다. 제1장에서 3번 반복되는 한 줄의 문장에서 한 사람의 고단한 생애가 압축해서 전달되었다. "1872년 봄, 한 남자가 말 한 마리의 사진을 찍었다."[27] 그 남자는 왜 움직이는 말을 피사체로 선택했는지를 생각하다가 책을 다시 덮었다. 그해 봄날 "말 한 마리의 사진"을 찍고 있는 한 남자는 독서가의 시간을 훔치기에 충분했다.

사진은 움직이는 것을 움직이지 못하게 하는 작업이다. 사진은 시공간의 흐름을 정지하거나 소멸시킨다.

> 사랑하는 이의 젊은 얼굴을 시간이 흐른 후에, 심지어 죽음이나 이별로 그 얼굴이 더 이상 존재하지 않을 때도 마치 물건처럼 소유할 수 있었다. (…) 사진은 시간의 강을 멈추게 했지만, 스튜디오에서 강물처럼 쏟아져 나오는 사진들이 가정으로, 사람들의 호주머니로, 사진첩으로 흘러들었다.[28]

그곳에서 아름답고 고귀한 것들은 죽음의 형식으로 영원을 살아간다. 먼지 덮인 서랍에서 사진작가를 꺼내 읽는 글쓴이의 손

---

27) 리베카 솔닛, 『그림자의 강』, 김현우 옮김, 창비, 2020, 9쪽, 13쪽, 41쪽.
28) 리베카 솔닛, 『그림자의 강』, 앞의 책, 31~32쪽.

은 필름 조각을 다루듯 예민하고 섬세하다. 하지만 나는 제2장으로 바로 넘어가지 못했다. 예술가의 '행적'을 정독할 필요가 있었다. 글쓴이는 제1장의 마지막 문단에서 '그의 행적'에 대해 함부로 말하지 못하도록 다음과 같은 안내표지판을 세워 두었다. "그의 행적을 따라가는 것은 지금 우리를 있게 한 선택들을 따라가는 일이다."[29)]

나는 그 표지판을 이렇게 해석했다. 한 사람의 역사를 읽는다는 것은 지금 우리가 살고 있는 삶의 풍경을 선택하는 일과 다르지 않다. 그러므로 더없이 신중해야 한다고. 누군가 저 먼 이국의 사진예술가를 그린 책을 읽게 된 이유를 묻는다면 재난으로 가득한 일상이 '선택'한 것이라고 답하고 싶다.

재난의 시대에 독서는 산산조각으로 흩어진 폐허 위를 내딛는 발걸음과 흡사하다. 머이브리지를 역사의 퇴적층에서 재발견한 리베카 솔닛은 예술비평가일 뿐만 아니라 국가폭력, 반핵, 인권, 기후변화, 환경운동 등에 참여한 실천적인 지식인이다. 이미 나의 눈길은 거의 100여 년 동안(1906년~2005년) 북미에서 발생한 지진, 화재, 폭발, 붕괴, 허리케인 등 대재난의 목록 앞에 도착해 있었다. 리베카 솔닛은 재난의 현장에서 색다른 것들을 발

29) 리베카 솔닛, 『그림자의 강』, 앞의 책, 42쪽.

굴해낸다.

잿빛 목소리로 다른 세계로 향하는 좁은 문을 연다. “재난과 혁명, 이 두 현상은 연대와 불확실성, 가능성, 평소에 가동되는 체제들의 전복 같은 측면들을 공유한다. 다시 말해, 규칙들이 깨지고 많은 문이 열린다.”[30] 재난으로 인한 위기에서 저항의 연대가 탄생하는 지점을 발견한다. 재난 이후 불평등한 현실, 권위주의에 항거하는 몸짓들이 이어지는 가운데 새로운 우정과 사랑, 혁명의 공동체가 탄생한다는 것이다.

재난이 일상화된 현실에서 책 읽기는 이전보다 더 냉정한 마음을 요구한다. 깨진 조각들을 수집하듯이 책 전체를 정독하기보다는 짧은 문장들에 오래 머무를 때도 많다. 묵혀 둘수록 맛있는 책들도 있다. 어떤 책은 시공간의 흐름을 되돌리는 마력을 품고 있다. 책이 준 강렬한 느낌이 손상되지 않도록 그대로 보존하고 싶은 것들도 있다.

“수집가는 사물세계의 인상학자이다.”[31] 이 한 문장에 오랫동안 전염된 나는 이 세계를 앓고 있는 책들의 인상을 수집한다. 각

30) 리베카 솔닛, 『이 폐허를 응시하라』, 정해영 옮김, 펜타그램, 2012, 242~243쪽.
31) 발터 벤야민, 「나의 서재 공개」, 『벤야민의 문예이론』, 반성완 편역, 민음사, 1983/2000, 32쪽.

각의 책들이 지닌 운명의 행로에 관심을 기울인다. 마음이 좀처럼 가라앉지 않을 때에는 페이지를 건너뛰는 과감한 독서가 오히려 위로가 된다.

12. 재난 감각 '쇼핑' 제안서

결단의 감각

보이지 않는 것의 위력을 체감하고 있다. 찰나의 겨를조차 잃어버린 하루, 계절의 변화에도 무심한 표정들이다. 전염의 공포가 지배하는 동안 안부를 묻는 일은 아무런 감각이 없는 습관적인 말이 되었다. 사람들 사이의 간격을 멀리할수록 서로의 건강을 지킬 수 있다는 방역 수칙 아래, 얼굴을 마주하지 않고도 함께할 수 있는 방법들을 고안하는 일에 몰두하고 있다. 일상, 도시, 거리, 문화, 예술, 공동체 등 익숙한 용어들은 거의 강제적으로 이전과 다른 개념으로 재탄생하길 요청받고 있는 것이다.

문화예술을 감상하는 패턴에도 변화가 생겼다. 전시회, 공연장, 영화관 등 현장을 직접 찾아가던 발걸음 대신에 온라인 디지털 공간에서 제공하는 다양한 프로그램들을 수집하고 선택하는 일이 잦아졌다. 어디에 접속할 것인가를 고민하다가 그냥 쇼핑만 하고 지나칠 때도 적지 않다. 문화예술 프로그램들을 접할 기회는 많아졌는데 빈 장바구니를 볼 때처럼 박탈감을 더 많이 느낀다. 이것 또한 물건을 선택하고 구매해서 소유하는 일련의 과정을 쇼핑이라고 생각해왔던 기존의 문화예술 감상 형식에 익숙해졌기 때문이 아닐까 싶다.

문화예술 쇼핑 목록들 중에서 접속 경로를 따라 구매에 성공하는 경우도 있지만 컴퓨터 기억저장소에는 디지털 쓰레기들이 축적된다. 그런데 생각해 보면 팬데믹의 재난은 다른 감각의 사용을 제안한다. 돈을 지불하고 구매한 입장권을 가지고 전시장으로 들어가는 일련의 '선택' 과정 대신에 언제든지 접속을 시도할 수 있고 접속을 끊을 수 있는 '결단'의 감각을 새롭게 체득한 것이다. 이 결단의 감각은 생각, 의지, 마음이 하는 일과 다르게 일종의 놀이와 같은 행위다.

"정크스페이스(Junk-space)"

지구는 점점 인간들이 내버린 쓰레기들로 호흡이 거의 정지된 상태다. 인류의 역사는 곧 쓰레기를 축적해온 역사라고 할 수 있다. 최근 들어 지구의 지층에 남긴 인류의 흔적들로 인해 새로운 지질시대에 도달했다는 의미에서 '인류세'라는 용어가 유행하고 있는데 그것이 기후변화, 전염병 등 재난의 연쇄적인 출현을 가능하게 하는 근본적인 이유라는 분석이다.

쓰레기는 재난 시대를 표시하는 가장 구체적인 사물이다. 폐품이나 쓰레기를 재활용한 정크아트(Junk Art)에서 예술의 소재로서의 쓰레기와는 다르게 쓰레기를 사유하는 이론가들이 있다. 네덜란드 건축가 렘 콜하스는 "정크스페이스(Junk-space)"라는 용어를 "우리가 이루어낸 모든 것의 총합이다."[32]라고 표현하면서 그것을 도시 풍경을 바꾸어버린 하나의 원리로 설명한다. 렘 콜하스의 에세이 '쇼핑 안내서'를 다시 읽은 프레드릭 제임슨은 "쇼핑"을 이렇게 재정의한다. 즉 "쇼핑은 하나의 공연이다. 돈과는 상관없는 공연이다. 중요한 것은 적당한 공간이며, 그 공간이 바로 정크스페이스인 것이다."[33]

그러니까. 우리의 삶 자체가 쇼핑의 대상이자 목적이다. 산다는 것은 곧 쇼핑하는 것이고 공연하는 것이다. 필요한 것은 쇼핑해서 얻을 수 있는 것이며 아무것도 살 수 없다고 해도 우리에게 부족한 것, 없었던 것이 무엇인지를 살 수 있다. 쇼핑은 '바이러스'와 같이 일상에 이미 침투해 들어와 존재의 형식을 결정한다. 우리가 살아가는 시공간과 몸짓, 그리고 도시 자체가 바로 정크스페이스이다.

---

32) 렘 콜하스·프레드릭 제임슨, 『정크스페이스/미래도시』, 임경규 옮김, 문학과지성사, 2020, 10쪽

33) 렘 콜하스·프레드릭 제임슨, 『정크스페이스/미래도시』, 앞의 책, 93쪽.

『정크스페이스/미래도시』의 옮긴이는 다소 난해한 두 사람의 사유와 이론을 다음과 같이 풀어쓴다. "정크스페이스는 모든 도시 공간을 지배한다. 박물관, 공항, 시내, 학교, 병원, 교회, 심지어 뉴스와 방송, 교육, 인터넷까지, 도시와 건축이 쇼핑의 메커니즘에 의해 조직화되고, 모든 공간에 쇼핑의 영혼이 깃든다. (…) 우리는 정치를 쇼핑하고 종교를 쇼핑하고 이데올로기를 쇼핑한다. 쇼핑이 우리가 무엇을 결여하고 있는지 결정하는 것이다."[34)]

재난의 시대를 살아가는 방법을 담은 '쇼핑 안내서'라기보다는 차라리 재난 목록을 구매하라는 '쇼핑 제안서'처럼 읽힌다. 우리는 쓰레기에 갇혀 쓰레기와 더불어 살아가고 있다. 이 도시 전체가 재난에 처해 있는 것이다. 재난들이 숨쉬고 거주하는 도시에서 어떻게 살아갈 것인가. 문화예술의 공간과 감각은 이 도시에서 다시 태어나지 않으면 안 된다.

거리-스튜디오: 악몽에서 깨어나기 위해 꿈을 꾼다

전시회에 들어가기 위해서 줄을 서서 기다리고, 소수의 사람이 입장한 후 관람할 수 있다. 이제 문화예술의 영역에서는 상상력, 창의력, 감수성만이 아니라 '기다림'과 '서성거림'에 관한 논의가

34) 렘 콜하스·프레드릭 제임슨, 「옮긴이 해제: 정크스페이스와 유토피아의 변증법」, 앞의 책, 101~102쪽.

필요해 보인다. 또한 이 텅 빈 거리를 새로운 요청을 자유롭게 발언하고, 예술가들의 작업공간으로 만들 수는 없는 것일까, 라는 생각을 품어본다. '거리-스튜디오'라고 이름 붙일 수 있는 그런 장소.

다른 일상을 쇼핑하길 원하지만 결국 일상에 갇힌다. 하지만 그런 암울한 시도들 자체가 새롭게 얻게 된 감각의 형식이다. 문화예술 작업은 사소하고 하찮은 것들을 보고 듣고 만지는 몸짓에서, 일상의 모든 것들에게 무한한 상상력의 그물을 던지는 행위에서 비롯된다. 돌멩이 하나, 들꽃 한 송이, 들고양이, 쓰레기들에도 자주 발길이 머물게 된다면 당신은 이미 재난의 거리를 쇼핑할 준비가 된 예술가인 것이다.

문화예술의 역사는 본래 반란과 거역, 불복종의 역사이다. 변화를 두려워하는 단조로운 일상에 균열을 내고, 작은 혁명의 순간을 만들어온 방법의 역사이기도 하다. 쓰고 또 쓰고, 그리고 지우고 또다시 그리는 그 무수한 시도들. 무의미한 반복 과정에서 얻어낸 한갓 남루한 흔적 같은 것. 어떤 갈망은 동어반복을 통해 완성된다. 쓰레기에 갇혀, 잠시 걸어가야 할 장소와 방향을 상실한다. 악몽에서 깨어나기 위해 다시 꿈을 꾼다. 전라도 사람들이 걸어온 길과 광주 오월의 거리에 저장된 저항의 역사 기억/기록들이 문화예술 공간을 새로 바꾸는 숨은 힘이 되길 기원한다.

2장

팬데믹 이후 재난인문학

1. 사유의 촉수

재난의 한가운데에서 살아가면서 재난인문학에 대한 글을 쓴다는 것이 사치스럽게 느껴진다. 물론, 이 글은 엄밀한 논의를 펼치기보다는 사유와 감정의 몽타주 형식을 따라 전개될 예정이다. 언제쯤 끝나게 될지 모르는 팬데믹의 유행 속에서 인문학이 할 수 있는 것은 다만 이것뿐이라는 듯이, 그럼에도 불구하고 쓸 수밖에 없다는 듯이 말이다.

아우슈비츠 이후에 '재난의 글쓰기'를 철학적 단상으로 삼은 모리스 블랑쇼(Maurice Blanchot)의 문장을 다시 꺼내 본다. 블랑쇼에게 재난(désastre)은 실제로 일어난 구체적인 사건들을 가리키는 말이 아니라 인간 존재가 겪는 실존적 조건이다. 다시 말해 인간의 삶 자체가 이미 재난과 더불어 살아가고 있다는 것이다. 블랑쇼는 말한다. "고통과 함께 사유하기를 배울 것. (…) 사유해야만 하고, 사유를 확신해서는 안 된다."[35)]

연속되는 재난 속에서 고통과 함께 사유하면서 사유에 대한 어떤 확신도 가질 수 없다는 것. 재난 속에서 재난과 함께 전개되는 사유는 애초에 '확신'이란 단어와 어울리지 않는다. 예기치 못한 재난에 직면해 어떤 확신에 찬 말과 생각을 지닐 수 없지만 사유는 멈추지 않는다. 비유적으로 말해 사유는 먹이를 유인하고, 붙잡고, 삼키듯이 운동하는 말미잘의 촉수(tentacle)와 같은 것이다. 그것은 재난을 감각하는 신체를 변화시키고 인식의 속도를 조절한다.

인문학의 관점에서 재난들을 주목하는 것은 피해의 규모, 피해자의 숫자, 재난의 빈도 등과 같이 가시적으로 수량화할 수 있는 것보다 재난이 휩쓸고 간 흔적들, 소리 없는 상처 자국들이다. 바이러스는 다른 공간에서 살아가고 있는 우리의 몸들이 서로 긴밀하게 연결되어 있다는 것을 확인시켜 준다. 바이러스와 같이 실체는 보이지 않지만 분명히 무엇인가가 있다는 느낌이 감지되는 곳, 그곳이 바로 인문학적 사유의 촉수가 닿는 지점이다.

---

35) 모리스 블랑쇼, 『카오스의 글쓰기』(1980), 박준상 옮김, 그린비, 2012, 239쪽.

2. 팬데믹이라는 표지

– 이토록 평등한 전염균

재난인문학은 역사 기록에 누적된 재난의 기억과 인식, 서사와 치유의 지층을 주요한 연구 대상으로 삼는다. 재난에 관한 인식의 변화를 추적하고 재난의 경험과 기억을 어떻게 서사화해 왔는지를 분석하면서 공동체가 트라우마를 치유하는 과정에 관심을 기울인다. 그런데 팬데믹 이후 재난을 인문학적 관점에서 접근하는 것은 '기후변화'와 '감염병', 이 두 가지 암호를 경유하지 않을 수 없게 되었다.

지금 눈앞의 현실에서 전개되고 있는 팬데믹은 의학사와 문학 예술 작품에서 페스트, 콜레라, 한센병 등과 같은 질병 이미지를 만날 때와는 사뭇 다른 경험을 준다. 앞으로 이 사태가 어떻게 전개될 것인지를 예측하기 어려운 상태에서 섣부른 진단을 내리거나 예감하는 것마저도 조심스러운 일이다.

팬데믹은 도처에 강렬한 흔적을 남기고 있다. 다양한 신조어들과 더불어 일상, 거리두기, 격리, 공동체, 공유, 기록 등 기존에 사용해 왔던 단어들의 의미와 용법이 바뀌고 있다는 점을 간과해서는 안 될 것 같다. '포스트 코로나'라는 신조어가 처음 등장했을 때에는 이후에 펼쳐질 삶에 대한 기대가 더 크게 느껴졌다. 그러나 팬데믹의 유행 속에서 '포스트(post)'의 용법은 코로나19 이전에서 이후로 전환되는 지점을 살피는 것과 더불어 경계면을 포괄해야 할 것 같다.

팬데믹의 유행으로 재난은 민족, 인종, 지역, 국가의 경계를 넘어 초국경(cross-border)의 지평에서 탐구할 과제라는 것이 분명해졌다. 그런 한편 지금의 상황을 근본적으로 살펴보기 위해서는 전쟁, 학살, 혁명, 테러, 쓰나미, 홍수, 지진, 전염병 등에 관한 역사 기록물 속의 숱한 재난들을 목록에 포함해야 한다.

코로나19 이전과 이후의 동일성과 차이를 읽기 위해 그것들을 한자리에 병치[juxtapose]하는 것은 위험한 시도이다. 표면상 이전과 동일한 것처럼 보인다고 해도 결코 동일하지 않기 때문이다. 보이지 않는 바이러스는 인식의 틀과 사유체계의 기반을 서서히 침식하고 있다. 그 단절된 듯 연속되고 있는 지점을 포착하는 것이 중요해 보인다.

코로나19는 모든 인간이 평등하게 감염될 수 있다는 위력을 과시한다. 그것은 불평등한 사회에 침입한 평등한 전염균이라고 이름할 수 있다. 불평등한 사회에서 살아가면서 마주하게 된 평등한 바이러스가 아직 낯설고 어색하다. 이토록 평등한 전염균 앞에서 누구나 평등한 조건에 처해 있는 것이라는 착각을 불러온다. 평등하게 바이러스에 감염될 수 있다는 생각은 오히려 불평등한 현실을 깊이 있게 분석하는 작업을 마비시킨다. 또한 우리 모두가 이미 평등한 사회에서 살고 있다는 환상에 빠질 수도 있다. 코로나19의 전파력이 그침이 없는 상태에서 그늘진 굴곡들은 더욱 선명한 윤곽을 드러낸다.

2020년 8월 5일, 일간 신문에 실린 한 기사가 눈길을 끌었다. 충북 지역 무슬림들이 코로나19 방역 대상에서 제외되었다는 내용이었다. 이 보도문은 한국 내 특정 종교(인)의 소외와 차별을 보여준다고 요약하기엔 훨씬 복잡한 문제들을 내장하고 있다.

> 청주시는 "이슬람 문화센터에서 행사가 있으니 소독해 달라"는 경찰의 통보를 받고 이 센터 내부를 소독했을 뿐 정작 행사 때는 무슬림의 방역수칙 준수 여부를 확인하지 않았다./ 도 관계자는 "이슬람 종교행사가 열리는지조차 몰랐다"면서 "조계종과 천주교, 기독교와 긴밀히 협조했지만, 특수한 종교인 이슬람교에 대해서는 파악을 못 했다"고 털어놨다./ 청주, 진천, 음성에 이슬람 문화센터가 있다는 것도 무슬림 확진자 발생 후에야 확인됐다./ 우즈베키스탄, 카자흐스탄, 키르기스스탄 등 이슬람 문화권에서 온 무슬림 근로자가 얼마나 되는지는 여전히 오리무중이다.[36)]

36) "'신천시반 신경 썼너니' … 무슬림 코로나19 사각지대 방치", 「연합뉴스」 2020. 8. 5. https://www.yna.co.kr/view/AKR20200805100900064?input=1195m.

신문 기사에서 따옴표로 직접인용 표시된 문장들은 발화의 주체를 구분하고 있다. 그러나 발화의 주체가 누구인지는 명확하지 않다. 문장들은 한결같이 "몰랐다" "파악을 못 했다" "여전히 오리무중이다"라는 애매한 표현으로 일관하고 있다. '책임'의 문제는 혼란스러운 채로 남겨진다. 여기서 또 하나 드러나는 것은 한국 사회에서 이슬람교 무슬림들이 함께 살고 있었다는 '사실'에 대해 잘 알지 못했다는 '사실'이다. 무차별적으로 평등한 코로나19가 이슬람교 무슬림들을 한국 사회에서 가시화하는 계기가 되었다고 할 수 있다.

3. "새로운"이라는 환상

언택트(Untact) 시대로 접어들면서 아날로그와 디지털의 문화는 더 이상 대립항이 아니게 되었다. 과학기술 문명의 발달을 거부하면서 아날로그의 순수성을 고집하던 사람들에게도 디지털은 필수불가결한 일상을 유지하는 수단이 되고 있다. 하지만 언택트 문화에 빠르게 적응하고 있다고 해서 '정상'이라고 할 수 없으며 그렇지 않다고 해서 '비정상'이라고 말할 수도 없다. 바이러스는 일상의 삶을 정상/비정상으로 판별하는 기준을 흔들어 놓는다.

뉴노멀(New normal)은 한국어로 “새로운 정상” 혹은 “새로운 일상”이라고 번역된다. 그런데 ‘새로운(New)’이라는 형용사가 품은 의미는 무엇이고 그것이 수식하는 정상 혹은 일상이란 무엇일까. 무엇이 새로운 것이고, 무엇이 정상이고 일상일까. ‘새로운’이라는 형용사가 기존의 일상, 정상, 문화 등을 수식할 때에 이전과 다른 세계가 새롭게 전개될 것이라는 ‘환상’에 빠져들곤 한다.

이전의 일상이 그립지만, 의도적으로 다음과 같은 질문들을 개입해 본다. 코로나19가 유행하기 전, 일상에서 주로 이루어진 대면과 접촉은 과연 정상적인 소통의 방식이었다고 할 수 있을까. 굳이 대면과 접촉이 필요하지 않았는데도 그것을 일상과 문화를 유지하는 일반적인 형식으로 승인해오지는 않았던가.

팬데믹은 아무런 생각 없이 승인해온 인식과 일상의 체계에 의문을 붙인다. 아직 우리에겐 다가올 미래의 모습을 찾기보다는 지금 통용되고 있는 “새로운”이란 형용사의 용법에 대한 고민이 필요하다. “새로운”이라는 형용사가 수식하는 다양한 신조어들이 등장하고 있지만 지배와 피지배, 폭력과 저항, 불평등과 차별에 관한 문제는 여전히 지속되고 있기 때문이다. 자유와 해방, 인간의 존엄성과 공동체, 인권과 평등에 관한 논의는 더욱 정교해져야 한다.

팬데믹 이후에 등장한 포스트 코로나, 뉴노멀, 언택트 등 여러 신조어들은 이전의 일상과 문화에 대한 "새로운" 접근을 위한 질문의 방식으로 요청되는 것이지 그것 자체로 마치 "새로운" 현실과 미래가 펼쳐질 것 같은 '환상'과 혼동하지 않아야 한다. 문명의 전환을 준비하기 위해서는 사유와 인식의 틀을 지탱해온 언어의 용법을 섬세하게 다듬는 작업이 요구된다.

4. 증언과 기록 전쟁

지구적 재앙이 세계를 누비고 있는 동안 한 켠에선 치료 백신 개발, 온라인 시스템 구축 등 과학기술의 진보에 대한 기대가 커지고 있는 듯하다. 그렇지만 어쨌든 팬데믹의 유행이 지속될 것이라는 전문가들의 견해를 들을 때마다 공포는 쉽게 사라지지 않는다.

비대면 시대의 대안으로 실시간 화상 회의가 줄지어 개최되고 있다. 온라인 시스템은 행사가 진행되는 시간과 공간, 그리고 참여하는 사람들의 목소리, 언어, 몸짓, 눈빛, 표정, 어조에 이르기까지 현장을 기록한다. 온라인 시스템은 커뮤니케이션의 도구인 것이 아니라 구술증언이나 문자매체가 담아내지 못한 기억을 보존하고 전파, 공유하는 수단이 되고 있는 것이다.

이는 한편 '증언'과 '기록'에 대한 기존의 관념을 변화시킨다. 증언과 기록은 전쟁, 학살, 혁명, 항쟁 등 역사적 재난 이후에 사건의 진실을 밝히는 데에 있어서 매우 중요한 논점이 되어 왔다. 그런데 말과 이야기를 실시간으로 현장에서 바로 기록하고 공유하는 방식은 구술증언으로 진실을 밝히려는 것과는 다른 역사가의 작업을 요구한다. 이미 남김없이 기록될 수 있는 것이라면 후일 오랜 문서고에서 진실의 파편들을 확인하는 작업은 덜 수고로운 일이 될지도 모르겠다.

비대면 온라인에서의 소통이 활발해지게 되면 일상에서 이루어지는 말, 소문, 이야기 등과 같은 구술매체는 어떤 역할을 할 수 있을까. 오래전의 논의이긴 하지만 제임스 C. 스콧의 논의는 온라인의 구술문화가 변화하는 지점에서 "말로 하는 이야기"의 역할에 대해 다시 생각해 보게 한다. 그는 "약자의 은닉 대본과 강자의 은닉 대본을 비교하고, 두 집단의 은닉 대본을 권력관계에 대한 공식 대본과 대조한다면, 지배에 대한 저항을 이해하는 매우 새로운 방식을 얻게 될 것이다."[37]고 말한다. 스콧의 다음과 같은 발언은 온라인 매체가 소통을 주도하고 있는 지금의 상황을 떠올려 보게 한다.

---

37) 제임스 C. 스콧, 『지배, 그리고 저항의 예술 : 은닉 대본』(1992), 전상인 옮김, 후마니타스, 2020, 16쪽.

> 말로 하는 이야기가 감시로부터 면역력이 상대적으로 강한 이유는 부분적으로 그것의 기술적 수준이 낮기 때문이다. 인쇄기나 복사기는 압류될 수 있고, 라디오 수신기는 정확한 위치가 파악될 수 있으며, 심지어 타자기나 녹음도 압수될 수 있다. 하지만 사람의 목소리는 그 소유자를 죽이는 방법 이외에는 억누를 길이 없다.[38)]

위의 논의를 뒤집어서 이렇게 질문해 볼 수 있다. "기술적 수준"이 '부분적으로' 높아진다면 "말로 하는 이야기"는 "감시로부터 면역력이 상대적으로" 약해져 더욱 자유로운 발언이 가능해질 수 있을까. 반대로 더욱 감시체계 안에 갇히게 될 것인가. 스콧의 유머러스한 문장은 이러한 질문을 무의미하게 만든다. 어쨌거나 "사람의 목소리는 그 소유자를 죽이는 방법 이외에는 억누를 길이 없다."는 것. 기술적 수준의 높낮이와 상관없이 사람들이 목소리를 소유하고 있는 한, 다양한 수다들에서 저항의 지점을 마련해 볼 수 있지 않을까.

실시간으로 접속할 수 있는 개방적인 공간이 마련되었다고 해서 모든 사람들이 자유롭게 말할 수 있는 것은 아니다. 온라인에

---

38) 제임스 C. 스콧, 『지배, 그리고 저항의 예술: 은닉 대본』(1992), 앞의 책, 274쪽.

서 충분하게 말해지지 않은 것들, 그리고 침묵의 여백, 더듬거림 등으로 표시된 "은닉 대본"을 지속적으로 마련하는 것이 필요해 보인다. 또한 이미 기록된 것들, 이미 찍힌 사진 이미지들과 수다스러운 말들 가운데 어떤 지식들이 가치가 있는 것인지를 선별하고 분류하는 작업이 중요해진다. 비대면 시대에 역사가의 주요한 과제에는 발터 벤야민과 한나 아렌트가 말한 것처럼 기억을 발굴하거나 "망각의 구멍"에서 이야기를 소환하는 작업보다 기록되고 있는 것들, 기록된 후 남겨진 것들을 다르게 배치하고 공유하는 일, 선별, 전시, 보존하는 일이 포함될 것이다.

초국경의 전염력을 지니고 있는 감염병은 지역, 인종, 민족, 종교 등 특정한 표지와 함께 사용하게 될 경우에 갈등과 분쟁을 촉발하는 계기가 된다. 팬데믹 이후에 다가올 또 하나의 전쟁은 감염병의 기원과 전파 경로, 책임의 소재 등에 관한 다양한 의견들을 기록하는 일에서 발생할 것이다. 재난을 보도하는 신문과 방송 등 각종 미디어에서 재난을 이야기하는 방식을 주의깊게 살펴봐야 하는 이유는 바로 그 때문이다.

다음의 사례들을 들어 본다. 미국의 대통령 도널드 J. 트럼프는 트위터에서 코로나19를 "중국 바이러스(Chinese Virus)"라고 표현했다. 전문가들은 트럼프의 표현이 "제노포피아(xenophobia)"를 야기한다고 비판했지만 그는 "인종차별주의적"이고 "반중국적"인 것이 아니라면서 자신의 발언을 옹호했다.[2020. 3. 16.][39) 최근 한국의 S교회 J목사는 교회 내에서 다수의 코로나19 확진자가 발생한 이유를 "외부 바이러스 테러"에 의한 것이라고 말했다.[2020. 8. 15.] 단체 카톡방에서는 "코로나 공포정치"라는 표현도 등장하고 있다.[2020. 8. 23.]

위에서 인용한 사례에 대한 자세한 분석은 후일을 기약한다. '인용'의 방법은 팬데믹의 발생, 방역에 관한 '책임' 소재를 묻는 것과 관련되는데, 이는 감염병 기록 연구에서 무엇이 뜨거운 쟁점이 될 것인지를 미리 보여준다.

5. 속도 감각

2020년 8월 8일 새벽, 전라도 광주. 창밖으로 내리는 비는 더

---

39) Donald J. Trump on Twitter: "The United States will be powerfully supporting those industries, like Airlines and others, that are particularly affected by the Chinese Virus. We will be stronger than ever before!"(5:51 PM, Mar 16, 2020) "President Trump on Wednesday defended his increasingly frequent practice of calling the coronavirus the "Chinese Virus," ignoring a growing chorus of criticism that it is racist and anti-Chinese."(https://www.nytimes.com/2020/03/18/us/politics/china-virus.html), "Trump Defends Using 'Chinese Virus' Label, Ignoring Growing Criticism," The New York Times, 2020. 3. 18. "It's not racist at all," Mr. Trump said, explaining his rationale. "It comes from China, that's why."

이상 낭만적인 느낌을 주지 않았다. 광주에 "기록적 폭우"가 쏟아지던 그날 밤의 빗소리는 공포감을 불러일으켰다. 더 놀라운 것은 다음 날 빗줄기가 잦아들고 햇살이 잠깐 환하게 비추었을 때에 악몽 같은 비의 흔적이 말끔하게 사라진 거리의 풍경이었다. 물론 수해의 현장은 아직까지도 처참하다. 재난의 흔적이 휘발되는 속도, 그 망각의 속도가 너무 빠르다는 사실이 당혹스러웠다. 과장해서 말하면, 재난 이후 풍경의 변화와 함께 신체 감각 또한 달라진 것이다.

재난은 속도의 감각에 관한 질문을 제출한다. 느리게 지속되고 있는 팬데믹과 갑작스럽게 밀어닥친 자연재해는 다른 속도를 지닌 재앙으로 경험된다. 재난이 이어지는 상황에서 자주 언급되곤 하는 "마침내", "결국", "지금 이 순간", "곧", "언젠가는" 등과 같은 시간 표지들은 감각과 인식의 속도 변화와 관련된다. 거기에는 현재의 혼란스러운 상태이거나 이미 예상된 결과라는 분석, 그리고 다가올 미래에 대한 예감이 섞여 있다. 이것은 재난과 더불어 판단과 인식의 "이행대(ecotone)"에서 살아가고 있다는 증거이기도 하다.

환경인문학자 롭 닉슨(Rob Nixon)이 제기한 용어 "느린 폭력"은 노르웨이의 수학자이자 사회학자 요한 갈퉁(Johan Galtung)의 "간접적, 혹은 직접적 폭력(indirect or structural violence)"

에 다른 변수를 포함한 것이다. 롭 닉슨은 "느린 폭력"을 갈퉁의 다음과 같은 문장, 즉 "구조적 폭력은 조용하다. 드러나지 않는다. 기본적으로 정적이다. 그것은 고요한 바다다.(It is the tranquil waters.)"와 구별해 사용한다.

> 정적 함의를 지닌 구조적 폭력과 달리, 나는 느린 폭력이라는 개념을 통해 비록 점진적이기는 하나 시간(time)-이동(movement)-변화(change) 같은 문제를 부각하고자 했다. 명시적으로 시간 차원에 비추어 느린 폭력에 주목하면 우리는 인식 불가의 폭력, 그리고 인식 불가의 변화(그에 따라 시간의 작용을 거치면서 폭력이 본래의 원인과 분리된다)가 제기하는 표현 관련 과제와 상상력 관련 딜레마를 가장 중요한 위치에 놓을 수 있다. 시간은 복잡한 방식의 행위자로 떠오른다.[40]

덧붙여 닉슨은 스펙터클한 미디어의 시대에 "속도의 정치학"에 관심을 기울여야 한다고 말한다. 아울러 복잡한 범주의 폭력을 포괄하는 이 느린 폭력을 통해 "인식할 수 없는 위협을 '이해'하려면 -거기에 관심을 갖고 최소한 그것을 완화하려면- 과학자나 창작자의 증언 작업을 통해 그 위협을 감각적으로 '이해할 수 있는

40) 롭 닉슨, 『느린 폭력과 빈자의 환경주의』(2011), 김홍옥 옮김, 에코리브르, 2020, 33~34쪽.

(apprehensible)' 것으로 만들 필요가 있다."고 말하면서 "환경 작가—활동가의 정치적, 창의적, 전략적 역할"을 기대한다. "글쓰기"와 "내러티브적 상상력은 우리에게 전과는 다른 유의 증언, 즉 보이지 않는 풍경에 대한 증언을 제공한다."고 보기 때문이다.[41)]

기후변화로 인한 전 지구적 재앙과 팬데믹의 유행 속에서 환경 작가—활동가들의 역할 중의 하나는, 재난과 함께 그리고 재난 이후에 '보이지 않는 풍경'을 서사화하고 트라우마를 증언하는 일이다. 바이러스가 일상을 지배하는 동안 상상력과 감수성은 보이지 않는 형태를 모방한다.

6. 재난 트라우마와 서사 : 더 이상 없는 것, 그러나 있었던 것

재난을 보도하는 미디어들은 대체로 재난의 규모, 파괴 혹은 손상된 구조물, 그리고 사상자, 부상자, 사망자, 이재민의 숫자들을 집중적으로 보도한다. 이어서 국가와 사회의 피해 복구 현황에 관한 소식이 뒤따르고 집과 터전을 잃은 사람들에게 구호 물자들을 전달하는 미담을 소개하기도 한다. 여론을 형성하는 매체들의

41) 롭 닉슨, 『느린 폭력과 빈자의 환경주의』(2011), 앞의 책, 39~41쪽.

언어 양상들에서 재난 이후 재난이 사건화 되는 지점을 분석하는 것도 흥미로운 과제이다.

재난 이후에는 재난의 경험과 기억을 전달하는 숱한 말들이 지배한다. 죽음의 현장에서 가까스로 살아남은 자들에겐 기적, 신비, 운명 등과 같은 말들이 선사되기도 한다. 또한 갖가지 이야기가 새롭게 전개된다. 생존담, 소문, 유언비어, 문학작품 등에서 재난의 기억을 어떻게 서사화하고 트라우마에 대응하는지를 볼 수 있을 것이다.

역사적 폭력은 일상을 파괴한다. 뿐만 아니라 삶과 죽음을 가르는 경험 속에서 죽은 자와 산 자의 관계가 재설정된다. 권헌익(權憲益, Kwon Heonik)은 문학작품과 의례 속 베트남 전쟁의 유령들에 관심을 기울이면서 "베트남인들이 망자의 이탈된 혼령과 맺는 친밀한 관계는 그들이 대규모 이탈의 역사와 맺고 있는 친숙한 관계의 한 표현"이며 "담론 현상으로서의 유령이 조상의 경우와 마찬가지로 베트남인들의 자아정체성을 구성한다고 주장할 수 있다."[42]고 말한다. 전쟁과 학살의 경험은 산 자와 죽은 자를 비롯해 세계와 관계 맺는 방식을 변화시킨다.

---

42) 권헌익, 『베트남 전쟁의 유령들』, 박충환·이창호·홍석준 옮김, 산지니, 2016/2018, 188쪽.

전쟁과 학살, 테러 등 역사적 폭력을 지속적으로 반복하고 변주하는 서사화 작업은 곧 정신과 마음의 위기와 무관하지 않다. 작가들은 침묵의 역사를 다시 소환한다. 작가들은 왜, 무엇을, "어떻게 글을 쓰는가."

> 적어도 그때 내게 소설이란 그런 의미였다. 이 세상에 가득 찬 침묵의 언어. 발설되지 못한 채 허공을 떠도는 무수한 익명의 육성들. 천지간에 가득한 통곡과 탄식과 신음소리들. 소설 쓰기란 그것들을 이야기로 걸러내어 누군가에게 전해주는 일이라고 나는 믿었다.[43)]

> 불행한 병사들은 일본인만이 아니었다. 내 소설에 등장하는 두 주인공 가운데 하나는 제국주의 일본군에 복무하고 있었던 한국인 병사였다. 그는 그 절망적인 자살 전투에서 무엇을 위해 누구를 상대로 싸웠을까? 아시아를 지배한 제국주의 일본의 과거사가 지니고 있는 가장 노골적인 현실이 여기에 분명하게 제시되었다.[44)]

43) 임철우, 「내가 쓰는 이유」(2015), 『나는 어떻게 글을 쓰는가: 아시아 작가들의 글쓰기와 삶』, 아시아, 2020, 41쪽.
44) 오다 마코토, 「일본 작가로서, 아시아 작가로서」(2006), 『나는 어떻게 글을 쓰는가: 아시아 작가들의 글쓰기와 삶』, 앞의 책, 247쪽.

> 내적 테러는 목적이 아니라 노력이다. 내적 테러란, 말하자면 일종의 불편일 뿐이며 혹 그것이 실패한다 해도 파괴의 나락으로 떨어질 수는 있으나 그 자체로 파괴 행위는 아니다. 항독소를 만들기 위해 신체에 백신을 투여하는 것과 같이 글쓰기는 내게 전복 행위이다.[45)]

광주5·18의 체험이 깊게 자리한 임철우에게 소설쓰기는 발설되지 못한 "통곡과 탄식과 신음소리들"을 이야기로 바꾸어 전달하는 일이다. 오다 마코토가 소설『옥쇄』를 쓰기 시작했을 때 고민한 지점은 "제국주의 일본군에 복무하고 있었던 한국인 병사"의 형용할 수 없는 마음이었다. 푸투 위자야에게 글쓰기는 "내적 테러"를 유발하는 "전복 행위"이자 "투쟁"의 표현이다.

역사적 폭력의 경험에서 시작된 글쓰기는 간결하게 정돈되지 않은 역사의 파편을 드러내고 그 기억을 다시 쓰는 작업을 수행한다. 작가 서정인(徐廷仁)에 따르면 소설쓰기란 혼돈의 세계에 질서를 부여하는 것이다. 중단되지 않은 비극의 역사 속에서 혼돈과 질서는 선명하게 분리되지 않는다. "이 혼돈 앞에서 나는 현기증을 느

45) 푸투 위자야,「글쓰기는 투쟁이다」(2010),『나는 어떻게 글을 쓰는가: 아시아 작가들의 글쓰기와 삶』, 앞의 책, 174쪽.

겼다. 그 혼돈을 정리할 필요가 있다. 그러나 그것들을 따로따로 분리하는 것은 자연과 역사, 이상향과 전쟁의 혼돈을 정리하는 것이 아니다."[46] 팬데믹의 트라우마는 세계 각국의 전통과 역사적 경험이 누적된 층에서 서로 다른 문화서사들을 만들어갈 것이다.

7. "After 1950" : "After the Korean War"

1950년은 한국전쟁이 일어난 해로 기억된다. 작가 이청준(李淸俊)의 소설 「소문의 벽」(1972)은 좌우 이데올로기의 대립과 한국전쟁의 기억에서 빛/어둠, 보이는 것/보이지 않는 것, 삶/죽음, 자유/억압, 해방/권력, 저항/폭력 등 대립적인 사유의 이미지를 추출한다. 작가가 그려 보인 '나무와 새'는 그러한 이항대립을 넘어서 우리가 회복해야 할 총체적인 언어와 삶에 대한 비유다.

> 소설이란 그러므로 우리의 삶에 대해 말로 꾸어지는 일종의 꿈이랄 수도 있으리라. 그래 나는 때로 그 존재적 언어와 관계적 언어질서를 조화롭게 통합하는 총체적 언어(삶)질서의 꿈을 꾸어 보곤 한다. 그것은 나무와 새에 관한 꿈이다. (…) 새가 깃들이지 않는 나무를 생각할 수 없듯이 깃들일 나무가 없는 새

---

46) 서정인, 「역사와 자연」, 『철쭉제』, 민음사, 1986, 243~244쪽.

또한 생각할 수 없다. 그것은 나무가 곧 그 새의 자유와 사랑과 새로운 비상의 터전이기 때문이다.[47)]

'나무와 새'의 행복한 만남이 지난 세기의 쓸모없는 유물처럼 느껴질지도 모르겠다. 하지만 저 꿈의 이미지를 유토피아적 허상이 아니라 우리의 삶 속에 깊숙하게 침투해 있는 폭력성을 비추는 거울로 삼아 볼 수 있다. "한국전쟁 이후" 그 잔인한 폭력성은 "가족/친족/공동체라는 관계"를 중심으로 작동되어 왔다. 전쟁의 상처와 경험이 아직 아물지 않았고 지속되고 있는 한, 우리는 아직도 냉전 체제에서 살아가고 있다고 할 수 있을 것이다.[48)]

기후재난 속에서 살아가고 있는 현재, "1950년 이후"라는 표지는 "인간의 새로운 시대(new age of man)"를 뜻하는 인류세(Anthropocene)와 동일한 의미로 사용된다. 이산화탄소, 방사성 원소, 비료 질소, 그을음층 등[49)] 인간 활동이 지구에 미친 영향을 분석한 결과, 새로운 지질학적 시기가 도래했다는 것이다. 지구는 11,700년 동안 홀로세(Holocene)의 마지막 빙하를 녹이고 대

---

47) 이청준, 「존재적 언어와 관계적 언어 사이에서」(1982), 『말없음표의 속말들』, 나남출판, 1985, 142~143쪽.

48) 권헌익, 『전쟁과 가족: 가족의 눈으로 본 한국전쟁』, 정소영 옮김, 창비, 2020.

49) 데이비드 비엘로(David Biello) : 환경과 에너지 분야 저널리스트. TED의 과학 큐레이터. https://ideas.ted.com/you-have-been-living-in-a-new-geologic-time-all-along/(Sep 8, 2016 / DavidBiello)

량 멸종의 위기에 도달해 있는 상태다.

기후재난들은 지구의 존재성을 부각시킨다. 따라서 기후변화로 인한 전 지구적 재앙은 인간이 자연환경을 보호해야 한다는 관점과 결별할 순간이 왔다고 경고한다. 지구환경은 특정한 환경운동가, 환경활동가들에 의해 지켜질 수 있는 것이 아니다. 나오미 클라인(Naomi Klein)은 과거의 변혁 운동들이 남긴 교훈으로, 사회변화가 일상에 스며든 결과 당시 "모든 사람이 사회 운동가였다."는 점을 든다. 또한 기후변화에 대응해 "상호 의존성", "호혜성", "협력"을 근간으로 한 "세계관 투쟁"[50]을 제안하면서 기후위기로 인한 "봉기의 순간"은 그치지 않을 것이라고 말한다. "다음번 봉기에 불을 붙이는 촉매가 경제 위기일지, 자연재해일지, 정치적 부정행위일지 그 역시 아무도 알 수 없다. 유쾌한 일은 아니지만, 온난화가 가속화된 세계에는 봉기에 불을 당길 촉매가 차고 넘친다."[51]

데이비드 월러스 웰즈(David Wallace Wells)가 진단한 것처럼 기후재난은 "수확량이 감소" "생산성 하락" "사회의 불안정" "정치적 분열"을 연쇄적으로 일으키며, "그 충격이 강제 피난 사태를 야기하고 강제 피난 사태가 다시 정치적, 사회적 불안을 야기하는

---

50) 나오미 클라인, 『이것이 모든 것을 바꾼다 : 자본주의 대 기후』(2014), 이순희 옮김, 열린책들, 2016/2019, 644~647쪽.
51) 나오미 클라인, 『이것이 모든 것을 바꾼다: 자본주의 대 기후』, 앞의 책, 651쪽.

과정 속에서 분쟁 가능성은 더욱 높아진다."[52] 이러한 상황에서 기후재난을 해결해나가기 위해 먼저 자연을 생각하는 인식을 개선해야 한다거나, 인간과 자연의 동반자적 관계를 주장하는 것은 오히려 본질적인 문제를 회피하는 속임수에 지나지 않는다.

지구의 반란을 단순한 경고로 듣지 않으려면 인간중심주의에 대한 성찰을 넘어서 인간이 지구환경에 어떠한 폭력을 행사해 왔으며, 그러한 폭력을 차단할 수 있는 실천적인 정책과 연대의 장을 마련해야 한다. 그 시작점은 일상이 되겠지만 팬데믹 이후 그곳은 "예측하지 못한" 재난과 함께하는 일상이다. 주디스 버틀러(Judith Butler)의 말을 그대로 인용해서 다시 말하면, "나는 연대란 우리의 의지로써 진입하는 의도적인 계약에서보다 차라리 그와 같이 예측하지 못한 조건들에서 출현한다고 말하고 싶다."[53]

8. 이름들, 질문들

재난이 닥친 현실 앞에서 숨이 멎고 말이 끊긴다. 크리스 토알

---

52) 데이비드 월러스 웰즈, 『2050 거주불능 지구』(2019), 김재경 옮김, 청림출판, 2020, 193쪽.

53) 주디스 버틀러, 『연대하는 신체들과 거리의 정치 : 집회의 수행성 이론을 위한 노트』(2015), 김응산·양효실 옮김, 창비, 2020, 219쪽.

라 올리바레스(Cris Toala Olivares)는 화산 폭발(Tungurahua volcano)을 목격한 후, 지구의 중심에서 솟아난 엄청한 힘들과 대면했다고 말한다. 지진과 함께 저 먼 하늘 위로 솟아오르는 구름은 인간이 얼마나 작은 존재이고 내가 지구 위에 속해 있음을 느끼게 해준다.[54] 그의 사진 작업은 언제나 재앙의 근원인 자연을 두려움과 공포의 대상이 아니라 지구에서 살아가고 있는 인간 존재가 지구와 맺고 있는 근원적 관계를 확인하는 것에서 시작된다. 재난과 함께 있는 순간은 자연의 위력을 가장 가깝게 느끼는 시간이다.

예술가는 지금 세계 전체가 처해 있는 위기의 상황에서 무엇을 할 수 있을까. 문학예술 속의 상상력과 이미지는 눈에 보이는 현실 그대로를 재현하는 것이 아니라 구조화된 현실을 드러낸다. 팬데믹 이후 작가-활동가들에게 전 지구적인 재앙이 상상력을 개입하는 모티프가 된다.

조정환은 재난들로 고통받는 사람들을 위해 재난들을 모두가 공유할 수 있는 “공통된” “이름”을 불러 보길 제안한다. 3·11 일본

---

54) Cris Toala Olivares(Dutch–Ecuadorian photographer), [They bring us closer to nature again, closer to the power of the earth and therefore also closer to ourselves. “Feeling the earth shake, watching lava clouds up to twelve kilometer in the sky makes you feel small”, says Cris. “But is also made me feel I belong. I belong here on earth. You don’t make the earth as humans, the earth makes you.”](https://www.youtube.com/watch?v=mVXFsodbsHA)

후쿠시마 대지진 쓰나미를 “핵국가의 권력에 의해 일상에서 갖가지 방식으로 ‘피폭’당하고 있는 이름 없는 다중들을, 이제 ‘후쿠시마’라는 이름으로 부르기 시작한다.”고 했을 때 이 ‘공통된 이름’은 “지배적인 죽음-이미지 밑에서 그것을 뚫고 나오는 삶-이미지를 발견할 수는 없을까?”[55]라는 갈망과 맞닿는다. 이로써 재난의 트라우마는 국경을 초월해 인류가 공통으로 숙고해야 할 의제가 된다. 재난들의 이름은 멀리 떨어져 있는 몸들을 하나의 공동체로 연결한다.

샹탈 무페(Chantal Muffe)는 알프레도 야르의 사례를 들면서 “예술적 실천의 비판적 차원”을 강조한 바 있다. 무페는 2008년 가을 밀라노에서 행한 야르의 「질문들, 질문들」이라는 공공 개입 프로젝트를 사례로 든다. 무페는 야르가 자신을 “특정한 장소에서의 특정한 쟁점에 대응하는 ‘프로젝트 예술가’로 규정하면서 몇몇 영역, 즉 예술계뿐만 아니라 공적 공간과 다양한 교육 현장에 개입하는 것이” 중요하다고 언급한 인터뷰를 인용한다. 무페가 야르의 작업에서 “세 가지 유형[예술계, 공적 공간, 교육 현장]의 활동들을 결합”하는 방법으로 “대항헤게모니의 움직임들이 발전하는 데 기여한다.”[56]고 본 것이다.

---

55) 조정환, 「인지자본주의와 재난자본주의 사이에서-후쿠시마라는 ‘이름’」, 『후쿠시마에서 부는 바람』, 갈무리, 2012, 146~147쪽.

56) 알프레도 야르(Alfredo Jaar), “Interview with Lugi Fassi,” Klat, no, 1, Winter

팬데믹 이후 작가-활동가들의 자유로운 이동이 제한되고 작품을 전시하는 공간은 협소해졌다. 어쩌면 이러한 현실적 한계가 건물 안과 밖을 예술의 공간으로 바꿀 수 있는 기회인지도 모른다. 미술관, 박물관, 전시관 등을 "예술적 실천"을 전개하는 장소로 기획해야 할 수 있는 대안을 모색해야 한다. 그것은 전시 공간과 거리를 예리한 쟁점을 제기하는 질문의 장소로 만드는 것이다.

9. 한센병과 코로나19 : 감염병의 재난서사

동아시아 한센병에 관한 사회학자 정근식의 논의는 아시아의 관점에서 팬데믹의 유행을 분석하는 데에 유의미한 실마리를 제공한다. 그는 한센병을 중심으로 20세기 전반기 동아시아에서 서구적 근대의 세계적 확산과 일본제국의 식민지배가 어떻게 부딪히면서 사회구조와 심성을 형성했는지를 살펴보는 것을 주요한 과제로 설정한 바 있다.[57] 근대 이후 동아시아에서 전개된 '한센병 프로젝트'는 기독교 선교사와 국가권력의 주도 하에 펼쳐졌는

2009~2010, pp. 73~74.(https://www.apollo-magazine.com/photo-realism-an-interview-with-alfredo-jaar/) 샹탈 무페, 『경합들 : 갈등과 적대의 세계를 정치적으로 사유하기』(2013), 서정연 옮김, 난장, 2020, 각주 재인용, 149~150쪽.

57) 정근식, 「동아시아 한센병사 연구를 위하여」, 『보건과 사회과학』12, 한국보건사회학회, 2002, 5~41쪽.

데 그러한 경험을 공유하고 있는 아시아 국가들은 식민지 한센병 통치 정책, 한센병 요양소 관리, 환자의 신체 통제 등 다양한 측면에서 비교 검토할 점이 많다. 이러한 시각은 향후 팬데믹이라는 초국경의 감염병을 아시아를 비롯해 국제적인 시각에서 다루게 될 때에도 중요하게 참조할 부분이다.

나는 그동안 한국 한센병과 관련된 신문기사, 역사서, 문학작품 등 다양한 유형의 기록들을 연구해오면서 한센병/한센인에 관한 기억과 서사가 매우 '혼종성'을 보인다는 점에 관심을 두고 있다.[58] 물론 한센병과 코로나19는 발생의 배경과 맥락에 있어서 서로 다른 성격의 감염병에 속한다. 여기에서는 한센병을 연구해온 시각에서 한센병과 팬데믹을 인상적으로 겹쳐볼 뿐 정교한 비교 분석은 다른 지면을 기약한다.

팬데믹의 유행은 초국경으로 이동하는 재난의 특성을 가장 잘 보여준다. 특정한 대상을 선별하지 않은 채 무차별적인 전염력을 지닌 코로나19는 만성전염병으로 분류되는 한센병과 여러 가지 면에서 차이가 있다. 그런데 한센병과 코로나19를 둘러싼 감정과 언어 표현들, 즉 격리, 차별, 낙인, 공포, 혐오, 소문, 유언비어,

58) 한순미, 「분홍빛 목소리-한센인의 기록에서 혼종성이 제기하는 질문들」, 『한국민족문화』62, 한국민족문화연구소, 2017, 3~44쪽.

가짜 뉴스 등은 서로 유사한 현상을 보인다. 국가 주도 하의 질병 관리 정책 등에서 비교할 만한 점도 적지 않다.

한센인은 얼굴, 피부 등 신체의 외부에 나타나는 증상으로 인해 두려움과 혐오감을 주는 대상이 되었다. 한센인을 향한 낙인의 감성은 건강인과 다르게 피부의 반점, 기형, 불구가 된 신체적 조건으로부터 비롯되었다. 그로 인해 근대 이후 한센인은 일반인과 동일한 공동체에 소속될 수 없는 사회적 타자로 위치 지워졌다. 또한 일제강점기 식민통치 아래에서 한센인은 인종우생학적으로 열등한 존재로 인식되기도 했다.

코로나19 확진자는 신체의 외부에 나타나는 증상이 문제가 되지 않는다. 보이지 않는 바이러스에 감염된 사람들은 눈에 보이는 신체의 증상 때문이 아니라 밀접한 접촉과 이동이 문제가 된다. 코로나19 확진자는 이동해서 전염균을 다른 사람들에게 전파할 수 있다는 가능성 때문에 공포의 대상이 된다. 또한 행정 명령을 따르지 않고 방역 수칙을 준수하지 않았을 경우 윤리적인 처벌의 대상이 될 수 있다.

한센병의 서사를 격리–낙인–추방으로 나타낼 수 있다면 코로나19는 격리–이동–접촉의 서사로 표현할 수 있다. 한센인에게 부여된 "낙인"의 감성과 코로나19 확진자를 심문하는 "이동"의 경로는 공동체의 형상을 다르게 구조화한다. 전염균의 이미지와 표상에 따라 가족, 이웃, 공동체의 관계가 변화하기 때문이다. 여기에서 더 관심을 둘 것은 두 감염병의 재난서사에 비추어 본 역사와 현실이다.

코로나19는 이동하는 것과 이동하지 않음이 일상을 지배하는 보이지 않는 체계였다는 사실을 확인시켜준다. 접촉하는 것과 접촉하지 않는 것, 이동하는 것과 이동하지 않는 것이 삶을 유지하는 중심축이었다고 바꾸어 말할 수 있다. 비대면 사회로 접어들면서 인간과 인간의 관계 회복, 돌봄의 체계를 마련하는 것이 화두가 되고 있다. 비대면 사회에서 돌봄의 대상에는 차별받고 소외된 타인만이 아니라 고립된 개인들, 우리 모두가 포함된다.

한참 더 시간이 흐른 후에 세계 각국에서는 팬데믹의 다양한 서사들이 탄생할 것이다. 우리는 국가/의료인/확진자/접촉자 등 서로 다른 입장에서 만들어지게 될 팬데믹의 재난서사들 중에서 어느 대목을 상상하고 있는가. 나는 아마도, 여전히 지속되고 있는 역사적 폭력과 한센병을 향한 낙인의 감성이 중첩되는 지점에서 팬데믹 이후에 전개될 이야기들의 첫 장을 펼쳐 볼 것이다.

3장

거울과 카메라 : 한센병 발화에서 "당신"의 각도

1. 한센병과 마주하는 시선들

혐오의 감정에는 복잡한 층위의 시선들이 얽혀 있다. 혐오는 "당신"이라는 피사체를 향해 투사되는 감정인 듯하지만 "우리"와 닮은 형상을 함께 반사한다. 어느 순간에 시작된 혐오는 시공간의 맥락 변화에 따라 다양한 감정, 이미지, 상상력 등이 첨가되어 부피감 있는 입체도형으로 현상된다. 따라서 혐오 감정이 형성, 전파되는 경로를 추적하는 일은 여러 각도에서 검토해야 하는 작업이다.

혐오라는 말에서 미움과 증오, 두려움과 공포 같은 다소 부정적인 느낌을 먼저 떠올릴 수 있겠지만 거기에는 경계심, 구별짓기, 차별, 배제, 질투, 사랑, 동정, 연민 등 간결하게 설명할 수 없는 감정들이 들이 있다. 우리 '시대'를 포착하는 주요한 표지로

'혐오'를 거론하고 그에 대한 '인문학의 대응'을 요청하는 이유도 바로 혐오의 결과 층이 매우 두텁게 연결되어 있기 때문일 것이다.[59] 인문학의 관점에서 혐오의 계보학을 점검하고 광범위하게 분포된 혐오 현상을 분석하기 위해서는 누가 무엇을 왜 혐오하게 되었는가라는 질문, 다시 말해 혐오의 감정이 어떻게 만들어졌고 어떤 경로로 전파, 확산되어 왔는지를 분석하면서 혐오의 "효과"를 정밀하게 심문하는 작업을 요구한다.

어떤 감정과 사유가 말과 글로 표현될 때에는 그 표현의 주체와 대상 간의 관계, 발화자의 위치와 입장이 논점으로 떠오른다. 혐오 발화에는 누가 무엇을 혐오의 대상으로 분별하고 그것을 어떤 시각에서 바라보고 말하는가라는 질문이 내포되어 있는 것이다. 주디스 버틀러는 "상처를 주는 말(injurious speech)"이 "누군가에게 전달된 말뿐 아니라 전달되는 방식 그 자체, 즉 주체를 호명하고 주체를 구성하는 방식–기질이나 관습적인 태도–의 효과인 듯하다."[60]고 설명한다. 그런 점에서 혐오 발화를 분석할 때에는 발화된 내용만이 아니라 발화 "방식"에서 파생되는 "효과"에도 관심을 기울일 필요가 있다.

---

59) 이 논문은 2020년 12월 19일, 숙명여자대학교 인문학연구소 HK+사업단 출범기념 학술대회에서 발표한 글로서 근대 이후 한센병/한센인에 대한 인식을 혐오의 관점에서 통시적인 흐름을 따라 읽어 본 것이다.

60) 주디스 버틀러, 「서장. 우리는 왜 언어에 상처를 받는 걸까」, 『혐오 발언』, 유민석 옮김, 알렙, 2016, 13쪽.

무엇이 한센병/한센인을 혐오하게 하는가.[61] 한센병을 혐오의 대상으로 만드는 것은 무엇인가. 특정한 질병을 앓고 있는 사람들에 대한 혐오는 질병과 병든 신체에 투사된 다양한 부속물들을 거느린다. 이것은 안과 밖에서 준비된 것들이 동시에 교차하면서 만들어진다. 이를 살피기 위해 한센인/한센병의 삶과 역사를 '격리–낙인–추방'이라는 틀로 읽어온 기존의 시각과 다르게, '우리/당신'이라는 호칭을 대비시켜 혐오 발화의 양상을 드러내는 데에 초점을 둔다.

1965년, 소록도병원을 방문한 J. A. 루이스 박사는 환자들의 사진을 찍기 어려웠던 경험을 다음과 같이 적고 있다. 외국인이 기록한 소록도기행문에서 한센인들이 처해 있는 당시의 상황을 짐작할 수 있다.

> 나는 조그만 사진기를 가지고 가서 소록도에서 약 20장의 사진을 찍었습니다. 환자의 사진은 몇 장밖에 찍지 않았습니다. 환자들은 그들의 흉한 얼굴이 나타나는 사진을 찍히기 싫어했습니다. (…)/ 사회복귀를 할 수 있는 사람이 소록도에는 약 500명 가량 있으나 그들을 일반사회 내보내기가 힘들다는 것이

61) 이 글에서 원자료를 인용할 때에는 신문과 잡지, 저서가 발간된 당시의 문맥을 살려서, 한센병/한센인을 부르는 다양한 명칭을 통일하지 않고 혼용해 사용했다. 또한 발간 당시 원자료에 표기된 내용(저자, 소속, 직위 등)을 수정하지 않고 그대로 옮겨왔음을 밝혀 둔다.

었습니다. 환자들이 떠나기를 싫어한다는 것입니다. 한국에는 나환자에 대한 공포심 때문에 완치된 환자들일지라도 어느 부락에서나 그들을 환영하지는 않습니다. 나환자들을 위해서 새로운 부락이 생겨나 시장의 상인들은 종종 그들에게 물건을 파는 것을 꺼려할 때가 많습니다.[62)]

루이스 박사는 한센인들이 얼굴 사진을 찍기 싫어하고 소록도에서 떠나기를 원하지 않는다는 사실에서 한센인에 대한 혐오와 차별이 깊다는 것을 감지한 듯하다. 그는 "사진기" "흉한 얼굴" "사회복귀" "시장의 상인" 등을 언급하면서 소록도 안과 밖의 상황을 묘사한다. 인근의 새로 생긴 마을에서는 한센인들에게 물건을 파는 것조차 "꺼려할 때가 많"아서 실제로 한센인의 "사회복귀"는 실현되기 어렵겠다고 진단한다. 소록도에서 약 20장의 사진을 찍었는데 환자의 사진은 몇 장밖에 찍지 못했다는 기억이 특히 인상 깊다.

정근식은 "한국의 환자들이 사진을 찍는다거나 자신의 이름을 밝히는 것을 대단히 싫어한다는 것을 알게 됐다."고 하면서 그런 태도가 형성된 이유를 식민지 시기 요양소에서 훈련된 "신체작법", "신체규율"이 오랫동안 지배해온 결과로 해석한다. 1916

62) J. A. 루이스 박사(유솜 보건담당관), 「소록도기행: 성형수술이 시급 일반인은 공포심을 버리자」, 『새빛』 1965년 1월호, 12쪽; 12~13쪽. USOM: United States Operations Mission(미국 대외 원조 기관).

년 설립된 국립소록도병원에서 환자들의 신체, 종교, 일상 동작 등 상세한 지시사항을 담은 「환자심득서」(총 27조항)를 예로 든다. 그의 분석에 따르면 한센인에게 부여된 강제적인 신체규율은 중일전쟁, 태평양전쟁을 거쳐 강화되었으며 유신체제로 이어지는 동안 '이념, 체제, 제도'의 측면에서 연속되었다.[63)]

또한 신체규율이 내면화된 것은 식민지배 한센인 통치 정책, 요양소, 병원의 성립과도 연관된다. 최정기는 근대 초기 한센인 치료 의료기관, 즉 기독교 정신을 강조한 사립병원과 국립요양소가 외관상 차이를 보이지만 "양자는 모두 국가권력을 기반으로 나환자를 격리·수용하는 사회적 통제기구였다."[64)]는 점에 주목한다. 이러한 논의에 따르면 한센인에 대한 사회 일반의 혐오는 "국가권력"에 의한 "억압적인 통제" 관리 정책 하의 한센병 치료 시설 및 요양소 설립 당시부터 싹터 신체규율로 내면화되었다고 할 수 있다.

근대 이후 한센인들은 문둥이, 나(병)환자, 부랑나환자 등의 이름으로 신문과 잡지 등 대중매체에 출현했다. 한센인에 대한 낙인의 감성은 마비, 불구와 기형이 된 신체 이미지, 전염의 공포에

---

63) 정근식, 「식민지지배, 신체규율, '건강'」, 『생활 속의 식민지주의』(미즈노 나오키 외), 정선태 옮김, 산처럼, 2007, 81~130쪽. 이에 관해서는 다음의 논문에서 짧게 언급한 바 있다. 한순미, 「점점 사라져가는 얼굴들 곁에서: 한국 한센병문학 연구의 특수한 시점」, 『횡단인문학』4, 2019, 1~26쪽.

64) 최정기, 「일제하 조선의 나(癩)환자 통제에 대한 일연구: 나환자 관리조직을 중심으로」, 전남대학교 사회학과 석사학위논문, 1994.

대한 상상력, 소문과 유언비어 등이 덧붙여져 형성되었고 전파 확산되었다.

한센인을 재현하는 주체들은 여럿이었다.[65] 한센병/한센인에 대한 혐오 발화는 한센인과 그의 가족, 마을 공동체, 의료기관 및 관계자, 그리고 일반 대중의 시선들이 수렴/분산되는 지점에서 구축된 것이다. 그것은 사회 일반의 낙인과 한센인의 자기혐오가 중첩된 구조물이다. 그들은 도시의 청결과 일반인의 건강을 보호하기 위해서 통제와 관리가 필요한 사람들로 분류되는 한편 민족, 동포애를 자극하는 대상으로 호명되기도 했다.

한센인 혹은 한센병에 관한 발화에서 "당신/우리"라는 주어는 고정된 의미와 위치를 지니고 있지 않았다. '거울'과 '카메라'는 한센인의 경험과도 관련이 있는 사물인데 이 글에서는 혐오 발화의 방식과 효과를 포착하는 방법론적 장치로 사용한다. 거울과 카메라가 지닌 기능과 속성을 때로는 은유적으로 활용해 한센병/한센인 혐오 발화를 둘러싼 다층적 교차점들을 읽고자 한다. 아울러 피부, 얼굴, 사진 등 한센인의 신체, 질병, 사물들에서 파생된 용어들을 매개로 한센병과 마주하는 혐오 발화의 시선들을 그려 볼 것이다.

---

65) "재현[표상] 불가능한 무리는 페스트 환자 무리와 비슷하며, 그들을 감시하는 위병과 그들을 보살피는 의사들을 통해서밖에는 재현[표상]될 수 없다. 무리는 도시에 거주하지만 그저 주권을 행사하는 자들의 지시와 치료 대상일 뿐이다."(조르조 아감벤, 『내전: 스타시스, 정치의 패러다임』, 조형준 옮김, 새물결, 2017, 82쪽.) 이를 구체적으로 살피기 위해서는 한센인, 일반인, 의료인 등 각자 다른 입장과 시선이 담긴 자료들을 바탕으로 한센병을 재현하는 방식의 차이에 대한 상세한 논의가 뒷받침되어야 한다.

2. '외과적인 증상'에 대한 인식 차이

1928년 4월 6일 결성된 조선나병근절책연구회(朝鮮癩病根絕策研究會)는 외국인 선교사에 의존한 구라사업과 달리 "민족의 자존과 독립정신을" 내세웠다. '조선나병근절대책연구회취지'를 보면 당시 한센인 격리 정책은 "교통과 접촉과 매개로써 병균의 번식을 근절하자 함이 유일의 목적"이라는 구호 아래 시행되었다. 그 '격리의 취지'는 "인도(人道)의 대의(大義)로는 모든 힘을 사용할 수 있는 것이다"라는 단호한 어조의 문장에 압축되어 있다. "나병자 구제의 사업"을 "실현"하는 것은 한센인의 "생활을 자급하고 그 위안을 주는 것"을 목표로 궁극적으로는 "민중보건"을 수호하기 위한 것이었다.[66]

일제강점기 한센인 격리 수용 정책에는 한센인의 몸을 전염 "병균"을 내장한 몸으로 인식하는 태도가 투영되어 있었다. 전염병이 유행하는 현상에 직면해 "일반민중과 의학과의 밀접한 관계를 설파"한 "통속의강(通俗醫講)" 등 의학강연회가 개최되었다.

> 세브란스 의학전문학교(世醫專門)학생기독청년회 주최, 본사 학예부 후원의 제3회 통속의학강연회는 6일 오후 8시 종로청년회관에서 열렸는데 성황리에 고명우(高明宇) 의학박사는 「외과

66) 대한나관리협회, 『한국나병사』, 대한나관리협회, 1988, 81~83쪽.

전염병(外科傳染病)의 예방적 치료」, 심호섭(沈浩燮) 의학박사는 「통(痛)과 약(藥)에 대하여」, 이말준(李榮俊) 의학박사는 「나병(癩病)에 대하여」라는 삼(三)박사의 지조가 깊은 통속의학을 역설하여 일반민중과 의학과의 밀접한 관계를 설파하였다.[67]

"통속"이라는 단어와 "의학"이 결합한 것에서 보듯이 전염병에 대한 대중의 관심은 매우 컸다. 그런데 "민중"을 보호하자는 요청에는 "나병자"는 포함되어 있지 않았다. 다시 말해 한센인 격리정책을 제안한 배경에는 사회에서 '한센인'을 배제하는 시선이 작동하고 있었던 것이다.

그러면 의학에서는 한센병을 어떻게 정의하고 인식해 왔는가. 한센병 권위자 유준 박사의 저서 『나병』(1962)에서는 "나병의 삼대 징후(Three Cardinal Points of Leprosy)"를 나균의 발견, 피부의 이상감각, 말초신경의 비대와 압통으로 설명한다. 이를 여섯 가지 대표 증상으로 분류하면 나성 반점, 피부색의 변화, 신경의 비대와 압통, 2차적 신경징후, 나종유형나와 유사한 징후, 기타 항산성 균의 출현 등을 동반하는 질병이다.[68]

전염병의 역사에서 결핵과 나병을 간략하게 비교해 보면 다음과 같은 질문에 직면하게 된다. "나병의 전염력은 결코 강한 것이

67) 「통속의강성황(通俗醫講盛況)」, 『동아일보』 1933. 6. 7.

68) 유준, 「제14장 감별진단(鑑別診斷 Differential Diagnosis)」, 『나병』, 연세대학교 출판부, 1962, 152쪽.

못 되며, 결핵의 그것보다 매우 약하다. 그럼에도 불구하고 (한센병/한센인에 대해) 왜 사회가 격한 반응을 보였는가?" 한센병은 결핵보다 전염력이 약한 질병이지만 "(결핵 환자는) 동정의 염을 일으키나, 나병자는 혐오(嫌惡)의 감을" 일으킨 이유는 한센인의 몸에 나타난 '외과적 증상', 즉 "눈에 보이는 그 증상"에서 비롯된 것이라고 할 수 있다. 즉 한센인의 몸은 "악취(惡臭)를 풍기고 중증자는 무서운 형상(形狀)이 되기 때문"[69]에 두려움과 공포, 혐오의 대상으로 각인되었다는 것이다.

의학적인 관점을 수용해 보면 한센병/한센인에 대한 혐오는 한센인과 일반인이 한센인의 신체에 나타나는 증상을 인식하는 차이에서 형성되었다고 할 수 있다. 그런 인식의 차이를 피부병/전염병, 마비/악취의 대립으로 설명할 수 있다. 즉 한센인에 대한 혐오의 감정은 일반인의 시각에서 한센병을 피부병보다는 전염병으로 인식하거나 마비 증상보다는 악취를 더 먼저 연상했기 때문에 가능했다. 다시 말해 한센병에 대한 부정적 인식은 감각 마비와 상실, 불구로 인한 한센인의 고통에 공감하기보다는 그들의 몸에 나타난 '외과적인' 증상에서 촉발되었던 것이다.

한센인에게는 감각의 마비와 상실, 불구와 절단의 경험이 중요한 문제였다면 일반인에게 한센인은 나균이 침투해 신체의 외부에 흉한 표식을 지닌 혐오의 대상이었다. 일반인에게 한센인은 전

69) 백영한, 「나병의 역사」, 『의학사개론』, 계축문화사, 1991, 180~181쪽.

염의 위험을 내포한 환자로서 격리 수용해야 하는 대상이라면 한센인에게는 이러한 일반인의 편견과 차별의 시선을 없애고 흉한 모습을 수술해 치료하는 것이 절실한 과제였다.

> 현대적인 나병개념으로 이해해주고 격의 없이 접촉하여 주는 사람은 극소수에 불과하고, 『병이 낫았다』는 나의 자랑을 웬걸 믿어 줘야 말이지. (…) 병흔(病痕)! 이놈의 것 때문에 어머님을 비롯한 가족들도 의아해 하는 표정이고, 이놈의 불구기형(不具畸形) 때문에 수모(受侮)를 계속 겪어야 했었다. 틀어지고(입), 늘어지고(발목), 꼬부라지고(손가락) 한 꼴… 내가 나를 스스로 살펴도 몰골이 볼품아니니다.[70)]

한센인들에게는 치유된 이후에도 “병흔”이 남아 완전하게 치유되었다는 “믿음”을 주기 어려웠다. 그들은 “불구기형”으로 인해 손상된 신체를 치료할 수 있는 의학이 일반화될 수 있는 날을 기다렸다. “병흔”과 “불구기형”이 한센인들에 대한 2차 혐오감을 일으키는 원인이었기 때문이다.

70) 김백(작가), 「특집 광복20년의 나병 : 성형수술을 받고난 소감」, 『새빛』 1965년 8월호, 9쪽.

3. 병리 현상들의 연접 : 나병, 마약중독, 화류병, 매음

광주 지역의 경우만 들더라도, 1910년대부터 괴질, 천연두, 나병, 이질, 염병(장질부사) 등 각종 유행병과 전염병 환자들이 다수 발생해 사회적인 관심을 끌었다.[71] 이에 1930년대로 들어서면서 총독부는 '나병, 마약중독, 결핵' 환자들이 증가하는 현상에 대한 대책 마련을 중요한 과제로 삼았다.

그런데 1920~1930년대 광주 지역 소식을 전하는 신문을 검색해 보면 '나병'은 "모루히네(모히)" 중독과 아편밀매단 검거 사건과 함께 등장했다. 나병환자를 다룬 다수의 기사문들에서 전염병 질환자에 속하는 결핵환자만이 아니라 마약중독자, 화류계 여성 등을 함께 언급되고 있는 점이 이채롭다. 전염/중독/매음은 층위가 다른 병리적 증상 혹은 병리적 현상들인데 어떻게 그것들이 동일한 위치에서 접속될 수 있었을까. 멀리 떨어진 것들을 하나로 엮는 그 숨은 힘은 대체 무엇이었을까.

> 그(모루히네) 중독자는 연연세세 증가하는 현상이니 그것을

---

71) 「전염병 환자 현황표」, 北村友一郎 編, 『光州地方事情(1917)』(문승이 역, 『광주지방사정』, 광주 관련 국역 고서 제2집 『일제강점기 광주문헌집(光州文獻集)』, 광주민속박물관, 2004), 80쪽.; 「광주에 성홍열(猩紅熱) 예방에 노력중」, 『동아일보』 1923. 6. 26.; 「광주에 염병(染病) 4명이 발생」, 『동아일보』 1931. 8. 7.; 「전남도내의 나환자 1635명」, 『동아일보』 1935. 8. 20.; 「광주에 전염병 창궐-염병, 이질, 성홍렬 등이 대만연」, 『동아일보』 1937. 7. 16.

참으로 퇴치하려고 하면 밀매자를 극형에 처하는 소록도(小鹿島)에 나병환자를 수용하는 것과 같이 어떤 섬을 지정하여 전부 그곳에 수용하도록 하였으면 어떻겠느냐고 질문하였음에 대하여 유생(柳生) 경찰부장은 중독자를 섬에 수용한다는 것은 재정이 허락지 아니하니 어려우나 좀 더 철저히 단속하여 퇴치하도록 하려고 방금 연구중이라고 답변하였다.[72)]

조선의 나병예방과 그 박멸에 관해서는 마약 중독환자에 대한 대책 또는 결핵예방대책과 한가지로 총독부의 중요한 정책의 하나로 되어 있어 철저한 방책이 고려되고 있는 터인데 관립나요양소의 설치 확충, 사립나요양소에 대한 조성, 또 미수용자에 대한 나치료약의 제조배급 등 여러 가지로 예방구제에 노력하고 있다.[73)]

당국에서는 모루히네 중독자를 퇴치하기 위해 중독자를 등록하게 하거나 치료소를 설치하였지만 중독자 수는 감소하지 않았다는 것이다. 그래서 모루히네 중독자를 "소록도(小鹿島)에 나병

72) 「모히 밀매자는 극형(極刑) 중독자는 섬에 수용」, 『동아일보』 1934. 3. 20.
73) 「나병예방박멸과 부랑환자를 소탕」, 『조선일보』 1938. 3. 8. "당국으로서는 마약중독자에 대한 대책 결핵예방 대책 등 중대문제를 가지고 있지마는 그것들은 근절을 기(期)키에 있어 장구한 시일과 막대한 경비를 요하지마는 나병근절은 이미 판명된 숫자에 대한 주도한 대책만 세우면 그만인 것이다."(「나병절멸의 근본책」, 『동아일보』, 1938. 3. 9.; 「나병자와 중독자에 대하야, 무성의한 당국의 태도」, 『동아일보』 1923. 7. 26.) 등

환자를 수용하는 것과 같이" 섬에 격리 수용하자는 의견이 제출되었다. 즉 도시 위생과 청결을 향상하고 일반인을 보호하자는 목적 아래 모루히네 중독자를 "철저히 단속하여 퇴치하도록" 한센인을 소록도에 수용하는 것과 마찬가지로 격리하자고 요청했다.

흥미로운 것은 모루히네 중독자와 나환자를 동일한 위치에 놓고 문제 해결 방안을 제시하는 발상이다. 즉 아편중독자와 나환자가 "증가하는 현상"을 "퇴치"하는 데에 그들을 모두 "소록도"라는 섬에 수용하자는 논리가 구축되는 지점이다. 그것은 당시 문제적인 사회 현상으로 자주 거론된 아편중독자와 한센인에 대한 통치 방식이 마련되는 데에 그들을 향한 공포감이 비슷한 크기와 동일한 강도를 지녔기 때문에 가능한 일이었다고 짐작된다.[74]

이처럼 마약중독자와 한센인에 대한 혐오를 해결하는 방법은 그들을 혐오하고 추방하는 데에 공감하는 다수의 시선이 마련되어 있을 때에 실현 가능한 것이었다. 그 시선에 포착된 대상들은 일반인과 사회를 위협하는 거의 모든 것들이 될 수 있을 정도로 흡입력이 강했다. '화류병자'가 혐오의 목록에 추가되었다. '결핵, 화류병, 나병' 증가 현상을 연결해 "건강한 신체"와 "위생"의 필요성을 제기했다. 그런 증상들이 "생명을 소모하나니 어찌 가공치

74) 일제강점기 광주 지역에서 마약중독과 한센병 증가 현상에 관해서는 다음에서 간략하게 다루었다. 한순미, 「2장. 광주여성, 신문물의 이중적 얼굴과 만나다」, 『광주여성사 II (근대편): 개항에서 해방 이전까지』(김미경 외 공저), 광주가족여성재단, 2020, 57~59쪽.

않으리오"라면서 두려움을 표현했다.[75] "화류병자의 결혼을 법률의 힘을 빌어 제재하기를 요구하는"[76] 의견에서 보듯이 화류병자에 대한 우려는 외견상 건강과 위생의 중요성을 강조하는 듯하지만 사실은 화류병(매독, 임질)이 타인에게 "전염"된다는 공포가 더 크게 자리해 있었다.

> 화류병의 해독이 무서운 것은 지금 다시 말할 것도 없는 일이라 이 병이 걸린 자가 제 몸을 망하는 것은 다시 말도 말고 다른 사람에게 무섭게 전염될 뿐 아니라 그 화가 자손에게까지 미치는 고로 화류병은 그 나라의 망하고 흥하는 데 실로 중대한 관계가 있는 문제라[77]

> 경기도 관내에만도 화류병자(花柳病者)가 사천팔백 명의 다수에 달한다 하니 (…) 당국이 연래로 나병의 예방과 그 병자의 격리를 어느 정도까지 힘써오기는 하였으나 오히려 각처에서 (…) 이 어찌 일시(一時)인들 만연히 방치할 바이랴.[78]

"(…) 뢰병(癩病)환자처럼 사회에서 격리는 시키지 않으면서

75) 「의학과 조선 급 조선인 위생사상 보급의 급무」, 『동아일보』 1920. 4. 21.
76) 「화류병자의 혼인을 금(禁)할 일」, 『동아일보』 1920. 5. 10.
77) 「매춘부 대훈련–화류병 예방차로 파란국의 새 시험」, 『동아일보』 1920. 5. 12.
78) 「보건시설확충의 필요」, 『동아일보』 1937.6.16.

정신상 감정상으로 뢰병환자가튼 격리를 밧는 천대를 밧는 것이 화류계 사람 늘 아니야요? 자선가의 손도 종교가의 손도 끄리 기만하고 나와주지 않는데라면 여긴 영원히 암흑가(暗黑街)일걸 면치 못할 것 아닙니까."[79]

나병환자들이 이발소 목욕탕 등 출입은 물론 심지어는 밀매음까지 하고 있어 큰 사회문제를 일으키고 있다. 강원도 원주군 호저면 만종리에는 나병환자 약2백명을 수용하고 있는 대명(大明)구호병원이 있는데 이 대명구호병원에는 대부분 제대군인들이 수용되고 있으며 근처에는 환자들끼리 집단적으로 모여 사는 특수한 나병환자부락이 있다고 한다. (…) 여자나병환자들이 원주에서 주로 군인들을 상대하여 밀매음을 하고 있다는 사실이 밝혀졌다는 것이다. (…)/ 한편 22일 보건사회부 정(鄭)차관은 기자 질문에 "원주나병환자에 관한 사실은 약 한 달 전에 알고 있었으며 강원도당국자에 대하여 말썽되고 있는 집단부락 나병환자들을 전부 소록도로 보내도록 지시하였다"고 대답하였다.[80]

위에서 보듯이 "화류병의 해독"을 설명하는 대목에서는 한센병에 대한 "전염"과 "유전"의 공포가 함께 상기된다. 다른 성격의 질

79) 이태준, 장편소설 『청춘무성(青春茂盛)』(117회), 『조선일보』 1940. 7. 30.
80) 「나병환자에 매춘부도 있다」, 『조선일보』 1955. 3. 23.

병에 속하는 화류병과 한센병을 근접한 거리에 배치하는 시선의 힘은 혐오의 감정을 서로 교환하고 공유하게 한다. 화류병에 대한 전염의 공포와 한센인을 향한 전염의 공포는 접속하면서 강화된다. 이태준의 장편 연재소설 『청춘무성』(『조선일보』 1940. 7. 30.)의 한 장면에서 등장인물은 "화류계" 사람들의 처지가 나병환자가 격리, 천대받는 것과 다르지 않다고 말한다. 이처럼 화류계 여성과 나병환자를 연결하는 지점에서 사회적인 병리 현상과 질병에 걸린 환자는 동일하게 낙인과 혐오의 대상이 된다.

마지막으로 다소 길게 인용한 문단은 "제대군인들"이 수용된 대명구호병원 근처에 자리한 나병환자 부락에 관한 설명이다. 이 기사에서는 "여자나병환자들"이 군인들을 상대로 매음을 하고 있다는 사실을 알리고 있는데 매음 행위의 주체가 '여자'이면서 '나병환자'라는 점을 강조한다. 나병환자 중에서 '매음'을 하는 여성이 포함되어 있다는 것이다.

나병환자 중에서 매춘부를 추려내는 이 섬세한 분류의 방식에는 한센인과 매춘부에 대한 혐오의 감정이 동시에 작동하고 있다. 또한 이 문제를 해결하기 위해서 보건사회부에서는 집단부락 나병환자들을 전부 "소록도"로 보내도록 지시하였다는데, 이는 앞서 마약중독자와 나환자를 소록도에 격리하자는 논리와 구조적으로 유사하다.

한센병/한센인에 대한 낙인과 혐오는 다른 질병들, 병리적인 사회 현상들과 연접하면서 확장된다. 나병환자, 마약중독자, 화류병자, 매춘부들이 가까운 거리에서 접속될 수 있었던 것은 그들이 거리를 횡행하는 장면을 먼 거리에서 조망하는 제3의 시선, 그리고 그 시선에 낙인과 혐오의 감정이 준비되어 있었기 때문에 가능했다. 그들은 사회에 포함되어 있으나 배제된 존재들로서 그들 사이를 연결하는 과정은 사회에 미만해 있던 혐오감을 해결하는 하나의 방식이기도 했다.

혐오의 대상들이 무한 연쇄 고리를 형성하면서 연결되는 장면은 거울과 거울을 되비추는 자리에서 무한하게 반복되는 이미지들의 형상과 같다. 한센인들의 얼굴을 비추는 거울 위에 마약중독자, 화류병자, 매춘부의 얼굴들이 겹쳐 드러난다. 이런 과정에서 한센인에 대한 낙인과 혐오의 감정은 확산되었다. 이러한 점을 더 읽기 위해 일제강점기에 이어 미군정기, 한국전쟁, 그리고 나병 계몽 운동이 활발해지던 1960년 중반 이후부터 1970년대 계몽 운동기 신문과 잡지, 광고, 연극, 영화, 문학작품들에서 한센병/한센인의 이미지와 표상이 변화하는 양상을 섬세하게 고찰할 필요가 있다.

4. 흉터와 병흔 : 거울과 사진

결핵은 한센병보다 더 전염성이 강한 질병이지만 한센병과 같이 격한 혐오의 감정을 주지는 않았다. 그 이유를 두 질병에 관한 인식이 '외부적 증상'을 바라보는 '시각'에 근거해 형성된 것에서 찾을 수 있다.

이 결핵환자는 중환자가 아니면 나병환자 등과 같이 눈에 안 띠므로 접촉하여 전염되기 쉽고 민중의 결핵에 대한 이해가 부족한데다가 이에 대한 시설이 태무하여 조선은 결핵균에게 자유의 만연권(蔓延權)을 제공하고 있다. 이는 당국의 태만이며 아울러 우리 민족의 일대 수치(羞恥)라 아니할 수 없다.[81]

결핵은 우리를 노리고 있다. 그러나 우리가 정신을 차리기만 하면 결핵은 조금도 무섭지 않다. 의사와 상의해서 유아에게 BCG 접종을 해주는 것을 잊지 말고, 우리 자신은 주기적 검진을 게을리하지 말아야 한다.[82]

즉 결핵환자는 "나병환자"와 같이 "눈에 안띠므로 접촉하여 전염되기 쉽"기 때문에 위험하다고 말한다. 다시 말해 결핵은 증상이 외부로 드러나지 않아서 전염의 위험성을 인지하지 못한 결과 전염될 우려가 클 수 있다는 것이다. 하지만 결핵환자는 한센인만큼 공포와 혐오의 대상이 되지는 않았다.

한센인은 결핵환자와 달리 치유가 된 후에도 눈에 잘 보이는 곳에 남아 있는 "흉터"와 "병흔"으로 인해 더욱 혐오감을 일으켰

81) 「결핵병예방문제」, 『동아일보』 1932.12.8.
82) 「'결핵은 당신을 노리고 있다'-제13회 세계보건일을 맞아」, 『동아일보』 1964. 4. 6.

다. 그런 점에서 한센인에 대한 혐오는 전염의 공포보다는 시각적인 감각에 포착된 훼손된 신체 이미지에 의존해 있었다고 할 수 있다. 신체 외부에서 느낀 '과잉된' 공포심은 결핵에 비해 전염성이 '약한' 한센병을 더 혐오스러운 질병으로 여기게 만드는 이유 중의 하나였던 것이다.[83)]

한센병/한센인에 대한 혐오는 앞서 잠깐 언급한 것처럼 한센인의 자기혐오와 일반인의 시선에 비친 혐오가 동시에 중첩된 곳에 자리해 있었다. 이러한 두 겹의 시선을 한국 최초 한센인 작가 무명생의 장편소설 『낙화유수』(1933/1953)의 마지막 장면과 시인 한하운의 수필집 『고고한 생명』(1958)에서 감지할 수 있다. 작품들 속의 인물들의 독백에서는 자기 자신과 일반 사회의 인식, 즉 거울과 카메라의 시선이 교차한다.

> 그의 얼굴의 흉물스런 꼴이라든지, 옷 입은 것이 별스럽게 더욱 괴물같이 뵈입니다. 길 동무요, 지금의 내게 유일의 친구인 그가 괴물로 뵈일 때, 내 가슴은 더 한층 답답해집니다.[84)]

---

83) 이지형이 신체 마이너리티들에 대한 낙인찍기에서 "신체 마이너리티에 부여된 속성", 즉 "과잉성"과 "결핍성"이 본질적으로 맞닿아 있다고 설명한 대목은 한센병 혐오 감정을 이해하는 데에도 시사점을 제공한다.(이지형, 「서장. 과잉과 결핍의 신체」, 『과잉과 결핍의 신체-일본문학 속 젠더, 한센병, 그로테스크』, 보고사, 2019, 21쪽.) 혐오감을 주는 한센병을 통해 사회적인 문제를 다룬 마쓰모토 세이초의 「모래그릇」에서는 "사회의 구조적 병폐를 한센병이라는 처절한 마이너성으로 고발하고 있다."는 점에서 주목된다.(유수정, 「마이너 신체성의 굴레」, 『아시아문화연구』45, 2017, 396쪽.)

84) 무명생, 『낙화유수(落花流水)』, 정음사, 1933/1953, 95~96쪽.

이 흉터가 내 일생 나의 얼굴 중에서 가장 흉한 흉터가 되었다./ (그 후 나는 거울을 볼 적마다 나의 얼굴의 가장 추악한 이 흉터만 보면 소련과 매국도배 북한 괴뢰 정권에 불같은 적개심이 용솟는다.)[85]

소설 속 주인공 김백수는 "괴물" 같은 거지의 얼굴에서 자기 자신과 동일한 모습을 발견한다. 그는 마치 한 편의 연극을 관람하듯이 과거와 현실의 상황을 먼 곳에서 조망한다.[86] 천국과 지옥을 반복해서 떠올리는 그는 고향이나 병원, 그 어디에도 머물 수 없고 돌아갈 수 없는 추방된 자의 위치에 서 있다. 그의 내면에는 "웅크리고 앉아 있는 한 개의 괴물"을 바라보는 혐오의 시선과 "추억의 환상"을 그리워하는 감정이 대립하면서 공존한다.

한편 한하운에게 거울은 자신의 얼굴 위의 상처를 비추면서 다른 "흉터"들을 불러오는 도구다. 그는 얼굴의 "흉터"를 보면서 유치장에서 고문과 구타를 당하던 경험 때문에 문둥병이 재발했다고 생각한다. 거울은 사회와 역사 속에서 형성된 증오와 저주의

---

85) 한하운, 『고고(孤孤)한 생명－나의 슬픈 반생기(半生記)』, 인간사, 1958; 인천문화재단 한하운전집 편집위원회, 『한하운 전집』, 문학과지성사, 2010, 384쪽.

86) 이 부분을 한센인들이 "추방된 채 방랑하는 비극적인 상황을 보여주는" 장면으로 해석한 적이 있는데(한순미, 「상처는 왜 쓰는가－한국 나환자 심숭의 자전소설과 치유서사의 역사적 맥락」, 『인문과학연구』34, 강원대학교 인문과학연구소, 2012, 471~498쪽.) 이 논문에서는 "괴물"이라는 표현에 들어 있는 자기혐오의 감정을 드러내 읽어 본 것이다.

낙인을 환기시키는 매개체다. 한하운의 거울에는 자기혐오, 공산주의라는 이념에 대한 혐오, 자기소외와 소수자 타자로서 낙인찍은 일반인의 시선이 동시에 교차한다.

한센인 작가 무명생과 한하운의 자전서사에는 자기 자신의 흉한 얼굴을 거울에 비추어 보는 시선과, 더 먼 거리에서 과거와 현재를 파노라마로 조망하는 카메라의 시선이 겹쳐 있다. 이것은 한센인들의 비참한 경험과 상관된다. 한센인들은 거울에 비친 얼굴에서 상처와 혐오를 함께 느꼈고 혐오의 눈으로 바라보는 타인의 시선 때문에 공동체에 속해 있었으나 배제된 것이나 다름없었다. 앞서 본 혐오의 시선들은 한센인의 자기추방과 공동체에서의 추방을 동시에 의미한 것이다.

한센인들에게 사진에 얼굴이 찍히는 것은 질병에 걸렸다는 사실로 인해 공동체에서 추방되는 것만큼 고통스러운 일이었다. 거리를 "유랑"하는 한센인들에게서 "위협"을 느낀 사람들은 그들을 "축출" "퇴치"하자고 요구했는데, 경찰서와 보건부에서는 한센인들이 가장 두려움을 느끼는 '얼굴 사진'을 활용해 빗발치는 여론을 해결하려 시도했다.

> 일반민가에서는 위협을 받는 중에 (…) 동읍내 사람들은 일체 밥과 동량을 주지 않기로 하고 의성경찰서에서는 지난 20일에 문둥이떼를 붙잡아다가 사진을 박아 다시는 보군내에 오지

말라고 설유하여 축출하였다 한다.[87]

최근 보건부에서는 나병환자들의 탈주를 방지하기 위하여 부랑 나병환자의 찌그러진 얼굴을 사진으로 찍어두었다가 수시로 수배체포하겠다고/듣기에는 나병환자 수용소는 낙원이라는데 나병환자들이 수용소에 들어가기를 왜 두려워 하는지가 수수께끼![88]

보건부에서는 앞으로 나병환자의 인물사진을 항상 동부에 비치할 계획을 생각하고 있다는데 이것은 나병환자의 수용소내에서의 외출을 염려하여 기안된 계획이라고 한다.[89]

경찰서와 보건부는 한센인들이 거리를 부랑하고 수용소에서 탈출하는 사태를 막기 위해 한센들이 가장 두려워하는 '얼굴 사진'을 활용했다. 경찰서에서는 "문둥이떼를 붙잡아다가 사진을" 찍어 다시는 오지 못하게 하는 방법을 사용하였다. 보건부에서는 수용소에서 한센인들이 탈주하는 문제를 방지하기 위해서 "부랑 나병환자의 찌그러진 얼굴을 사진으로 찍어두었다가 수시로 수배체포하겠다고" 선언하기도 했다.

---

87) 「나병환자축출」, 『동아일보』 1931. 3. 24.
88) 「잠망경(潛望鏡)」, 『경향신문』 1954. 7. 8.
89) 「나병환자의 사진 : 보건부에 비치」, 『조선일보』 1954. 7. 9.

이와 같은 방법은 한센병/한센인을 향한 일반인의 혐오 시선과 감정을 수렴해 한센인을 낙인찍고 통제 관리하는 효과적인 수단으로 채택된 것이다. 한센인의 흉측한 얼굴을 찍어서 위협하는 것은 카메라 뒤에서 한센인을 혐오하는 시선이 작동하지 않고서는 불가능한 일이다.

5. 우리/당신 : "당신은 무엇을 원하나?"(1949)

1924년 선교의료가 시작되었을 무렵 한센인들은 자선과 구제의 대상이었다. 그런데 광주나병원장(光州癩病院長) 잉커는 조선 민족, 즉 "당신의 민족"을 구제하는 일에 "우리만 하기를 원치 않습니다."라고 말했다. 그의 말은 "조선인"에게 "조선인 나병자"들도 같은 민족이니 외국인의 힘을 빌리지 않고 나환자 구제사업에 동참해야 한다는 필요성을 북돋우는 계기가 되었다.

> 광주나병원장(光州癩病院長)의 '잉커'씨 말하기를 "조선의 나병인(癩病人)은 당신의 병인(病人)이오 당신의 민족인즉 구제(救濟)도 당신의 책임이올시다. (…) 구제하는 사업을 우리도 좋아합니다. 다만 당신들과 같이 하기를 바라고 우리만 하기를 원치 않습니다."하였다. 과연 그러하다. 과연 부끄럽다, 조선인 나병자는 우리의 민족인즉 시(是)를 구제함도 우리의 사업이라

어찌 외국인만을 기다릴까.[90)]

이렇듯 한센인 구제 사업은 한편 조선인과 외국인, "당신"과 "우리"를 구별하는 감정을 요구했던 것이다. 다음은 1932년, "일역문명(一域文明)의 중추지인 경성(京城)의 문화도시(文化都市)에도" 문둥이들이 "방황하고 있는" 현실을 우려하는 '어떤 목소리'가 담긴 기사문이다. 이 목소리는 "사십만부민(四十萬府民)과 또는 동서내외(東西內外)에서 드나드는 천하교통(天下交通)하는 민물(民物)에게는 더욱 중대한 위협으로 되는 것"으로 나환자 "구제의 방법"을 긴급하게 단행하라고 "조선내에 있는 일천수백만의 민중"을 향해 호소한다.

> 조선내에 있는 일천수백만의 민중이여 '당신들도 문둥이 되오!' 경성사십만부민(京城四十萬府民)이여 '당신들도 문둥이 되어!' 그러나 당신들과 당신들의 사랑하는 자녀들이 차차 모다 문둥이 될 운명에 빠져 있는 것을 괜찮다고 하는가? (…) 조선 각계의 사녀(士女)여! 현상(現狀)대로 인순(因循)하면 '당신들도 문둥이 되오' 경성사십만의 부민과 및 가장 빈번히 출입하는 사녀들이여 방심하고 있는 동안 '당신들도 문둥이 되어' 만일 스스

---

90) 김상용(통영해동병원), 「나병자상조회창립(癩病者相助會創立)을 듣고」, 『동아일보』 1924. 3. 24.

로와 또 그 자녀들이 차차 문둥이 될 운명을 감심(甘心)할 수 없다면 그 가련한 문둥병자 제군(諸君)에게 각난(閣難) 구제의 방법을 지급(至急)히 강구 및 단행할 필요가 있을 것이다.[91]

위의 기사문에서 "당신들"은 곧 "민중"이다. 그런데 좀 더 자세히 읽어 보면 "당신"은 "문둥이"를 제외한 일반인을 호명하는 대명사로 사용되고 있다. 조선의 모든 남과 여를 아우르는 "사녀(士女)"를 부르는 이 목소리는 문둥이를 그대로 방치한다면 "당신들"도 "문둥이"가 된다고 말한다. "당신들"은 거리를 횡행하는 문둥이들과 아무런 상관이 없는 사람들이 아니라 문둥이들을 그대로 방치한다면 언제든지 문둥이가 될 수 있는 위험에 직면한 사람들이라는 것이다. 즉 '당신/민족/동포/민중/사녀'라는 호칭은 모두 '문둥이들'을 배제한 나머지 사람들을 가리킨다.

"당신들"을 호명하고 있는 이 목소리는 누구든지 "문둥이들"을 소홀하게 방치한다면 언제든지 나병에 전염되어 문둥이가 될 수 있다는 공포심을 자극하면서 "당신들"과 "당신들 자녀들"의 건강을 지키기 위해서 문둥이를 격리 구제하는 방법을 제안한다. 따라서 한센인에 대한 혐오의 감정은 한편 민족애, 동포애가 곁들여 형성된 것이기도 하다.

1949년, 한 신문에는 남한에 4만여 명의 나병환자가 있는 것으

91) 「당신들도 문둥이 되오!–경성나환자격리문제」, 『조선일보』 1932. 1. 21.

로 추정하고 그중에서 약 2만여 명의 환자들을 대상으로 설문조사를 실시할 계획이라는 기사를 보도했다. 환자들을 대상으로 한 설문조사는 다음과 같은 질문형으로 작성되었다.

> -.국가의 보호를 원하느냐/ -.방랑하는 것이 좋으냐/ -.환자끼리의 사회를 원하느냐/ -.요양소에서 규율 있는 생활을 원하느냐/ -.요양소에 교회(敎會) 설치를 원하느냐/ -.병에 대하여 어떤 치료를 원하느냐/ -.요양소에 무슨 시설을 원하느냐/ -.일 년에 몇 번씩 요양소 사이에 내왕을 원하느냐/ -.현재 무엇을 원하느냐/ 등의 광범한 범위에 걸쳐 주로 가부만을 답하기로 되어 있는데 과거에 우리나라에서는 이러한 종류의 여론조사가 금번과 같이 대규모적으로 시행된 일이 없었던 만큼 과연 금번 조사결과 그들이 무엇을 원하며 또한 무엇을 생각하고 있는지 그 결과에 대하여 관계당국은 물론 일반은 심심한 관심을 가지고 주시하고 있다 한다.[92]

위의 설문조사에서 질문을 받는 "당신"은 나환자들을 가리킨다. 이 설문지는 "그들이 무엇을 원하며 또한 무엇을 생각하고 있는지 그 결과에 대하여" 조사하는 것을 목적으로 한 것으로, "그

92) 「당신은 무엇을 원하나? : 문둥병자의 대책에 앞서 보건부서 전국환자 소원조사」, 『동아일보』 1949. 9. 4.

들=나환자들"에게 요양소, 사회와 국가에 요청하는 바를 선택할 수 있는 권한을 주고 있다. 나환자들에게 무엇을 "원하느냐"고 직접 묻고 있는 질문들에서 질문하는 주체는 질문에 응답하게 될 "당신들"과 다른 위치에 있는 사람들이다. 그들은 일반인들의 요구를 수렴한 언론매체, 국가, 요양기관 등에 속한 사람들이다.

위의 설문지는 환자들이 "원하는 것"을 환자들에게 직접 묻고 있다는 점에서 나환자들에 관한 당국의 "관심"과 문제해결 의지를 보여주는 듯하지만 설문의 주체와 대상 간에는 좁힐 수 없는 '거리'가 분명하게 자리해 있다.

전쟁이 끝난 후에도 "나병환자와 걸인" "나병걸인", "거리의 나병환자들"의 "행패"를 우려해 "방침"을 요구하는 여론이 이어졌다.

> 그날의 피로를 풀기 위해서 다방에 들어 갈라치면 한 시간 동안에도 몇 차례씩이나 나병환자와 걸인들이 나타나 무엇을 달라고 은근이 행패 비슷하게 생떼를 쓰는데 커피맛도 달아날 지경./ 이들도 서울복귀를 하고 있는 셈인지 요즈음 거리에는 하루하루 그 숫자가 늘어만 가는 것이 걱정 아닌 걱정이다./ 시 당국에서는 이들 나병환자와 걸인을 몰아내느니 수용하느니 큰 소리만 치고 있지 말고 좀 더 실천성 있게 또한 효과성 있게 조속적정한 방침을 세웁시다.[93)]

---

93) 「잠망경」, 『경향신문』 1953. 9. 2.

> 시경에서는 십일일 오전 5시부터 동 8시까지 행동을 개시하여 시내 도처에 방황하는 '나병걸인'을 단속하고 67명에 달하는 나병걸인을 시 사회과에 이송/ 그뿐아니라 시경에서는 계속하여 거리의 나병환자들을 단속수용할 것이라고 하는데 만사지탄의 잠은 있으나 다행한 일/[94)]

위의 토막 기사에서는 "이들(나병환자들)도 서울복귀하는" 현상을 우려하고 서울 거리에서 "이들 나병환자와 걸인"을 "숫자"가 늘어나고 있는 현실을 목도하면서 "조속적정한 방침을 세웁시다"라고 주장한다. 이 목소리는 "시당국"도 "이들(한센인들)"도 아닌 사람들의 것이다. 불특정 다수를 지칭하는 "당신", 그것은 "우리"를 포함한 "당신"의 목소리이다. 보건부에서는 일반인과 한센인을 "일반국민/일반건강국민/이환(罹患)국민/환자국민" 등 여러 유형의 '국민'으로 섬세하게 분류하기도 했다.[95)]

"우리"와 "당신"의 공감을 동시에 요청하는 저 목소리는 해방과 한국전쟁, 그리고 1960년대 이후 본격적으로 시작된 나병 계몽운동의 주체가 된다. '당신'과 '우리'의 모호한 대립이 사라지는 지점에서 폭넓은 공감대를 획득한 목소리는 "나환자"와 "건강인"을

---

94) 「돋보기」, 사진 『거리의 부랑아들』, 『경향신문』 1955. 8. 12.
95) 송형래(보건부의정국장), 「순혈보지(純血保持)와 민족번영」, 『경향신문』 1954. 4. 25.

모두 포괄하는 “당신”이라는 이름으로 탄생한다. 1960년대 중반 나병 계몽 잡지 『새빛』에 실린 「당신은 아십니까」라는 광고의 제목에서 “당신”을 호명하는 주체는 나병 계몽 사업과 의료기관 단체 관련자들이다.

대한나관리협회에서 편찬한 『한국나병사』(1988)에는 해방 이후 부랑 나환자가 증가하는 현상에 대응해온 방식, 한센병 관리 정책과 대중강연을 통한 모금 활동 등 나병 계몽 사업의 전개 과정을 상술하고 있다.

> 이와 같은 환자수는 노출을 싫어하는 그들의 성향 때문에 얼마나 근사치에 가까운지는 속단키 어렵지만 어떻든 광복 후 혼란을 틈탄 수용소에서의 탈출자와 은거생활을 하던 환자들이 거리로 쏟아져 나와 서울도 큰 고민을 안게 되었다./ 이렇게 심각한 사회문제는 어떠한 형태로든지 조속 정화하지 않으면 안된다는 세론의 압력이 거세어지고 있을 때 유준(柳駿), 강대현(姜大鉉), 방수원(方洙源) 등이 중심이 되어 대한나예방협회를 창립하였다./(…) 집단부락 운동을 제창하고 나섰고, 그 첫 사업으로 서울 일원에 부랑하는 환자 1백40명을 모아 성북동 일부에 임시 수용하였다. (…) 1948년 9월 13일 성북동의 환자들을 망우리로 이동시키고 거리로만 나오지 않으면 어느 수용소 못지않게 잘 대우해 줄 자신이 있으니 약속을 지키라고 다짐해 두었다./(…) 여기에서 새로운 착상을 하게된 이들은 즉각 서울시 학

무국장 김원규(金元圭)를 방문, 나사업의 취지와 애로를 설명하고 여학생 동원에 협조를 요청한 결과, 그는 각 학교에 "나병에 관한 계몽에 가능한 한 협력하라"고 자시를 내려 주었다. 이러하여 맨 처음 덕성여중을 찾아가 1시간의 강연 끝에 "한국의 나병을 없애느냐, 아니면 우리도 나환자가 되느냐의 여부는 여러분의 활동 여하에 달렸다"고 말한 후 가두모금을 부탁하였다.[96]

위의 기록에서 이 시기의 역사를 서술하는 주체가 "서울" 지역과 "이들"로 지칭되는 '대한나예방협회', 그리고 계몽 사업 관계자들의 시선에 입각해 있다는 것을 눈여겨볼 필요가 있다. 도시의 일반인들과 사업 관계자들의 입장에서 "나병/나환자"를 바라본 결과 "노출을 싫어하는 그들의 성향 때문에" 환자 수를 헤아릴 수 없다는 것이 문제로 대두된다. "그들"이 "거리로 쏟아져 나와" "심각한 사회문제"가 되므로 "조속 정화"를 목적으로 "대한나예방협회"를 창립했으며 "집단부락 운동을 제창"해 부랑나환자를 "임시수용"해서 "거리로만 나오지 않으면 수용소 못지 않게 잘 대우해줄" 수 있다고 약속하기도 했다는 것이다.

한편 학생들을 대상으로 한 나병 계몽 강연의 요지를 보면 "나병을 없애는 것"이 곧 "우리도 나환자가 되는 것"이라고 강조한다. 여기에서 나병은 곧 나환자라는 등식 아래 나병에 걸린 나환자들,

96) 대한나관리협회, 「제1절. 광복초기사업」, 『한국나병사』, 1988, 122~123쪽.

즉 "그들"은 "우리"를 위협하는 존재라는 틀이 만들어진다. 이러한 논리는 한센병/한센인에 대한 혐오를 극대화하는 토대가 된다. 이 일련의 절차에서 "나병"을 없애지 않으면 모두 "나환자"가 될 수 있다는 공포감을 확산시키는 데에 "우리"라는 일인칭 복수 대명사는 대중의 공감과 참여를 호소하고 유도하는 역할을 담당했다.

이처럼 1960년 중반 잡지 『새빛』을 중심으로 한 나병 계몽 운동은 "당신"과 "우리" 모두에게 동의를 확보하는 과정에서 비로소 시작될 수 있었다. 이제 한센인들은 혐오와 공포뿐만이 아니라 동정과 연민의 감정을 일으키는 대상이 된다. 이것은 나병 계몽 운동의 주요한 성과이자 한계였다.

6. 절멸의 시선[97)]

앞서, 일제강점기에서 나병 계몽 운동기로 접어드는 동안 한센병/한센인에 대한 혐오의 시선들이 다양한 각도에서 교차하고 형성되는 장면들을 읽어 보았다. 이외에 누락된 시선들이 적지 않을

97) "절멸"이라는 용어는 한센인의 증언, 역사서, 그리고 유준/정근식 면담 자료(국사편찬위원회, 2005: 270~272쪽) 등을 분석한 논문에서 사용한 바 있다. 한센병 관리 정책의 하나로 소록도와 같은 격리된 공간의 필요성과 "양심"에 기초한 한센인의 자립 생활을 강조한 것을 한센병/한센인의 완전한 추방을 뜻한다는 의미에서 "절멸의 자치"라고 표현했다.(한순미, 「한센인의 삶과 역사, 그 증언 (불)가능성」, 『민주주의와 인권』14(3), 전남대학교5·18연구소, 2014, 141~148쪽.)

것이다. 그중의 하나는 '우리'와 '당신' 사이에 위치하지 않은 곳, 혹은 그 바깥에 자리한 또 다른 시선이다. 이를 '절멸의 시선'이라고 표현하고자 한다.

한센병을 완전히 "절멸"하는 것은 다음의 신문 기사에서 볼 수 있듯이 한센인과 일반인, 그리고 의료인을 포함해 모두가 원하는 궁극적인 과제였다. "수년전 북구 서전(瑞典)의 일의학자(一醫學者)의 손에 의하여 발견된 치나혈청(治癩血淸)이 실험한 결과 유효율이 매우 높고 이 혈청을 주사한 환자는 거의 전부 쾌유된 사실이 최근 보고되어 '나병이 절멸(絕滅)의 날도 가깝다'는 상찬(賞讚)을 박(博)하고 있다."[98)]

그러나 "절멸"이라는 용어는 한센병의 완전한 "퇴치" "박멸", 즉 한센병에 걸린 환자들을 "일소"하는 의미로 사용되어 왔다는 점에서 한센병/한센인 혐오 발화 중에서 가장 극단적 표현이라고 할 수 있다. 실제로 다음과 같이 절멸을 실현하는 방안들이 제기되기도 했다.

> 시내를 청결케 하기 위하여 시중에 있는 뢰병환자를 일소할 동서고금의 전례 없는 한 가지 명안을 생각하였습니다. 그 방법은 감언이설로 시내에 있는 문둥이를 전부 한곳에 모으고 일제 총살하여 전멸을 시킨다는 것입니다. 물론 시당국으로는 이 이

98) 「나병도 쾌유」, 『동아일보』 1938. 1. 14.

상 더 간단하고 또 경제적인 정화법(淨化法)은 없을 것입니다만 총알의 대상이 되는 환자들이야말로 너무나 참극입니다.[99)]

사회는 거지들의 삶을 어떻게 볼가? 죽어도 좋다고 보는가?/ 고보(高普) 오 년 때, 부랑환자(浮浪患者) 총살론(銃殺論)을 주장한 동무가 있었다. 그리고 사회 전체를 위해서는 소수의 희생은 죄악도 아무것도 아니란 것이다. 예를 들자면 큰 "턴넬"을 뚫기 위해서는 몇 개 노동자의 죽음쯤은 문제도 아니요, 악질적인 병의 만연을 방지하기 위해서는 기왕 전염을 받은 이병자(罹病者)의 희생쯤은 각오해야 한다. 그러니까 ×병 같은 악질의 병은 발병될 적마다 환자를 바다에 집어넣는 것도 죄가 아닐 것이다–이렇게 이야기한 일도 있었다. 그럴 법도 하다고, 그때 자기는 생각했었다.[100)]

먼저 인용한 문단은 중국 광동주(廣東州) 매현(梅縣)에서 있었던 이야기다. "경제적인 정화의 방법으로" 나병 환자를 모아서 "총살"해서 없애자는 주장이다. 거리에서 추방하는 것이 아니라 아예 근본적으로 "전멸"하자는 것이다. 다음은 한센인 작가 심숭의 장편소설 『애생금』(1949)에서 등장인물들이 나누는 대화의 일

99) 「중국매현에 생긴 문둥이 박멸책」, 『중앙일보』 1932. 12. 9.
100) 심숭, 『애생금(哀生琴)』(중), 정음사, 1949/1950, 18~19쪽.

부이다. 소수의견일 수도 있겠지만 실제로 "부랑환자 총살론"이 제기된 적이 있음을 확인할 수 있는 대목이다.

위의 인용문들은 사회 일반에서 한센인들에게 느낀 위협을 어떻게 해결하길 원했는지를 보여주는 사례이다. '절멸의 시선'은 한센인을 격리도 아니고 추방도 아닌 상태, 그러니까 완전한 소멸을 주장하는 입장으로서 한센인에 대한 극단적인 혐오의 감정을 내포하고 있다. 요컨대 "총살"로 "절멸"을 주장하는 의견은 사회 전체를 위해서 '소수의 희생'을 요구하는 것은 '죄악'이 아니며 오히려 그 죽음은 사회 전체를 구원할 수 있는 죽음으로 정당화된다.

임시 수용을 목적으로 만든 집단부락에서 한센인들의 "탈출"이 지속되는 가운데 당국의 대책을 요청하는 목소리가 높았다. "총살론"에 비해 다소 완화된 방식이긴 했지만, 경찰당국은 부랑나환자로 인한 피해를 줄이고 한센인들을 "절멸"하는 방법으로 그들을 "트럭"에 실어 "먼 산촌"이나 "멀리 벽촌으로" 보내겠다고 하여 일반사회의 기대를 모았다.

> 경찰당국에서 한번씩 트럭에 실어다가 먼 산촌에 내려놓고 오면 그래도 살아 있는 인간인 그들 문둥이는 다시 마산으로 찾아드는 것이다. 일반사회에서는 서민생활에 협위를 끼치는 존재인 문둥병 환자가 시내외에서 절멸시킬 적절한 근본방침이 하루바삐 실현되기를 기대하여 마지 않는다 한다.[101]

---

101) 「마산에 나병자 횡행 민중보건에 적신호」, 『동아일보』 1938. 5. 28.

전 조선인은 이 문둥병환자에게 대한 대책을 다시 깊이 생각하여 그들을 될 수 있는대로 저 수용소에 보내도록 하여 그들의 건강 회복을 도모하는 동시에 다시 조선사회에서 그들에게 소속된 직능을 발휘할 수 있도록 협력할거이라 그러면 이 병으로 인한 조선인의 불행이 다소 감소될 줄로 믿는 바이다.[102]

수도 서울을 깨끗이 하기 위하여 서울시내 거지 '트럭'에 실어 멀리 벽촌으로 보냈다고 하더니 이 거지들은 언제 돌아왔는지 아직도 시내에 와글와글하고 있거니와 그중에는 '문둥'병이 걸려 이즈러진 무서운 얼굴에 원통눈만을 반들거리며 가정으로 달려들어 부녀자의 비명을 사고 있다. 일반시민은 관계당국이 급속히 '문둥'병 환자만은 처치해주기를 절실히 갈망하고 있다.[103]

매일 이십 명 내지 삼십 명의 환자를 잡고 있는데/ 그중의 어떤 환자는 '우리들을 이렇게 강제로 잡는 법적 근거가 어디 있느냐'고 항거하고 있는데 사실 나병환자를 잡으라는 법은 없다.[104]

이것은 사회를 위협하는 문둥병 환자들을 "시내외에서 절멸시

102) 「문둥병의 전염성」, 『농민주보』 1946. 11. 9.
103) 「문둥이들은 처치해주오」, 『부인신보』 1947. 10. 4.
104) 「잠망경」, 『경향신문』 1954. 5. 15.

킬 적절한 근본방침"을 요청하는 여론에 부응해 임시방편의 "처치" 방법으로 출현한 것이다. 거기에는 "전 조선인/그들(문둥병환자)"을 대립시키는 구도에서 "전 조선인"에는 나환자들이 제외되어 있다. "전 조선인"은 나환자들을 수용소로 보내어 "그들"(나환자들)의 건강 회복과 직능을 발휘하는 데에 협력하는 사람들이다. "전 조선인"의 불행을 감소시키는 방법으로 나환자들을 "전 조선인"과 분리시킬 수 있도록 수용소에 가두는 것이 효과적인 관리통제 정책이라는 것이다.

이 절멸의 시선에서 본 나환자는 범죄자와 동일한 자리에 배치된다. 보건부에서 직원을 "동원"하여 환자들을 강제로 체포하라고 했으나 어떤 환자는 "법적 근거가 어디 있느냐"고 항의했다고 한다. 나환자들을 "총살"해서 "절멸"한다 해도 그들을 보호할 수 있는 법적 장치는 어디에도 없었다. 부랑 나환자를 단속할 수 있는 "법적 근거"는 없었지만 법적인 처벌을 요청하는 '시선들'은 있었던 것이다. 나환자들을 처벌하고 보호하는 적절한 법적 장치가 마련되지 않는 그 자리에서 복합적인 감정들이 싹트고 있었다. 요컨대 나환자들을 향한 공포와 혐오의 감정을 극복하고 연민과 동정을 자극하는 곳에서, 나병 계몽 운동은 대중적인 공감을 얻어 더욱 활발하게 전개될 수 있었다.

7. 발견/노출 : 영원한 추방의 표지

본래 "노출"이라는 단어는 병균이 "전염"될 수 있는 피부의 상태를 가리킬 때 쓰이는 용어이다. 한편 "노출"은 한센병을 "박멸", "퇴치", "절멸"하는 방법을 고안하는 곳에서도 인용되었다. 다음과 같이 한센인의 신체에 나타나는 증상과 피부병을 설명하는 데에 사용된다.

> 환자와 접촉을 하게 되면 피부로 노출되었던 고름과 또는 환자의 의복에 부착되었던 병균으로부터 강렬한 전염을 하게 된다는 바[105]

> 나균의 접촉전염은 유소한 연령급 십 세 이하의 노출피부면의 눈에 보이는 혹은 눈에 아니 보이는 상처를 통하여 성립되며[106]

> 우연히 신체의 어느 부위 특히 노출되기 쉬운 손, 발목 또는 얼굴 등에 꼬집어도 덜 아픈 부위 즉 감각이 약간 둔하여진 곳이 있었다는 자가 많다.[107]

---

105) 「나병환자 오만(五萬)-당국은 근본대책 세우라」, 『경향신문』 1949. 7. 13.
106) 송형래(보건부의정국장), 「순혈보지(純血保持)와 민족번영」, 『경향신문』 1954. 4. 25.
107) 유준, 「나병은 나을 수 있다」(3), 『동아일보』 1957. 9. 12.

한센인의 피부에 노출되는 증상들은 한센인과 일반인의 "눈"으로 감지된다. 거기에서 혐오감이 생겨난다. 따라서 한센인들은 불구와 기형의 신체를 회복하는 수술치료에 기대를 걸었다. 사회복귀와 정착이 가능하려면 한센인들이 복귀할 수 있는 사회의 분위기가 형성되는 것과 더불어, 무엇보다 혐오감을 주지 않는 건강한 신체를 회복하는 것이 먼저 필요했기 때문이다. 한센인들은 "불구된 신체의 기능을 다시 부활시켜주는 기능회복 의학", 즉 "제3의 의학"을 통한 치료를 원했다.[108]

이런 요구에 부응하여 잡지 『새빛』에서는 한센인들의 성형수술과 재건수술(Plastic Reconstruction Surgery)에 관한 요청을 담은 지면들이 점차 늘어났다.[109] 이와 함께 격리 중심의 "요양소 만능주의는 소멸되고" 이제 한센인의 신체는 의학 전문가의 지식을 갖춘 의사의 치료 대상이 된다.

> 나병이란 열등의식에 날마다 괴로워했던 저로서는 이 이상 더 기쁜 희소식이 없었으나, 눈썹이 일찍 탈락해버려 언제나 세

108) 「볼펜: 제3의 의학」, 『새빛』 1964년 11월호, 9쪽. 사진 「대한나학회 제7차 학술대회 및 총회(1964.10.10. 연세대학교)」 김주덕(육군제일야전 의무시험소), 「제7차 대한나학회 참관기」, 『새빛』 1964년 11월호, 8~9쪽.

109) 유재덕(연세의대), 「나병과 성형수술(Hansen's Disease and Plastic Surgery)」, 『새빛』 1964년 12월호, 6쪽. 앞의 글에서는 "나병으로 생기는 흔히 볼 수 있는 변형과 기능장해를 예거하고 각각 그 성형수술 내지는 재건수술(Plastic Reconstruction Surgery)과 또 그 결과를" 논의하고 있다.

인들의 나병에 대한 그릇된 인식에 초조감을 금치 못하여 주저하던바, 눈썹 수술이 가능하다는 말을 듣고 1964년 1월 10일 드디어 수술을 받았습니다./ 건강인과 다름없는 한 사람이었지만 있어야 할 곳에 눈썹이 없는 기형적인 인상에 언제나 저 자신만을 은폐하려던 마음엔 새로운 힘을 얻게 되었습니다.[110)]

(여러 외국의 나요양소) 나요양소는 적극적 나병관리의 일부분을 차지하며 다른 전염병 병원과 같이 전염병 환자를 입원시키고 적극적인 치료(화학요법, 정형외과, 물리요법, 작업요법 등)를 해서 치유되면 퇴원시켜 사회복귀토록하는 것이다. 그러니 자연 나병관리의 중점 아니 전부이던 요양소 만능주의는 소멸되고 있다.[111)]

한센병을 완치할 수 있다고 해도 한센인의 몸은 "나균으로 인해 침범 당한 부위의 조직파괴로 생기는 변형과 침범당한 말초신경의 손상으로 생긴 지각 및 운동마비"를 일으켜 신체불구와 기형의 상태가 된다. 따라서 완전히 치유가 된 후에도 한센인의 사회복귀는 어려운 현실이었다. 나병 관리 정책은 격리수용에서 치

110) 부산 국립용호병원 환우 638번, 「성형수술은 성공한다」, 『새빛』 1965년 4월호, 18쪽.

111) 윤석우(대한나학회 총무부장), 「내가 본 외국의 나요양소」, 『새빛』 1965년 1월호, 8쪽.

료요법을 통한 사회복귀, 성형수술, 치료법을 중심으로 격리수용에서 사회복귀로 전환되어야 한다는 요청에 직면하게 되었다. 외국 나요양소의 사례로 들어 "요양소 만능주의는 소멸되고 있다"는 상황을 전했다.

알다시피 1945년 광복 이후 디디에스제 도입, 1963년 전염병예방법 개정, 강제 격리정책 조항이 삭제되는 등 일련의 변화는 한센인의 격리 정책에 영향을 미쳤다.[112] 그런데 요양소 강제격리와 환자들의 퇴원은 환자 자신의 심리적인 선택과도 연관되어 있는 문제였다. 1962년 한하운의 자서전『나의 슬픈 반생기』를 그린 영화 〈황토길〉(영화 제작 USIS)은 나병에 대한 "편견을 씻는 동시에" 나병을 치료할 수 있다는 "현대과학의 힘을 계몽하는 데" 목적을 두고 제작되었다. 특히 "자신의 괴로웠던 과거를 대담하게 노출할 것을 허락한 한하운 시인"이 직접 출연했다는 데에 의미가 컸다.[113]

한편 1970년대에 들어서면서 한센병의 "완전퇴치"를 위한 "환자발견사업"이 다시 주목을 받았다. 한센인을 "발견"하는 것이 곧 "나병을 완전퇴치할 수 있"는 하나의 방법으로 제시된 것이다. 아울러 이 무렵에 농촌과 도시의 변화, 새마을 운동의 전개 과정에

112) "실제로는 음성환자 중 부랑의 염려가 없는 자에 한해서 퇴원이 이루어졌고, 부랑의 염려가 있거나 장애 등으로 노동력이 상실된 음성환자, 그리고 양성환자에 대한 강제격리는 지속되었다."(김재형, 「한센병 치료제의 발전과 한센인 강제격리정책의 변화」, 『의료사회사연구』3, 의료역사연구회, 2019, 5~40쪽.)

113) 「숙명 이겨낸 한하운 재생기(再生記) 미공보관(美公報院)서 영화 〈황토길〉 제작」, 『동아일보』 1962. 7. 5.

서 한센인의 “노출” 현상을 분석한 견해가 흥미롭다.

> 남의 눈을 꺼려 숨어 있거나 떠돌이 생활을 하는 바람에 발견되지 않고 있는 것으로 파악되고 있다. (…) 환자발견사업만 성공한다면 늦어도 십 년 안으로 우리나라의 나병을 완전퇴치할 수 있다고 말하고 있다.[114]

> 최근 급속한 농촌개발과 교통수단의 발달로 인하여 우리나라는 완전히 일일 생활권이 되므로 사람의 왕래는 많아지고 주위 사람과의 접촉도 빈번해졌으며 새마을 사업 등에 주민들의 적극 참여와 긴밀한 유대관계가 요구되는 농촌마을에서 이제 나환자들은 자기 자신을 노출하지 않을 수 없게 되었다./ 그리하여 환자들은 그들의 마을에서 고립되고 추방될 것을 두려워하여 쉽사리 노출되지 않는 대도시 주변으로 이주하는 경향이며 따라서 환자의 분포와 나병의 만연에 있어서 새로운 양상을 보일 것으로 예상된다.[115]

한센인들은 새마을 운동의 농촌개발과 교통수단의 발달로 왕래와 접촉이 빈번해졌고 새마을 사업으로 농촌 사람들 간의 유대

114) 「10년내 퇴치건 집중공세 ‘나환자 찾기 운동’」, 『동아일보』 1971. 2. 1.
115) 최시룡(가醫大, 만성병연구소장), 「도시는 나병으로부터 보호받고 있는가: 당면한 나병관리 문제점」, 『복지』1975년 11월호, 12쪽.

가 강해져서 자신을 노출하지 않을 수 없게 되었다는 것이다. 따라서 한센인들은 작은 마을에서 추방되기 전에 얼굴이 잘 노출되지 않도록 인구가 밀집된 대도시로 이주할 수밖에 없었다. 부랑나환자들의 유입으로 도시의 시민들은 "보호받고" 있지 못하고 있다고 비판한다. 이러한 분석은 농촌과 도시, 그 어디에도 거주할 수 없었던 한센인들의 아픈 역사를 드러낸다. 이 시기 농촌에서 도시로 이주하는 현상을 소수자 타자인 한센인들의 이동 경로를 중심으로 진단하고 있는 점에서 주목된다.

2000년이 가까울 무렵, 한센인에 대한 편견과 차별의 시선을 벗어나 그들의 삶과 역사를 새롭게 조명하려 한 방송 프로그램이 기획되었다. 그런데 한센인들의 반응은 냉담했다. 한센인들은 "조용히 잘 살고 있는데 방송을 통해 노출될 경우 또 한 번 편견에 시달릴 것"이라며 방영에 극구 반대했다는 것이다.[116] 이 일화는 한센병/한센인에 대한 뿌리깊은 낙인과 혐오를 극복하는 문제는 한센인을 이해하고 공감하는 방식만으로는 해결될 수 없다는 고민을 안겨준다.

위에서 살핀 것처럼 근대 이후 한센병/한센인 혐오 발화에는 한센인 자기 자신, 가족, 마을 공동체, 일반 건강인, 의료 관계자, 의사 등 다각도의 시선들이 얽혀 있다. 한센인을 향한 혐오 발화에는 치유된 이후에도 남아 있는 병의 흔적, 불구나 기형이 된 신

116) 「그것이 알고싶다 '소록도'편 환자들 "노출싫다" 반대」, 『동아일보』 1999. 12. 2.

체에 대한 혐오에서부터 거리를 부랑하면서 전염의 공포를 일으키는 한센인들을 조망하는 파노라마적 시선이 자리해 있다. 일제강점기, 해방, 미군정기, 한국전쟁, 유신독재 하의 정치사회 변동과 함께 한센병 계몽 운동의 흐름, 한센병 관리 정책의 방향을 고려한다면 변화의 굴곡을 더욱 풍부하게 볼 수 있을 것이다.

한센병/한센인에 대한 혐오발언은 신문, 잡지, 문예, 방송 등을 통해 형성, 유포된다. 혐오의 감정이 지속되면 그것은 전쟁과 학살, 폭력을 정당화하는 논리로 고착될 수도 있다. 이 점에서 동아시아 한센병사에서 한센병/한센인 혐오가 미디어 매체를 통해 확산되는 과정에서 국가폭력을 보이지 않게 작동시켜왔던 지점들을 읽어 볼 수 있을 것이다.[117] 이 글에서 살펴본 대중매체 속의 한센병/한센인 혐오 발화와 함께 문화예술에서 재현된 이미지를 비교 검토하는 작업을 향후 연구할 과제로 남겨둔다.[118]

---

117) 이와 관련해 다음의 논문과 저서를 참조할 만하다. 일제강점기 한국과일본에서 발행된 한센병 관련 신문, 잡지 자료 등을 통해, 일제의 '대중 포섭을 위한 전략적 태도'를 분석해 일본 제국의학의 실체를 파악하고 있다.(서기재, 「한센병을 둘러싼 제국의학의 근대사-일본어 미디어를 통해 본 대중관리 전략」, 『의사학』 26(3), 대한의사학회, 2017, 417~454쪽.) "일본과 독일의 역사적 사실을 볼 때, 혐오발언 때문에 사회에 증오가 만연하게 되면 그때부터는 타민족에 대한 폭력, 제노사이드와 전쟁을 저지하기가 극히 어려워진다는 점이 이미 증명되었다고 할 것이다." 모로오카 야스코, 『증오하는 입: 혐오발언이란 무엇인가』, 조승미·이혜진 옮김, 오월의봄, 2015/2018, 103쪽.

118) Rod Edmond, Leprosy and Empire: A Medical and Cultural History, Cambridge University Press, 2006, pp.143~244; Christine M. Boeckl, "Diversity in Leprosy Subjects", Images of Leprosy: Disease, Religion, and Politics in European Art, Truman State University Press, 2011, pp.131~161. 이 두 권의 책은 제국과 식민의 구도에서 한센병 역사를 살피는 작업과 서구의 문화예술사에서 한센병 이미지, 도상, 재현에 관해 논의하고 있는데 향후 관심을 가지고 있는 연구주제 중의 하나이다.

2부

교차점

: 재난의 기억과 치유

1장

다초점 렌즈로서의 재난(인)문학

1. 저 세계의 나머지 : 잿빛을 통과한 그날 이후

재난은 어떻게 인문학의 주제가 될 수 있는가. 무력한 언어들이 이 막막한 물음의 주변을 서성거린다. 몇몇 사람들은 무거운 표정으로 되묻곤 한다. 여기저기 흩어진 파편들 앞에서 인문학은 무엇을 할 수 있는가. 갈라진 땅에서 가냘프게 버티고 있는 손가락을 잡아줄 수 있는가. 휩쓸려 간 쓰레기 더미에 묻힌 단 하나의 생명을 구할 수 있을 것인가.

잿빛을 통과한 그날 이후, 우리는 음울한 어조로 다시 묻는다. 연속되는 재난의 역사에서 어떻게 살아왔으며 어떻게 살아갈 것인가. 그런데 쓸모없이 던져 보는 질문들은 뜻하지 않게 재난의 숨겨진 차원으로 안내한다.

인문학은 저 세계의 나머지에서 무엇을 할 수 있을 것인가. 우리의 관심은 재난과 인문학이 몸을 밀착했을 때 파생되는 다른 생각들에 닿아 있다. 재난 이후 기존의 질서에 균열이 생기고 체계가 마비되었을 때 그 틈 사이로, 잔잔한 물결 아래에 잠겨 있던 자연과 인간, 사회와 국가에 관한 새로운 질문들이 얼굴을 들이민다. 예측불허의 재난은 진보한 과학 기술의 발달로 인한 안전한 관리 통제 시스템을 향해 소리 없는 웃음을 건넨다. 참혹한 현장은 마치 그것이 영화 속에서 본 장면처럼 사실과 허구, 상상, 환상 간의 경계를 무너뜨린다. 부서진 조각들은 우리 시대에서 출발해 기나긴 재난의 역사와 재난 이후 사회를 여러 빛깔의 무늬로 모자이크 한다.

누가 말할 수 없는 고통의 기억을 기록할 수 있을 것인가. 재앙의 연대기를 따라 재구성될 인류의 역사는 어떤 표정으로 나타날 것인가. 재앙이 스치고 간 자리에서 숨이 멎고 말이 끊긴다. 생사를 다투던 순간이 지난 후에 사람들은 이미 죽은 자와 살아남은 자, 혹은 사망자, 행방불명자, 목격자, 생존자라는 이름으로 더 섬세하게 분류된다. 정확하게 헤아릴 수 없는 그 숫자들은 재난의 규모와 강도를 위시하는 증거물로 채택된다. 아직 사라지지 않은 자들이 간직한 재난의 경험과 기억이 공동체를 유지시킨다. 역사 기록과 증언, 매체 등 다양한 유형의 자료들, 그리고 문학, 영화, 미술, 음악 등 예술작업에서 재난의 기억을 전승하고 재현하려는 움직임이 이어진다. 재난 이후에도 우리는 여전히 재난의 트라우마에 붙들려 살아가고 있는 것이다.

물과 바람, 흙과 불이 할퀴고 간 뒤에는 덧없는 풍경들이 펼쳐진다. 한 사람, 한 가족, 한 마을이 흔적 없이 사라지기도 한다. 이제는 지도 위에 표시된 길들을 더 이상 따라갈 수 없다. 질서정연하게 구획된 공간의 경계가 희미해지고 연속적인 시간의 흐름은 중단된다. 재난을 기록하는 말과 문자들이 가까스로 호흡을 연명하는 사이, 저 세계의 나머지에서 또 다른 세계의 형상들이 솟아오른다. 폐허는 기억 속에 저장된 재난의 퇴적층을 되감아 보면서 아직 오지 않은 미래의 형상들을 어렴풋하게 불러들인다. 저 나머지의 세계와 접촉한 몸은 이전의 몸과 같을 수 없다. 감각하는 방식이 달라진 것이다. 재난은 물리적이고 화학적인 변화를 초래한다. 그것은 세계의 피부와 그 이면의 속살을 바꾼다.

2. 고통의 감각을 상실한 시대

4차 산업혁명 이후, 인간과 세계의 변화에 대한 관심이 점점 높아지고 있다. 인간과 기계, 기계와 기계의 연결이 인문학에서의 주요 화두로 등장한 것이다. 그러나 첨단과학의 시대에도 여전히 중요한 것은 인간이란 무엇인가, 다시 말해 인간이라는 존재의 가치와 의미에 관한 물음이다. 그런데 일상에서 다반사로 일어나는 재난의 경험 앞에서 인간과 세계에 대한 물음은 결코 이전과 동일하지 않다.

재난은 인간과 세계에 대한 질문을 바꾼다. 재난 이후에는 눈앞의 세계가 이전과 동일한 세계가 아니게 된다. 하지만 '사람'[人]에 관한 물음은 더 부각된다. 그도 그럴 것이, 재난이 재난으로 인식되는 것은 그것이 사람과 관계가 있을 때이기 때문이다. 따라서 재난인문학이란 무엇인가, 라는 거대한 질문을 던지고 답하는 것보다 우선 '사람'이라는 뜻의 글자를 괄호쳐 '(인)공지능' 시대의 '재난(인)문학'이 무엇을 할 수 있는가를 다시 생각해 본다. 재난인문학은 재난과 인간, 그리고 세계의 사이를 원근(遠近)의 거리에서 바라보는 다초점 렌즈에 비유할 수 있다.

미디어에서 재난의 장면을 자주 접할수록 이젠 그 고통의 강도에 무뎌진다. 고통의 감각을 상실한 이 시대에, 역사 기록과 문학예술에 재현된 재난은 색다른 빛깔로 세계의 이면을 드러낸다. 오랜 기록 속의 재난들은 지금 여기에서 다반사로 일어나는 재난들을 새로운 관점에서 다시 보게 한다. 재난인문학에서 재난의 사례를 목록화 하는 작업은 재난 이후 사회를 반성, 성찰하기 위한 일차적인 자료 수집 과정이다. 그것은 재난의 위기를 스스로 예방하고 안전하게 대처할 수 있는 방법을 제시하는 일련의 시도들과 목적을 달리한다.

1929년을 전후로, 종말론의 확산과 경제 대공황의 분위기가 전개되면서 프레퍼(prepper)족이라고 불리는 새로운 종족이 출현했다. 이른바 생존주의(survivalism)이라 불린 운동은 미래의 긴급상황에 능동적으로 대처할 수 있도록 응급치료와 자기방어 기술을 훈련하고 유사시에 자급자족할 수 있는 조건을 구축하자고 제안했다. “스스로를 구조하고 생존하자!”라는 구호와 함께 제시된 ‘생존 전략 매뉴얼’들은 위급한 재난 상황에서 생존하는 방법을 자세하게 알려준다.[1] 그러나 이러한 현상은 오히려 국가와 사회가 재난 사태로부터 개인의 신체와 생명을 안전하게 보호해줄 수 없다는 자각에서 비롯된 것일 수 있다.

재난의 상황은 결코 비극적인 것만은 아니다. 연속되는 재난의 위기에서 우리는 다른 질문들을 던지면서 그것들을 새로운 각도에서 마주한다. 추방당한 자들, 무능력한 자들의 연대 가능성을 그려 볼 수 있을까. 폐허에서 솟구치는 이 연약한 희망은 어떤 방식으로 실현될 수 있을까. 이렇게 바꾸어 말할 수 있다. “3월 11일 이후의 문학을 이야기할 수 있다면, 오히려 그것은 재난 이후에도 아무렇지 않게 영위되는 현실의 틈을 드러내고 자명한 공동성에 균열을 내는 상상으로서일 것이다.”[2]

재난 속에서 ‘슬픔과 분노, 사랑의 공동체’를 상상할 수 있다면 그것은 지금 여기에서 견고한 역사를 거절하면서 새로운 역사를 다시 쓰게 되리라는 기대에서 가능한 일일 것이다. 그러나, 재난인문학의 시작은 그 끝을 아직 모른다. 거의 모든 질문은 대

---

1) 성상원·전명윤, 『거의 모든 재난으로부터 살아남는 법』, 웅진리빙하우스, 2011.; 조셉 프레드·아웃도어 라이프 편집부, 『재난 생존 매뉴얼』, 김지연 옮김, 다봄, 2018.

2) 심정명, 「3월 11일 이후의 일본과 세계를 어떻게 상상할 것인가」, 『Trans-Humanities』 9(2), 2016, 246쪽.

답을 기다리는 동안, 빛난다. 인문학은 어떻게 재난을 사유할 수 있는가.

3. 재난과 인문학 사이에서 : 재난을 어떻게 사유할 것인가

재난이란 무엇인가. 행정안전처에서 정리한 바에 따르면 "재난이란 국민의 생명·신체·재산과 국가에 피해를 주거나 줄 수 있는 것으로서" 자연재난[태풍, 홍수, 호우(豪雨), 강풍, 풍랑, 해일(海溢) 등]과 사회재난(화재, 붕괴, 폭발, 교통사고, 환경오염사고 등으로 인한 피해와 에너지, 통신, 교통, 의료 등 국가기반체계의 마비, 감염병 또는 가축전염병의 확산 등)을 말한다. 즉 재난은 국가 체제나 국민의 신체, 생명, 재산 등을 위협하는 것으로, 피해를 주거나 피해를 줄 수 있는 잠재적인 위험 요소들을 가리킨다.[3] 재난은 선택의 여지없이 겪게 되는 자연재해에서부터 일상을 파괴하는 불행한 사고와 사건에 이르기까지 개인, 사회, 국가의 피해와 고통을 아우른다.

한편 재난을 이전과 다르게 "무엇인가가 해체, 절연된다는 것", 혹은 기능이나 시스템이 제대로 작동하지 못한 상태로 이해해 볼 수 있다. 즉 "의도적이지 않게 이러한 아상블라쥬가 와해될 때 (…)

3) 『재난 및 안전관리 기본법(약칭: 재난안전법)』, 2018. 9. 18. 시행.

뇌의 회로, 즉 뉴런의 네트워킹이 잘못되어 언어를 구성하는 기능이 제대로 작동하지 못할 때 그것은 실어증이 되며, 태풍이나 지진, 대화재 등이 발생하였는데 그것으로부터의 피해를 보호하는 기술사회 시스템이 제대로 작동하지 못하였을 때 우리는 그것을 재난으로 부른다."[4] 이러한 재난의 정의를 따를 때, 재난 이전과 이후의 단절 혹은 연속된 지점을 파악하는 것 또한 쟁점이 된다.

여기에서 덧붙여둘 것은 재난의 유형을 자연재난과 사회재난, 천재와 인재(人災)로 확연하게 구분할 수 없다는 점이다. 잘 알다시피, 자연재해와 인재는 서로 얽혀 발생하는 경우가 적지 않다. 레베카 솔닛(Rebecca Solnit)은 2005년 9월 미국 남부지역을 강타한 초대형 허리케인 "카트리나는 여러 재난이 겹친 재난이었다."[5]라고 표현한다. 그것은 "인종과 빈곤" "사회적으로 취약한 계층, 인종, 지역에 재난 피해가 집중되는 위험의 불평등 문제"[6] 등 미국 사회의 구조적 모순을 동시에 드러낸 사건이었다는 것이다. 재난 목록에 누락되어 있는 전쟁, 학살, 혁명, 테러 등은 바로 그렇듯 복합적인 성격의 재난에 속한다.

시공간의 격차를 넘어 동서고금의 숱한 재난들은 지금 우리의

---

4) 이준석, 「과학기술학으로 이해한 재난의 자기동일성(identity)에 대한 시론(試論)-라투르와 하이데거의 접점으로서의 재난」, 『과학기술학연구』12(1), 2012, 57쪽.

5) 리베카 솔닛, 『이 폐허를 응시하라: 대재난 속에서 피어나는 혁명적 공동체에 대한 정치사회적 탐사』, 정해영 옮김, 펜타그램, 2012, 351쪽.

6) 고동현, 「사회적 재난으로서 허리케인 카트리나-정부 실패와 위험 불평등」, 『한국사회정책』22(1), 2015, 100쪽.

현실을 비추는 거울이다. 지진, 화산, 기근, 폭염, 기후변화, 전염병, 그리고 5월 광주, 킬링필드, 히로시마, 아우슈비츠, 체르노빌, 후쿠시마 등 오랜 기억들이 파노라마로 펼쳐진다. 재난과 더불어 재난 이후의 사회는 마비, 이탈, 위기, 파국, 절멸과 같은 극단의 언어들로 장식된다.

대재앙과 대참사가 일어난 그날들은 4·3제주, 5·18광주, 4·16세월호, 9·11테러, 3·11동일본대진재라는 고유한 이름을 지닌 특정기념일로 기억된다. 비교적 최근 들어 한국에서 일어난 사건들 예를 들어 2014년 세월호 침몰, 메르스(MERS)와 사스(SARS), 2016년 경주와 2017년 포항 지진 등은 우리가 살고 있는 이곳이 안전한 지대가 아니라는 사실을 확인시켜 주었다.

세계 도처에서 일어난 재난의 역사를 정리하는 작업에서 중요한 것은 재난의 유형을 분류하는 것보다 숱한 재난들에서 어떤 물음들을 새롭게 이끌어낼 것인가에 있다. 재난을 어떻게 사유할 것인가. 그런 점에서 한국의 4·16세월호와 일본의 3·11대지진 이후 지식인들의 인문적 성찰 작업은 눈여겨볼 만하다.[7)]

인문학의 시각에서 재난을 사고하는 것은 살아남기 위한 생존

---

7) 노명우·권명아 외, 『팽목항에서 불어오는 바람: 세월호 이후 인문학의 기록』, 현실문화, 2015.; 416세월호참사 작가기록단 재난참사기억프로젝트팀, 『재난을 묻다: 반복된 참사 꺼내온 기억, 대한민국 재난연대기』, 서해문집, 2017.; 김상봉, 『네가 나라다: 세월호 세대를 위한 정치철학』, 길, 2017.; 김형중, 「문학과 증언: 세월호 이후의 한국문학」, 『감성연구』12, 2016.; 쓰루미 슌스케 외, 윤여일 옮김, 『사상으로서의 3·11』, 그린비, 2012. 등

전략을 세우고 안전한 관리 체제를 강화하자는 움직임과 다른 접근을 요구한다. 요컨대 재난이 일상화된 현실에서 우리는 무엇이 이전과 다르게 변화했는지를 추적하면서 인간이란 무엇인가, 국가란 무엇인가, 그리고 세계란 무엇인가를 다시 질문하게 된다.

재난을 인문학적 화두로 삼는 것은 발터 벤야민(Walter Benjamin)의 유명한 문장을 인용하면 더 큰 파국으로 치닫지 않도록 "세계의 흐름을 중단시킨다는 것"[8]에 비유할 수 있다. 다시 말해 비상 브레이크가 작동하지 않으면 인류는 재앙으로 파멸하고 말 것이기 때문이다. 우리가 인문학에서 재난을 의제화 하는 일은 장-뤽 낭시(Jean Luc Nancy)의 말을 빌려 이렇게 말해볼 수도 있다. 재난, 그리고 '타자나 공동체'는 "우리의 사유의 하나의 대상이 아니고, 오히려 우리의 사유를 시험"할 것이다. 다시 말해 "타자 그리고 공동체와 함께, 타자와 공동체 앞에서 시험의 무대에 '나' 자신을 맡기는 것, 즉 외존(外存)하는 것, 거기에 진정한 의미에서의 정치적 행동이 있다"[9]는 것. 이처럼 재난인문학은 재난을 단순한 연구 대상이 아니라 우리의 삶과 세계를 근본적으로 탐문하는 시련의 터널로 여기고자 한다.

최근 들어 재난 연구는 점점 많아지고 있다. 그간 재난 연구는

---

8) 발터 벤야민, 「중앙공원」, 『보들레르의 작품에 나타난 제2제정기의 파리/보들레르의 몇 가지 모티프에 관하여 외』, 김영옥·황현산 옮김, 길, 2010, 269쪽.
9) 박준상, 「(정치적) 행위: 장-뤽 낭시를 중심으로」, 『떨림과 열림: 몸·음악·언어에 대한 시론』, 자음과 모음, 2015, 204~205쪽.

주로 '정책학/행정학, 공학, GIS/통신, 정신건강학 혹은 의학/인문사회과학 영역'에서 이루어졌는데 2014년 세월호 사건 이후에는 "법학, 의학, 신문방송학 등의 다양한 학분 분야에서 재난 관련 연구가 활발해"[10]지고 있는 추세다. 2015년 『진보평론』 66호에서는 우리 시대를 '재난시대'라는 명명하고 '재난시대의 사회적 고통'이라는 제목 하에 특집을 기획한 바 있다. '삼성백혈병', '메르스 사태', '세월호 참사'를 다뤘다.[11]

문학예술 속 재난 모티프를 분석한 연구들을 비롯해, 특히 파국의 지형과 묵시록의 서사에서 새로운 기회와 전환점을 발견하고 미래를 상상하는 능력을 포착한 시도들이 눈에 띈다. 한국에서의 재난 연구사 검토는 다른 지면에서 좀 더 자세하게 다룰 예정이다.

선행 연구들은 재난에 대한 인문학적 관심을 촉발하는 계기가 되었다는 점에서 의미가 있다. 하지만 여전히 개별 분과 학문 영역의 테두리에 머물러 있다는 느낌이 든다. 인문학 분야에서 재난을 체계적이고 종합적으로 조명한 연구 성과들은 보기 어렵다. 그런 점에서 이른 시기에 조선대학교 인문학연구원이 기획한 특집 논문 및 총서, 학술대회에서 선보인 재난 관련 연구들은 인문학의 시각에서 재난 연구의 주요한 초점과 영역을 보여주고 있어서 우

10) 이재윤·김수정, 「국내 재난 관련 연구 동향에 대한 계량정보학적 분석」, 『정보관리학회지』33(3), 2012, 103쪽.

11) 박영균, 「재난시대, 재난의 망각과 '위험에 의한 위험의 생산'」, 『진보평론』66, 2015, 4~18쪽.

리의 시선을 끈다.[12] 폭력, 파국, 생명정치, 테크놀로지, 이미지 등은 재난인문학 연구에서 다룰 만한 흥미로운 주제어들이다.

현재 '재난인문학'이란 개념은 아직 정립되어 있지 않은 상태다. 재난인문학은 재난에 '관한' 기존의 연구들, 즉 재난을 대상화해 접근하는 시각에 머물러 있거나 개별 분과 학문의 영역에서 산발적으로 이루어지고 있는 일련의 논의들과 변별성을 갖기 위해 마련한 용어이다. 다시 말해 재난인문학은 재난과 인문학의 양변이 직면한 문제들을 동시에 아우르기 위해 잠정적으로 요청한 전략적 개념이다.

따라서 재난인문학 연구는 '재난'과 '인문학', 이 두 단어 사이에 있는 간극과 공백을 더 깊게 사유하려 한다. 그럴 때 재난인문학이 수행해야 할 연구 주제와 영역을 새롭게 발굴할 수 있을 것이다. 아직 낯선 의제인 재난인문학은 재난의 기록에 묻혀 있는 기억과 흔적을 발굴하는 일과 함께 앞으로 다가올 사회를 미리 예감하면서 재난 이후의 사회를 미리 설계해 보는 것을 목표로 설정하고 있다. 재난인문학 연구에서 기억, 서사, 치유는 연구의 대상이자 방법론에 해당한다.

---

12) 조선대학교 인문학연구원 이미지연구소 편, 『폭력 이미지 재난』, 앨피, 2012.; 조선대학교 인문학연구원 이미지연구소 편, 『이미지 테크놀로지 생명정치』, 앨피, 2016.; 임경규 외, 『민주주의 증언 인문학』, 앨피, 2018.; 조선대학교 인문학연구원 언어융합연구소 학술세미나 '재난과 공포 그리고 언어'(2018년 10월 5일).

4. 재난의 기억서사 : 다시 읽는 기록들

고대부터 근현대에 이르는 동아시아 재난 연대기는 우리 시대의 재난을 해석하는 데에 참조점을 제공한다. 동아시아 재난 기록의 유형에는 편지, 일기, 문서, 역사서, 르포, 수기, 구술, 증언문학, 신문 방송 등 광범위한 자료들이 포함된다. 남겨진 기록의 성격을 분류, 검토하면서 동아시아 삼국의 재난 인식과 양상을 살필 수 있다. 이를 토대로 재난과 정치사회의 변동, 재난과 정치권력의 긴밀한 상관성을 엿볼 수 있을 것이다. 더불어 근대 이전과 이후의 재난 기록들에서 기억, 서사, 치유 방식에 있어서 동일성과 차이를 드러내는 일도 기대되는 과제 중의 하나다.

기록은 기억과 서사의 교직물이다. 재난의 기억서사는 도무지 믿기 어려운 상황에 직면했을 때 나름대로 이해하기 위한 과정이라고 할 수 있다. 그러나 재난이라는 사태 앞에서 인간의 경험과 기억은 간결하게 정리될 수 없다. 아니, 재난 자체가 경험과 기억을 명료한 서사로 정돈할 수 없게 만든다. 서사의 흐름이 파기되고 직선적인 시간의 전개가 어긋난다. 따라서 우리 앞에 놓인 재난 기록들이 재난의 발생과 극복 과정을 사실 그대로 보고하고 있다고 말하긴 어렵다. 재난 기록들은 때로 자연과 문화, 의식 사이의 균열을 드러내고 분열된 서술의 지층을 보여준다.

재난은 공동체의 설화, 심성, 종교, 의례의 형성과 구조에 관여한다. 근대 이전과 이후의 재난에 관한 인식과 기억의 양상, 서사와 치유 방식은 차이가 있다. 예컨대 전근대 시기 재난의 구제책은 천문관, 자연관, 운명론, 통치 이념 등과 결속되어 있었다. 따라서 조선시대 국가의례를 "재난에 대한 대응"이라는 측면에서 고찰한다면 "재난이라는 불가항력적인 힘이 유교 이념과 국가권력에 따라 재조정되는 과정과 유교의 기양의례가 신의 영험성이 아니라 국왕의 사회적 권위에 기반한 의식임을 이해하게 된다."[13]

근대 이후 재난은 민족, 국가, 인종 등 문제들이 복잡하게 얽혀 있는데 문화기술지(ethnography), 르포, 증언문학 등에서 다채로운 재난의 기억서사를 확인할 수 있다. 재난 기록을 토대로 가뭄, 홍수, 지진, 화재 등 자연재해뿐 아니라 기근, 질병으로 인한 혼란을 구제, 치유하기 위한 종교 및 의례 장치들을 해석할 수 있을 것이다.

범위를 넓혀서 동서양의 재난 기록에서 재난의 사례들을 비교하는 논의도 가능하리라 본다. 가령, 영국에서 화재 예방에 대해 유별나게 행동하는 것은 1666년 대화재의 트라우마가 장기지속되어 왔기 때문이라고 할 수 있다는 연구를 그 한 예로 들 수 있다.[14] 재난의 트라우마가 오랫동안 지속되면서 공동체의 심성, 행동, 태도가 어떻게 변화해 왔는지를 추적해 보는 것도 기대되는 연구 주제이다.

---

13) 이욱, 『조선시대 재난과 국가의례』, 창비, 2009.
14) 이영석, 「1666년 런던 대화재-재난과 수습의 사회사」, 『歷史學報』 230, 2016, 205~238쪽.

5. 재난의 인류사 : 전염병의 환유

재난은 개인에게 닥친 불행일 뿐만 아니라 사회와 국가 전체의 혼란을 초래하는 사건이다. 때문에 재난 이후에 사회와 국가 차원에서 이루어지는 구제와 치유책은 복합적인 층위에서 논의할 대상이다. 이 장에서는 전염병을 키워드로 재난의 관점에서 인류사의 단면을 읽어 보려 한다. 사회와 국가가 전염병을 어떻게 극복해 왔는지를 동아시아 각국의 질병 정책과 구휼 시스템에 대한 연구를 통해 접근할 수 있을 터인데, 여기서는 간략하게 살펴볼 것이다.

콜레라, 페스트, 나병(한센병), 결핵, 성병 등 전염병은 그 특성상 병에 걸린 몸과 인접한 사물, 장소 등으로 이어지는 환유(metonymy)의 연쇄 고리로 나타난다. 전염병은 개인의 신체에만 국한되지 않고 마을, 도시, 국가를 무질서하게 파괴해 공동체 전체를 위기로 몰아갈 수 있는 위력을 지닌 재앙으로 인식된다. 따라서 그것은 단순하게 치료해야 할 질병이 아니었다.

전염병의 유행은 전염병이 국가 간의 교류와 연결되어 있는 것이며 전파의 경로를 명료하게 예측할 수 없으므로 인류의 역사라는 보다 거시적인 관점을 확보해야 할 문제다.

헨리 지거리스트(Henry E. Sigerist)는 동서양의 문명사를 '문명과 질병'이라는 상관쌍을 매개로 고찰한다. 그는 질병들이 경제, 역사, 종교, 과학, 법률, 문학, 미술, 음악 등 인류의 문명을 변화시키는 주요한 요인이라고 본다. 질병으로 인한 위기 상황은 인간의 상상력과 심성을 변화시키고 문명을 이끄는 동력으로 자리한다고 말한다.[15] 질병이 다른 재난들과 연접해 일어나는 연쇄적 과정과 상호관련성을 토대로 종교와 심성, 사회적 분위기, 그리고 사회와 국가의 체제 변화와 일상의 미시적 변화들을 추론할 수 있다는 것이다.

재난 이후의 사회에서는 인간의 생명과 사회를 보호, 관리한다는 명분 아래 다양한 안전장치들이 마련된다. 안전장치들과 통치기술의 메커니즘에 관한 논의는 미셸 푸코가 법체계, 규율메커니즘, 안전장치를 구별한 것에서 논의의 시사점을 얻을 수 있다.[16] 푸코는 생명을 위협하는 위험 요소들을 조절 관리하는 안전장치의 출현을 분석한다. 그는 리스크를 관리하자는 취지 하에 마련한 안전장치를 비정상적인 인간을 교정해 사회에 동화시키려는 규율체제의 접근법과 구별한다. 안전장치는 오히려 질서를 어지럽히거나 불안감을 주는 사람들을 배제하는 방식으로 작동한다.

마릴린 체이스(Marilyn Chase)의 『격리』는 1990년의 샌프란시스코에 페스트가 발생해 거의 10여 년에 걸쳐 페스트라는 전염병과 싸운 한 도시의 역사를 보여준다.[17] 방역 담당관 루퍼트 블루와 시민들의 노력으로 병균을 박멸하는 과정을 다큐멘터리 기법

---

15) 헨리 지거리스트, 『문명과 질병』, 황상익 옮김, 한길사, 2008.
16) 미셸 푸코, 『안전, 영토, 인구 : 콜레주 드 프랑스 강의 1977~78년』, 심세광 옮김, 난장, 2011.
17) 마릴린 체이스, 『격리-전염병에 맞서 싸운 한 도시의 기록』, 어윤금 옮김, 북키앙, 2003.

으로 그리고 있는 세밀한 풍속화에 가깝다. 여기에서 중국인에 대한 차별적 시선과 태도를 함께 읽을 수 있다.

오랫동안 느린 속도로 진행된 페스트가 안정 단계에 들어서기까지는 약 100~130년 정도가 걸렸다. 페스트와 싸우면서 사람들의 심성에는 커다란 변화가 일어난다. 페스트가 지나간 후에는 종말론적 세계관이 유행하였다. "말세가 왔으니 회개하라고 울부짖는 수많은 남녀들이 서로 채찍질을 하면서 40일 동안 헤매고 다니던 소위 편타고행(鞭打苦行, flagellation)은 이 시대의 분위기를 보여주는 대표적인 현상"[18]이다. 재난이라는 거대한 사태에 직면한 상황에서 출현한 독특한 감정, 정서, 몸짓 등은 전염병의 인류사에서 기억할 만한 장면이다.

재난 이후에 해결할 과제는 단지 생명 유지와 생존 방법을 마련하는 것으로 끝나지 않는다. 재난은 또 다른 재난들을 불러온다. 자연재해와 함께 그동안 드러나지 않았던 사회적이고 정치적인 문제들이 가시화된다. 1980년대 중반 이래로 옥스팸(Oxfam: 옥스퍼드를 본부로 하여 1942년에 발족한 극빈자 구제 기관)과 그밖의 재난 구제 조직들은, (콜레라에 걸리기 쉽게 만드는) 영양실조와 (굶어 죽게 만드는) 기근이 자연적 결과라기보다는 인재(人災)라는 점을 받아들였다.[19]

18) 주경철, 『역사의 기억, 역사의 상상』, 문학과지성사, 2001, 187~188쪽.
19) 셸던 와츠, 『전염병과 역사-제국은 어떻게 전염병을 유행시켰는가』, 태경섭·한창호 옮김, 도서출판 모티브북, 2009, 342쪽.

또한, 1995년 7월 시카고에서의 폭염으로 인한 대참사를 자연재해가 아닌 사회비극의 관점에서 접근해야 한다는 견해도 대두되었다.[20] 셰리 핑크(Sheri Fink)는 카트리나로 인한 재난의 상황에서 어느 종합병원에서 발생한 사건을 추적한 결과 재난이 인재이며 사회 시스템 전반의 문제이므로 공동의 해결책을 마련해야 한다고 주장한다.[21]

질병으로 인한 공포와 불안의 감정은 우리 사회의 구조적 모순을 진단할 수 있는 병리적 증상으로 이해된다. 『감염병과 인문학』에서는 결핵, 성병, 나병, 에이즈 등 다양한 감염병이 한국의 역사와 문학, 영화, 드라마에서 어떻게 재현되어 왔는지를 살핀다.[22] 이 책은 감염병이 재현되어온 양상을 구체적으로 살핌으로써 질병 연구를 사회사, 문화사 연구의 쟁점으로 제출했다는 점에서 본 연구에 시사하는 바가 크다.

최근 한국문학에서 재현된 질병으로 인한 공포와 불안은 우리 사회의 구조적 모순을 진단하고 있는 임상의학적 보고서라 할 수 있다. 이 점에 착안해 향후 여러 장르와 서사체 속에 한센병, 성병, 결핵, 사스 등 감염병이 재현된 양상을 살핌으로써 질병과 그 치유의 서사를 구체화할 수 있을 것이다.

---

20) 에릭 클라이넨버그, 『폭염 사회: 폭염은 사회를 어떻게 바꿨나』, 홍경탁 옮김, 글항아리, 2018.

21) 셰리 핑크, 『재난, 그 이후: 시스템이 붕괴된 사회에서 삶과 죽음의 책임은 누구에게 있는가?』, 박중서 옮김, 알에이치코리아, 2015.

22) 정과리·이일학 외, 『감염병과 인문학』, 강, 2014.

6. 재난 트라우마 : 붙들려 살아가기

재난 (이후) 사회에서 이동(mobility)은 자발적인 이주만이 아니라 강제이주, 재해로 인한 이재민의 추방 등 다양한 이주의 형태를 띤다. 재난은 초국경(cross-border)의 이동을 창출해 영토와 국가의 경계선은 흐릿해진다. 국경을 넘어 이동하는 사람들의 역사는 식민지 시기로 거슬러 올라간다. "정치적인 동기이든 순수하게 경제적인 이유이든 식민지민의 이동은 더 나은 삶을 위한 자유로운 선택(자유이주)이기보다 동물이 환경과 기후의 변화에 맞춰 생존을 위해 시도하는 운동이나 서식지 운동, 곧 이동운동(locomotion)과 유사한 점이 있다. (…) 이동운동형 이주가 식민지민 이주의 특성이고 곧 식민적 이동의 한 유형을 구성한다."[23] 추방과 이주의 역사로 인한 트라우마는 다른 이야기들로 변형되어 반복적으로 생산된다.

재난 이후 국경을 넘는 사람들, 재난 지역을 피해서 다른 곳으로 흘러간 사람들은 낯선 그곳에서 사회적 타자, 소수자로 위치한다. 난민들은 그들의 얼굴을 바깥으로 드러내지만 국가의 셈에서는 누락된다. 재난으로 인해 출현한 난민들은 새로운 낙인의 대상이다. 그들은 "법의 바깥에(hors du nomos) 있다." "법의 혜택을

23) 성공회대학교 동아시아연구소 기획, 유선영·차승기 엮음, 『'동아' 트라우마』, 그린비, 2014, 34~36쪽.

박탈당하고 버림받은 새로운 유형의 추방자이고, 지구화가 낳은 산물이며, 변경 지역 사람들의 정신을 가장 극명하게 보여주는 전형이자 화신이다. 아지에르의 말을 다시 빌리면, 그들은 '경계의 문턱에서 표류하는(liminal drift)' 상황으로 내던져진 것이다."[24)]

재난 이후 사회에서 생명정치는 갖가지 형태로 실현되고 있다. 재난 이후 생명과 삶을 전면적으로 관리하고, 치안 유지와 사회 질서를 회복하기 위한 안전장치들이 마련된다. "생체인식 기술 관련 시장은 미국의 9·11사건이나 영국의 런던 지하철 폭탄 테러 이후 급성장하고 있고, 이른바 선진국들은 US-VISIT 프로그램[United States Visitor and Immigrant Status Indicator Technology(방문자 및 이민지 지위 표시 기술)], 선원들의 생체신원증, 전자주민증에 이르기까지 여러 생체인식 프로젝트를 진행하고 있다."[25)]

재난 이후 국경을 넘는 난민들에게서 어떻게 저항적인 힘을 구성할 수 있을 것인가. 2001년 9월 11일 테러 이후 주디스 버틀러(Judith Butler)는 "슬픔이 자아를 구성하는 사회성, 즉 복잡한 질서를 가진 정치 공동체를 사유할 기반을 드러낸다고"[26)] 하면서 슬픔을 '나'라는 주체와 '우리' 모두를 연대할 수 있는 끈이라고 말

---

24) 지그문트 바우만, 『모두스 비벤디: 유동하는 세계의 지옥과 유토피아』, 한상석 옮김, 후마니타스, 2010, 65~66쪽.

25) 조르조 아감벤, 『장치란 무엇인가?/장치학을 위한 서론』, 양창렬 옮김, 도서출판 난장, 2010, 127~128쪽.

26) 주디스 버틀러, 『젠더 허물기』, 조현준 옮김, 문학과지성사, 2015.

한다.

재난의 사태를 치유 회복하려는 노력과 함께 타자와 공동체에 대한 사유, 배려와 동정심이 커질 수 있다는 믿음에서이다. 다시 말하면 각자가 겪는 슬픔은 '나'라는 주체를, '우리' 모두를 연대할 수 있는 끈이다. 이를 바탕으로 5·18, 세월호, 아우슈비츠에서 살아남은 자로서의 "부끄러움"의 감정은 동아시아의 여러 역사적 사건들이 남겨준 감정적 유산을 비교하는 준거점이 된다.

한편 존 홀러웨이(John Holloway)는 파리코뮌에 대한 앙리 르페브르의 분석에서 재앙, 카니발, 봉기 사이의 밀접한 관계를 논의한 솔닛의 글을 다시 읽는다. "재앙과 혁명은 서로서로 은유로 기능한다."(Solnit 2005: 8) 다시 말해 "지진, 허리케인, 쓰나미, 전쟁 등등과 같은 재앙들이 인간적 고통뿐만 아니라 기존 사회관계의 붕괴와 사람들 사이의 아주 다른 관계, 지지와 연대의 관계의 갑작스러운 출현을 가져올 수 있다."[27]고 전망한다. 재앙이 가져온 균열(Crack) 속에서 또 다른 세계가 도래하길 기대한 것이다.

재난을 겪은 도시에서는 도시의 재건과 부흥의 움직임이 일어난다. 재난 이후, 도시는 안전지대와 위험지대로 분리되어 안전한 거주지의 경계가 설정된다. 재난이 일어난 도시를 떠나는 이주민이 발생하고 재난 지역에 대한 혐오의 감정이 일어나기도 한다. 한편 재난 지역으로 선포된 도시를 새로운 이미지로 변화시키기

27) 존 홀러웨이, 『크랙 캐피털리즘』, 조정환 옮김, 갈무리, 2013, 67~68쪽.

위한 도시재생 프로젝트가 진행된다.

예컨대 "2000년의 역사를 거치는 동안 로마인의 침략, 대화재, 페스트, 산업혁명, 제2차 세계대전 등 격변의 시기를 가로지르며 (…) 런던은 과거와 현재, 도시경관과 스카이라인, 이주민과 지역 커뮤니티, 대규모 개발과 지역 자본 등 다양한 힘들이 만나 갈등을 반복하고 충돌하며 타협하는 거대한 장이 되어왔다."[28)]

재난은 지역과 도시의 이미지를 개선하는 계기가 되기도 한다. 전쟁, 화재, 전염병 등을 겪은 이후에 도시 정체성이 어떻게 변화하고 재구축되는지를 살펴볼 수 있다. 재난을 경험한 동아시아 도시들의 재건과 복구 과정을 비교할 수 있으리라 기대한다.

재난 이후 매체들은 재난의 규모, 사상자와 부상자, 이재민, 그리고 파괴 혹은 손상된 건물들, 피해 복구 상황을 보도하는 데에 집중한다. 재난 이후 담론이 형성되어 가는 과정, 그리고 증언과 생존담이 채록되는 과정에서 무엇이 초점이 되고 있는지 눈여겨볼 필요가 있다.

재난 트라우마는 소문, 유언비어, 신문과 잡지, 텔레비전, 온라인 등 대중매체에서 지속적으로 공유, 확산된다. 여기에서 재난이 사건화 되는 지점을 더 선명하게 파악할 수 있을 것이다.

재난인문학 연구는 재난의 위기 상황을 실제로 해결할 수 있는

---

28) 도시재생네트워크, 『뉴욕 런던 서울의 도시재생 이야기』, 픽셀하우스, 2009, 120쪽.

현실적인 방안을 모색하는 것이 궁극적인 목적이 아니며 그렇게 할 수도 없다. 인문학의 관점에서 재난 연구는 지속되는 트라우마를 겪으면서 기나긴 기록 속에서 트라우마를 성찰하는 작업을 지향한다.

2장

오월 여성 데칼코마니 : 대신에/동시에 말하기

1. 아카이브의 방법론으로서 '기억의 전사술'

40여 년이 지난 1980년 오월 광주를 만나기 위해서 달력과 시계를 그 날짜와 그 시간으로 맞춘다 해도 그날과 똑같은 공기, 바람, 비, 냄새를 마주할 수는 없다. 10일간의 항쟁이 진행되는 동안 언제 어디에서 몇 명의 여성들이 어떻게 참여했는지를 드러내는 일은 중요한 과제로 남겨져 있지만 기록 속의 그녀들은 시민군과 계엄군의 그림자에 가려 선명하게 보이지 않는다. 오월 현장에서 여성들은 왜 잘 포착되지 않는/못한 것일까. 이러한 질문을 던지면서 이 글에서는 1980년 광주민주화운동에 관한 자료와 기록들 속의 여성들을 다양한 각도에서 읽어 보려 한다.[29]

29) 본 논문에서는 5·18 민주화운동기록관(https://www.518archives.go.kr)에

일반적으로 사건과 기억의 관계를 대개 원본과 복사본의 관계로 생각하는 데에 익숙하다. 그런데 모든 기억들이 흐릿해지는 것은 아니다. 기억의 일부는 시간이 지날수록 더 선명해지거나 흐릿하게 변모되기도 하고 삭제, 변형, 추가된 경우도 있다. 어떤 기억들은 기억의 복사본에서 희미한 곳을 채워넣는 과정에서 생겨나기도 한다. 기억의 복사본들은 원본에서 누락된 곳들을 상기시키면서 새로운 상상력과 서사를 불러일으킨다.

기억의 원본과 복사본 사이의 (비)대칭적 관계, 그 사이에서 탄생한 새로운 판본들은 초현실주의 회화 기법으로 알려진 데칼코마니와 유사하다. 미셸 푸코는 르네 마그리트의 그림 「전사술(Décalcomanie)」(1966)을 분석하면서 유사와 상사의 관계를 이렇게 설명한다. "유사는 눈에 보이는 것을 인정하게 하지만, 상사는 알아볼 수 있는 대상, 친숙한 실루엣이 감추는, 못 보게 하는, 보이지 않게 하는 것을 보게 한다."[30] 한 면에 그림을 그려 색칠한 후 그것을 다른 면에 겹쳐 놓았을 때 다른 면에는 원본 그대로 찍

서 제공하고 있는 『5·18 광주민주화운동자료총서』(이하 『자료총서』, 광주광역시 5·18사료 편찬위원회)에 수록된 신문, 잡지, 증언 등 여러 유형의 기록들과 다음의 책들을 참조했다. 광주전남여성단체연합, 『광주 여성–그녀들의 가슴에 묻어둔 5·18 이야기』(후마니타스, 2012); 5·18기념재단, 『5·18의 기억과 역사–간호사 편』(10)(심미안, 2020); 폴 코트라이트, 『5·18 푸른 눈의 증인–폴 코트라이트 회고록』(최용주 옮김, 한림출판사, 2020); 홍성표 일지·메모/안길정 기획·집필, 『호텔리어의 오월 노래–광주관광호텔에서 본 5·18』(빨간소금, 2020) 등을 참조했다. 본 연구는 '오월 여성 아카이브 방법론'을 제안해보는 데에 그칠 수밖에 없다. 이 글을 계기로 '오월 여성과 공간'에 관한 후속 연구를 계획하고 있다.

30) 미셸 푸코, 『이것은 파이프가 아니다』, 김현 옮김, 민음사, 1995, 76쪽.

히지 않는다. 양면은 어느 것이 원본이라고 할 수 없게 변형되어 다른 형상을 만들어낸다.

예상치 못하게 우연한 것들이 생성되는 장소에서, 양면의 선후 관계는 지워진다. 원본과 복사본은 서로 '대신'하면서 '동시'에 가리킨다. 이와 같은 기억의 '전사술'을 오월의 광장에 참여한 사람들만이 아니라 그 주변이나 바깥에 놓인 사람들, 증언과 기록, 문학작품에 남겨진 흔적을 다채롭게 현상하는 방법으로 도입해 볼 수 있다.

또한 아를레트 파르주가 자료가 있는 것과 더불어 자료가 없는 것도 주요한 표징들이라고 언급한 부분은 오월 여성에 관한 자료가 많이 남아 있지 않는 현상에 주의를 기울이게 한다. 즉 "자료가 있다는 것 자체, 또는 자료가 없다는 것 자체가 의심해보고 정리해보아야 할 표징들이다. 아카이브라는 아직 나지 않은 길에 들어서는 역사가는 동일화의 가능성을 항상 경계해야 한다."[31] 이 글에서는 미셸 푸코의 '전사술'과 함께 아를레트 파르주의 '아카이브 작업'을 오월 여성을 읽는 주요한 방법으로 사용한다.

오월 항쟁에서 여성의 존재를 주목해야 한다는 요청은 그동안 여성 참여와 활동의 양상을 충분하게 살피지 않았다는 반성에서 비롯된 것이다.[32] 그동안 항쟁의 동력이 되었던 여성들과 기록에

---

31) 아를레트 파르주, 『아카이브 취향』, 김정아 옮김, 문학과지성사, 2020, 90~91쪽.

32) 이러한 반성과 요청 하에 그동안 '5·18과 여성'에 관한 연구들이 이루어졌다. 서론 1장에서는 본 연구 주제와 관련해 2000년 이후의 연구논문을 중심으로 선행 연구를 간략하게 살피기로 한다. 지면이 허락되지 않아 기존 연구성과를 상세하게 언급하지 못한 점에 대해 연구자들의 너그러운 이해를 구한다.

서 소외, 배제된 여성들을 드러내기 위해서 "여성주의적 시각에서"[33] "항쟁의 역사기록에서 배제되어 왔"던 여성들의 활동 양상을 검토[34]한 연구들이 이루어졌다.

그런데 오월 여성이/여성을 말한다는 것은 다만 시위 현장에서의 여성들에만 한정되지 않는다. 언제 누가 어디에서 무엇을 어떻게 했는가라는 재현 체계에서 벗어나 증언의 주체, 서사의 위치와 각도에 따라 다음과 같은 질문들을 더 준비해볼 수 있다. 누가/무엇이 여성을 말하는가. 어떤 여성이 다른 여성을 말하는가, 남성이 여성을 말하는가, 여성이 남성을 말하는가. 말해지는 것 속에 여성은 누구인가, 여성에 관한 무엇이 어떻게 이야기되고 있는

33) 강현아의 연구는 피해자 혹은 수동적인 여성 이미지를 벗어나 여성활동가들의 삶을 여성주의적 시각에서 분석하고 여성 활동가들을 인터뷰하여 여성들의 경험이 투영된 삶과 인식의 변화를 가시화하였다. 아울러 항쟁사에서 여성이 "정치적, 조직적으로 어떻게 배제되어 왔는가를 살펴보고, '사라질 수밖에 없는 여성들'의 침묵과 목소리를 통해 여성들을 항쟁 역사의 '타자'에서 '주체'로 가시화"하였다는 점에서 의미가 크다.(강현아, 「5·18 민중항쟁과 여성활동가들의 삶」, 『한국사회학』36(1), 한국사회학회, 2002, 171~194쪽.; 강현아, 「5·18 항쟁 역사에서 여성의 주체화」, 『한국여성학』20(2), 한국여성학회, 2004, 5~40쪽.)

34) 여성들의 활동 양상을 구체화한 연구로는 안진의 "남성중심적인 시각에서 벗어나 주변적인 것으로 간주해온 여성들의 사례들"과 '5월여성연구회'(1991)에 수록된 증언들을 "물리적 폭력"과 "상징적 폭력"으로 구분하여 다루었다.(안진, 「5·18광주항쟁에서의 여성 주체세력의 성격-광주항쟁의 젠더화를 위한 시론(試論)-」, 『광신논단』14, 광신대학교출판부, 2005a, 395~422쪽; 안진, 「5·18 광주항쟁에서의 여성의 피해, 그리고 생존」, 『여성과 평화』4, 한국여성평화연구원, 2005b, 243~265쪽.) 또한 항쟁에 참여했던 여성주체들의 그룹 활동을 살피면서 "남성의 무장투쟁의 역할을 강조한 시민항쟁론이 5·18 항쟁의 지배적인 담론으로 자리를 굳혀옴에 따라 여성들은 여러 가지 이유로 침묵해왔고 항쟁의 역사기록에서 배제되어 왔다."는 점을 지적하였다.(안진, 「5·18 광주항쟁에서 여성주체들의 특성」, 『젠더와 사회』6(1), 한양대학교 여성연구소, 2007, 41~74쪽.)

가. 이런 질문들을 동반할 때 항쟁에서 주도적인 역할을 담당했던 여성들과 보이지 않았던 여성들을 아카이빙할 수 있을 것이다.

2장 2~5까지는 기록 속의 여성들을 각기 다른 방식으로 전사하는 방법들과 함께 출현하는 쟁점들을 다룬다. 먼저 2장 2에서는 항쟁 직후에 보도된 신문기사에서 여성들을 상기하는 사소한 자료들을 주목한다. 시위 현장에서 분노와 저항을 촉발한 것은 "총" "칼"과 같은 강하고 단단한 무기들만이 아니었다. "가슴" "살" "피" "시체들"과 같은 연약한 몸의 조각들이 항쟁의 불꽃을 점화시켰다. 무엇보다 시체들은 그 자체로 "이성"을 잃게 하는 사건이었다. 이성과 시체를 대비시켜 보는 가운데 여성의 몸이 가시화되는 지점, 여기에서 "법"을 요청하는 장면에 주목할 것이다.

2장 3에서는 여성들의 증언 기록과 서사의 양태에 주목한다. 여성들의 증언에는 죽음과 시체를 가리키면서 일어난 일들을 분명하게 말하는 것 같지만 간결하게 정돈될 수 없는 다른 이야기들을 내장하고 있다. 장황한 '수다'와 같은 증언들이 보여주듯이 여성들은 광장의 중심과 주변에서 끊임없이 그날의 경험과 기억에 대해 말해왔음에도 그녀들의 말은 함성 소리와 저항의 몸짓을 수집하고 기록하는 작업에서 가볍게 여겨왔던 것은 아닐까하는 의문을 던져본다.[35] 여성들은 침묵하고 있었던 것이 아니라 아무렇

35) 이러한 문제의식 속에서 김영희는 여성의 정체성과 목소리, 말하기와 발화에 관심을 두면서 "'여성'들이 고통의 기억을 어떻게 서술하는지, 그리고 사건을 서사화하는 전략 수행의 과정에서 자기 정체성을 어떻게 재구성하는지 분석"한

지도 않게 말해지는 것들에서 중요한 것들을 누설해온 것은 아닐까. 가족을 잃은 여성들의 증언과 시위 진압에 참여한 계엄군들의 증언을 교차시켜 읽어 보면 동일한 사건을 다른 입장에서 진술하고 있는 대목을 볼 수 있는데 여기에서 '피해자란 누구인가'라는 질문에 직면하게 된다.

2장 4에서는 전쟁 같은 일상을 살아온 여성들의 경험을 다채롭게 읽어 본다. 여성들의 증언집은 기억과 증언의 주체가 여성이라는 점에서 우선 주목할 자료들이다. 여성들의 이야기는 오월 광주의 생생한 현장을 되비추면서 우리의 시선을 기억의 두터운 지층으로 안내한다. 특히 맥락을 벗어난 장황한 여성들의 자기서사에서 전쟁과 같았던 일상을 풍부하게 읽을 수 있다.[36]

여기에서 오월을 겪은 사람들을 가해자, 피해자, 목격자, 방관자, 부상자, 사망자 등으로 분류해 왔던 방식에 오월을 증언하는 '목격자-전달자'로서의 여성의 역할을 추가해 본다. 증언은 사건

다.(김영희, 「'5·18'의 기억 서사와 '여성'의 목소리」, 『페미니즘 연구』18(2), 한국여성연구소, 2018, 149~206쪽.) 이어서 "젠더화된 '애국 시민'의 신화 속에서 '여성'의 역사는 소거되거나 주변부화될 수밖에 없었"다고 비판하면서 오월 여성들의 목소리를 불러내기 위한 '청취의 연대'가 필요하다고 역설한다.(김영희, 「'5·18 광장'의 '애국' 담론과 '여성'의 비가시화: 청취의 연대가 만들어내는 '여성' 발화의 장소」, 『경제와 사회』126, 비판사회학회, 2020, 116~172쪽.)

36) 김귀옥(2020)은 "여성들이 왜 5·18 민중항쟁에 참여하게 되었는가를 설명하고, 여성들은 5·18 민중항쟁 과정에서 무엇을 획득하게 되었는가를 살펴보"면서 여성들의 활동에서 계승해야 할 '5·18 정신'을 도출한다. "5·18 정신은 '여성은 정치적으로 소극적이거나 무관심'하다는 편견을 극복하는 계기가 되었다"는 것을 비롯해 여성들의 참여 활동에서 "민주주의와 만민평등, 평화와 인권을 향한 보편적 욕망", "연대와 나눔의 정신"이라고 말한다.

을 목격한 자들이 이야기들을 덧붙여 '전달'하는 과정에서 또 다른 이야기들을 파생하면서 전승된다는 점에 착안한 것이다. 시위에 적극적으로 참여한 사람들 외에도 그날 이유 없이 그곳에 있었던 사람들, 시위가 왜 일어나는지도 알지 못했던 사람들, 시체와 마주하게 된 여성들의 증언을 더 포함할 수 있다.

2장 5에서는 오월 여성의 자리에 광주와 그 주변 지역에 거주하고 있었던 외국인과 그들이 남긴 증언 회고록을 놓아볼 것이다. 오월의 경험과 기억을 분명한 말과 글로 표현할 수 없었던 여성들의 위치는 오월 광주를 모국어로 전달할 수 없었던 외국인들의 그것과 닮아 있다. 외국인이라는 위치에서 또 다른 오월 여성의 기억과 서사를 읽을 수 있다.

40여 년이 흐른 지금, 1980년 오월 광주에 관한 기록들에서 여성들의 다채로운 모습을 포착하는 일은 복잡하게 얽힌 그물망을 경유하는 과정을 통해서야 겨우 가능한 일일 것이다. 이 글은 오월 여성 아카이브 작업을 진행하기 위한 밑그림에 불과하다. 향후 다양한 자료들을 살펴 각 장에서 제안한 아카이브 방법론을 구체화해볼 계획이다.

2. 이성과 시체, (법) : "불량소녀"

1980년 5월 21일, 이희성 계엄사령관 육군대장이 발표한 특별담화문에서는 광주 시민에게 “이성과 자제”, “애국심”을 지니길 당부하였다.[37] 이후 시위 현장을 보도한 기사들에서는 “이성”이라는 단어가 압도적인 비중을 차지한다. “이성과 냉정을 뒤찾아 가정과 직장으로 돌아가라”[38]는 간곡한 요청과 함께 “광주사태로 전국민이 노심초사. 불행한 국민 안 되는 길은 이성뿐.”[39]이라는 단호한 어조로 우려를 나타냈다. 한편, 5·17 전과 후의 ‘데모’를 구분하면서 “자제와 이성을 회복하여 문제를 평화적으로 해결하려는 것은 한국민의 정치민도와 높은 문화적 수준을 실증한 것이”[40] 라고 논평하면서 사태를 수습하려는 분위기를 만들기도 했다.

5월 25일, 최규하 대통령의 특별담화문에서는 시위가 “냉정과 이성을 되찾아서 슬기롭게 이 불행한 사태를 수습해 나가도록 할 것을”[41] 거듭 요청했다. “이성”은 “자제” “냉정” “슬기” “이해” “국가의 안위”를 “생각”해야 하는 일을 포함하는 것으로 “일시적인 흥분이나 감정”의 분출과 구분되는 뜻을 내포한다. 즉 “원만하고도 합리적인 사태수습의 길”을 위해서는 “자기 자신과 남을 엄

---

37) 「광주 일원 심각 사태」, 『경향신문』 1980. 5. 22.; 「“이성회복 질서유지를” 이계엄사령관 광주사태에 담화」, 『동아일보』 1980. 5. 22.; 「이 계엄사령관 담화발표 광주사태 고정간첩 침투선동 악화면 파국 초래」, 『매일경제』 1980. 5. 22. 등.

38) 「박총리, 광주서 호소 이성과 냉정 되찾아 가정·직장 돌아가길」, 『경향신문』 1980. 5. 23.

39) 「데스크」, 『매일경제』 1980. 5. 23.

40) 「미결의(美決意) 이미 전달 주한미관리(駐韓美官吏)」, 『동아일보』 1980. 5. 24.

41) 「최대통령 특별방송담화」, 『경향신문』 1980. 5. 26.; 「최대통령, 광주서 특별담화 “과오 관용…불문(不問)에 붙이겠다”」, 『경향신문』 1980. 5. 26.

격히 분별하고 감정을 이성으로 소염시킬줄 아는 국민성을 길러야"[42] 한다는 것이다.

이렇듯 당시 보도문들은 시위 현장을 감정/이성, 소수/다수, 과격/침묵의 대립구도로 분할하면서 시민들/학생들, 학생들/광주 시민들을 섬세하게 구별했다. 당국에서 강조한 "이성"이라는 말은 다양한 입장에서 다른 뜻으로 사용되고 있었다. 학생들은 이성을 자제하라는 당국의 호소가 "일방적이라고" 반박했고, 지역유지들은 "이성으로 해결하자"고 호소했다. 또한 일부 학생들은 "이성의 회복이라는 차원에서" "반공·면학풍토 조성"을 위한 궐기대회를 열었다. 시민군들은 단순한 보복행위로 공수부대원을 죽여서는 안 된다고 하면서 "우리는 끝까지 이성으로 대항해야 한다"고 역설했다. 다음의 예를 들 수 있다.

> ① 이날(22일) 오후 2시 15분경 고교생들은 계림동에서 도청 쪽으로 집결, '이성을 찾고 자제하라'는 당국의 고공(高空) 호소가 일방적이라고 했다.[43]
>
> ② 22일: 오전 9시경 중심가에서는 "이성으로 해결하자"는 지방유지들의 마이크 호소와 오전 10시에 도청 앞 궐기대회에 모이라는 소리들이 교차됨.[44]

---

42) 「전화위복의 계기삼자」, 『매일경제』, 1980. 5. 28.
43) 「광주사태 수습움직임」, 『동아일보』 1980. 5. 23.
44) 「광주사태 일지」, 『동아일보』 1980. 5. 28.

③ 이성의 회복이라는 차원에서 국민적 열망에 부응하는 면학풍토 조성에 노력하자[45)]

④ (가톨릭)센터 내부를 수색하여 7층에서 공수부대원을 생포하였다. (…) 수많은 군중은 모두 손을 내저으며 "우리마저 저들과 같이 이성을 잃을 수 없지 않느냐, 우리는 끝까지 이성으로 대항해야 한다"며 설득하여 못 내던지게 하였다.[46)]

항쟁 기간에 연일 보도된 신문기사들에서 '여성'의 모습을 발견하기란 어려운 일이다. 항쟁 직후 기자들의 대화록과 중동 요르단의 건설 현장 노동자들, 사우디 교민들의 목소리를 통해 "여성들"을 상상해 볼 수 있다.

(23일) 무기와 차량을 탈취한 이후 대학생들은 거의 전면에서 사라졌어. 고교생쯤으로 보이는 나이 어린 청소년들과 근로자 계층의 청년들이 주축을 이룬 것 같아. 나이가 어려 보이는 젊은 여성들도 상당수 끼여 있었어. 시민들도 총기를 다룰 줄도 모르는 청소년들 손에 총이 쥐여진 것을 크게 염려했어. 이날

45) 「"진리탐구만이 애국의 바른길" 전남지역대학생 반공·면학풍토 조성 궐기대회」, 『동아일보』 1980. 8. 5.

46) 이광영(5·18부상자회 부회장), 「입체특집/광주사태를 재심한다. 광주사태 시민군 수기 '금남로 10일, 스님이 겪은 연옥'」(『월간경향』 1988. 3.), 『자료총서 11권』, 331쪽.

아침 전남대병원에 들어온 시체 2구를 검안한 의사가 총기오발 사고로 숨진 것 같다고 하더군.[47)]

'조르단'의 수도인 '암만'에서 대규모 호텔을 짓고 있는 쌍용 종합건설의 현장 (…) 광주사태의 진상은 무엇이며 북으로부터 남침가능성은 없는가 등등. 가족의 안위(安危)를 걱정하는 한결 같은 그들의 표정에서 국내 정치안정이 얼마나 중요한 것인가를 다시 한번 실감한다.[48)]

만일 국내에서 또다시 혼란이 재발한다면 중동과의 모든 경제협력은 허물어지고 우리 경제가 파탄을 면치 못할 것이라고 밝히고 정부와 국민이 자제와 이성으로 위기를 슬기롭게 극복해줄 것을 촉구했다.[49)]

23일의 상황을 보고하는 기자들의 말에 따르면 시위 현장에선 대학생들이 사라지고, 어린아이들이나 청소년들, 근로자들, 여자들이 대부분이었다고 한다. 또한 총을 다룰 줄 모르는 청소년들의 오발사고를 걱정하는 전남대병원 의사의 말을 인용하고 있다. 시

47) 「취재기자들의 방담(放談)으로 엮어본 사태현장 광주 그 10일」, 『경향신문』 1980. 5. 29.
48) 「열사(熱砂)의 중동 땀흘리는 한국인-현장의 소리」(상), 『동아일보』 1980. 5. 28.
49) 「사우디교민회 조진현 사무국장 "중동국들 한국소요사태이후 공사수주·무역거래등을 주저"」, 『경향신문』 1980. 6. 28.

위 참여자를 "대학생들"과 '그 밖의 사람들'로 분류하고 있는 곳에서 "여자들"은 그 밖의 사람들에 속한다.

한편, 외국에서 일하고 있는 "한 노무자의 애처로운 호소"를 통해 사태가 장기간 지속된다면 "가족의 안위"와 "국가"의 안보를 위협하는 등 국내외의 정치적, 경제적인 면에 영향을 미칠 것이라고 말한다. 즉 광주사태는 "가족의 안위를 걱정"하게 하는 가정파탄의 원인이며 국제관계에도 악영향을 미칠 수 있는 심각한 문제라는 것이다.

앞서 본 것처럼 시위대에서 "여자들"을 분별해내면서 시위 현장을 가족의 안전과 국가의 안보를 위협하는 것으로 사건화하는 지점은 오월 항쟁에서 여성의 위치를 지워가는 논리와 다르지 않다. 여성들은 "피해" '사건' 상황 보고에서 더욱 분명한 모습을 드러낸다. 그 예로, 광주시에서 작성한 「광주사태로 인한 인명피해(부상자) 상황 보고」(1980. 7. 3.)에서 '시민전화'에 접수된 7통의 전화, 「5·18사태 상황 및 조치사항/광주시」보고에서 확인할 수 있다.

> 「시민전화」: 3) 11:55 조흥은행 앞 4거리 단발머리 여학생의 옷을 벗기고 남학생과 함께 연행(피투성이)/ 7) 13:10 제일은행 앞 키가 조그마한 가정부인을 옷을 벗기고 때리고 있다. 젊은 사람만 지나가면 무조건 구타한다. 이러다간 광주 시민들이 다 들고 일어날 것이다. 무슨 조치든 취해야 할 것 아니냐?(1980.

5. 18.~19.)[50]

15:45-금남로에서 군인들에게 쫓긴 대학생들이 복동쪽 민간에 잠입하자 군인들이 가정집을 수색하여 대학생으로 보이는 장발 청년과 여자를 마구 때리고 차고 대검으로 찌르는 등 난폭한 행동을 한 후 차에 실어 연행해 감(군인 대부분이 경상도 사투리를 쓰고 있음)(1980. 5. 18.)[51]

짧은 사건 보도문 속의 여성들은 상세하게 묘사되어 있다. 시민전화는 "여학생"과 "가정 부인"의 "옷을 벗기고 때리고" 하는 장면을 목격한 후 "조치"를 하지 않으면 "광주 시민들"이 일어날 것이라고 경고한다. 군인들이 "가정집을 수색하여" "장발 청년과 여자를 마구 때리고 차고 대검으로 찌르는 등 난폭한 행동을" 서슴지 않았던 상황을 읽을 수 있다. 대검을 사용한 적이 없다는 군의 진술[52]과 다르게 5월 20일에 '대검상'으로 치료를 받은 여성에 관한 병원 진료 기록을 확인할 수 있다.[53]

50) 「광주시 상황보고」(1980. 7. 3.), 『자료총서 20권』, 85쪽.

51) 「5·18사태 상황 및 조치사항/광주시」, 『자료총서 20권』, 150쪽.

52) "저의 대대는 착검한 적이 없습니다."(「안부웅 광주 민주화운동 당시 11공수특전여단 61대대장의 진술」『월간조선』 별책부록 1999. 1.), 『자료총서 18권』, 79쪽.); "사체에서 자상이 발견된 점을 종합하면, 지휘관의 의사와 무관하게 공수부대원들에 의하여 시위 진압 현장에서 대검이 사용된 사실을 인정할 수 있음."(서울지방검찰청·국방부검찰부, 「5·18관련 사건 수사결과(1995. 7. 18.)」, 『자료총서 50권』, 260쪽.)

53) "수신: 전라남도지사/ 참소: 보선과상/ 세목. 광주사태로 인한 인명피해(부상자)

기사문과 보고서에서 여성들은 발가벗긴 몸과 시체로 가시화되었다. "전남도청에 접수된 유모양의 피해 진술서"에 적힌 "순결이 짓밟힌 여고생"[54], "육안으로는 구별되지 않"는 "여학생의 시체"는 시위를 촉발하였다.

> (21일) 상무관 앞에 여학생의 시체가 있다는 소문을 듣고 (…) 여자라고는 하지만 도저히 육안으로는 구별되지 않았다. 팔과 다리가 모두 잘라져 나가고 없었다. 그 광경을 보고 이제 더 이상 무섭다는 생각은 들지 않았다. 여기저기 구경이나 하고 돌이나 던져서는 총을 든 공수들을 이길 수가 없다는 생각이 들어서 친구와 함께 도청으로 갔다.[55]

> 여섯 살 난 여자아이의 일인데 정확히 어느 곳에서 총에 맞았는지는 모르겠고 아무튼 길거리에 나와 있다가 계엄군이 쏜 총에 왼쪽 가슴이 관통 당했어요. (…) 공수들이 어린애나 어른이거나 여자들의 가슴을 겨냥해서 쏘았는지는 모르겠지만 아무

상황 보고/ 첨부: 인명피해 부상자 명단 1부./ 발송: 광주시. 날짜: 1980. 7. 3.", 「광주사태로 인한 인명피해(부상자) 상황 보고」(1980. 7. 3.), 『자료총서 23권』, 29쪽, 35쪽.

54) 「차가 멈춰 데려간 곳은 음침한 장소였다」(『국민신문』 1988. 7. 1.), 『자료총서 11권』, 121쪽.

55) 구술 : 박래풍(당시 구두닦이)/정리 제공: 송기숙(한국현대사사료연구소 소장 전남대 교수), 「광주투쟁기 '구두닦이에서 광주투사로 : 한 밑바닥 인생이 겪은 5·18과 고문'」(『말』 1989. 1.), 『자료총서 11권』, 154쪽.

튼 그랬어요.[56)]

그곳(지원동 주남마을 근처)에서 그는 양민학살을 목격했다. "산 중턱에 자리를 잡고 있는데 산 아래에서 웅성거리는 소리가 들려 내려가 보았어요. 교복을 입은 한 여학생이 한 손에 총탄에 의한 관통상을 입은 채 리어카에 부상당한 두 사람을 태워 끌고 왔더라구요."[57)]

위의 증언들에서 여성들의 몸은 "여학생의 시체" "여섯 살 난 여자아이" "가슴 다친 여자" "리어카에 부상당한 두 사람"을 끌고 온 "교복을 입은 한 여학생"의 "총탄에 의한 관통상"을 입은 "손" 등으로 이슈화 되었다. 젠더적 시각에서 여성들의 몸을 진술하는 문장을 비판적으로 분석할 필요가 있다. 아울러 구타, 강간, 고문의 현장에서 피해를 당하거나 시체가 된 여성들이 시위에 참여하게 하는 계기가 되었다는 것, 보이지 않는 곳에서 행해진 폭력의 상황 대신 전달하는 '사건'이 되고 있는 지점을 함께 볼 수 있다.

"광주사태"를 정리하는 분위기 속에서 "다시 한번 평온을 되찾은 광주 시민들의 이성을 높이 평가코자"[58)] 하며 "냉철한 이성으

---

56) 손명선, 증언 「광주비디오, 그 살육의 현장」(한국현대사사료연구소, 1989. 2.), 『자료총서 17권』, 154쪽.

57) 박창호 기자, 「당시 7공수 33대대 최영신 중사의 그날 그 기억」(『생활성서』 1995. 5.), 『자료총서 11권』, 707쪽.

58) 「슬기와 이해로 화합을 범국민적 광주 시민돕기를 보고」, 『매일경제』 1980. 5. 30.

로서는 상상할 수 없는 지역감정을 촉발, 선동하는"[59] 시위에서 새로운 의미들을 이끌어낸다. 그것은 "냉철한 이성으로 법과 질서를 되찾을 수 있었"[60]다는 것, 즉 "공산당에 먹혀서는 안 된다"는 것을 각성하는 일이었다.[61] "광주사태와 사북사태"는 "냉철한 이성"으로 "법과 질서"를 되찾고, 올바른 "사회정의"와 "사회규범"을 만들어가는 계기로 인식된다.[62]

오월 광주의 거리에서, 이성과 반대되는 말은 무절제한 감정이 아니라 바로 발가벗긴 몸, 조각난 몸, 구멍 뚫린 가슴, 숨이 그친 시체들이었다. 그러니까 그녀(들)은 총알이 관통하고 찢긴 몸으로 "이성"을 잃게 하는 사건이었다. 거리 위의 시체들은 "이성", "절제", "냉정", "평온", "평화" 등과 같은 단어들을 끊임없이 불러들였다. 오월 여성들의 찢긴 몸과 시체는 "법"과 "정의" "사회정의" "사회규범" "민주주의"를 확립하는 기반이 된다. '군이 작성한 사진 설명'의 표현을 따르면, (법)의 여백에는 "불량소녀"[63]라는 표지가 삽입되어 있는 것이다.

---

59) 「계엄사 발표 '광주사태'」, 『동아일보』 1980. 5. 31.
60) 「최대통령 성명전문」, 『경향신문』 1980. 8. 16.
61) 「김대중활동, 북괴책동과 상통」, 『경향신문』 1980. 9. 11.
62) 「집회시위에 관한 법개정과 국가적 차원의 새 인식」, 『경향신문』 1980. 12. 4.
63) '탈취한 무기와 차량으로 저항하는 난동분자들(80. 5. 22.~24.)' '무기를 든 불량소녀', '특이한 점은 이들 폭도 가운데에 불량소녀가 끼어 있었단 점과 어린 학생이 끼어 있었다는 점이었음'(「군이 작성한 사진 설명」, http://theme.archives.go.kr/next/518dm/page3_2_view.do?page=1&no=6.)

3. 피해자란 누구인가 : 여성/계엄군, 부분과 전체

2장 3에서는 여성들의 증언과 계엄군들의 증언을 교차시켜 읽어보면서 서로 다른 입장에서 '피해자'를 정의하고 동일한 사건을 다른 입장에서 진술하고 있는 부분을 주의 깊게 독해할 것이다. 이와 관련된 선행 연구를 바탕으로[64)] 여성들과 계엄군들의 증언을 대비해 그 인식의 차이를 드러내 보는 것이 목적이다.

본격적인 자료조사 작업과 구술증언집 발간이 이루어지기 전, 1989년 2월에 열린 제145회 국회 '5·18광주민주화운동 진상조사특별위원회'에서의 증언들은 오월의 기억을 공적인 장에서 다루었다는 점에서 의미가 크다. 가족을 잃은 여성의 증언들은 분명한 말로 전달될 수 없는 아픔과 말하지 않으면 안 되는 기억의 지층을 보여준다. 시체를 증언한다는 것은 말할 수 없는 시체가 '무고

---

64) 이에 관련해 군대 자료를 분석한 노영기의 연구와 적과 아군을 분명하게 구별하지 않았던 입장에 대해 논의한 김정한의 연구를 대표적으로 들 수 있다. 노영기(2005)는 군대 자료를 중심으로 항쟁사를 읽은 선구적인 작업이다. 이후 '민간인 희생자들'을 대상으로 한 실증 연구가 주로 '피해자' 위주로 정리되어 있다는 점을 한계로 지적하면서 군 자료와 다른 자료를 통해 항쟁 초기 상황을 재구성하였다.(노영기, 「'5·18항쟁과 군대'에 관한 연구와 전망」, 『민주주의와 인권』5(1), 전남대학교 5·18연구소, 2005, 253~284쪽; 노영기, 「5·18항쟁 초기 군부의 대응-학생시위의 시민항쟁으로의 전환 배경과 관련하여-」, 『한국문화』62, 서울대학교 규장각한국학연구원, 2013, 279~309쪽.) 김정한(2020)은 "베트남전쟁에서 적과 아를 구별할 수 없었던 전투 경험은 광주 시민에 대한 잔혹성을 설명해준 주요 요인"이라고 하면서, 광주 시민들이 "어떻게 국민에게 이렇게까지 무자비할 수 있는가라는 질문은 공수부대를 적으로 여기지 않기 때문에 가능한 물음이다."라고 분석한다.(김정한, 「광주 학살의 내재성-쿠데타, 베트남전쟁, 내전」, 『역사비평』131, 역사문제연구소, 2020 여름, 63~85쪽)

한 피해자'라는 사실을 말로 표현해야 하는 일이었다. 매우 긴 분량의 증언 중에서 '피해자'라는 사실을 증명하고 있는 부분을 중심으로 요약해서 옮겨본다.

> ① (21일 부처님 오신날) "워매! 도청에 날리났소. 세상에 남학생 둘이 총에 맞고 쓰러진 것 봤소! 내 눈으로 보고 왔소!"/ "뭘 입었습디까?"/ "밑에는 해작 쓰봉에다 우에는 퍼렁거 입었습니다."/ 기가 막혀서 "앞에 까망줄 쳐졌습디까?"/"그것까지는 못 봤소"/했다. (…) (적십자병원 시체실) "우리 아이는 바지에 아무것도 가져가지 않았으니 살아서 저가 뭐라고 말하기 전에는 증명할 것이 하나도 없다. 여기 시체들이 많이 들어 왔나?" (…) (22일 오후 4시경, 적십자병원 근처) (…) "오른쪽 귀뒤에 담배 구멍만한 총구멍이 하나 있었는데 그것이 이마를 뚫고 나왔던 모양이었다. 그래서 이마가 거죽만 있고 속은 비어 있었다. 그 작은 구멍으로 피가 나왔던지 관은 반쯤 피가 고여 있었다. 바지는 겨우 입혔으나 상의 동복은 입힐 수가 없었다. 살아서도 작았는데 죽어서도 빳빳하니 들어가질 않았다. 그래서 팔은 뜯어 버리고 위에 걸쳐만 놓았다.[65]

65) 구술: 송영도(고 김완봉 학생 어머니/정리 제공: 한국현대사사료연구소), 「이불 홑청으로 만든 플래카드-중학생 외아들 잃은 홀어머니의 8년 투쟁기」(『말』 1988. 12.), 『자료총서 12권』, 99~102쪽.

② 그러니까 우리 아저씨를 언제 찾았느냐면 21일 나가셔 가지고 12일만에 찾았거든요. 교도소 울타리에서 암매장 돼 가지고/ (…) 그때는 우리 집 아저씨는 부패가 안 된 상태였어요. 여덟 구 사체가 한 구덩이에 들어가 가지고 제일 밑에 들어서 코도 비뚤어진 상태이고 입도 비뚤어진 상태이고 발은 물에 잠겨져 가지고 뭐라고 할까 흐물흐물해서 하얗게 불어 버렸어요.[66]

③ 군인들이 다 집에 들어와서 저래 다치고 다닌다고 막… 안 죽으려면 나오라고… 총을 그냥 막들이대면서 안 죽을려면 빨리 나오라고 하니까 손들고 나오고 아들들이랑 다 나왔던가 봅니다. 그러니까 저는 그 지하실 속에 있으면서도 아직 나오진 않았지요. (…) 신작로 도랑에 물있는 데가 있거든요. 거기다 탁 엎어져 놨네요. 그런데 보니까 피를 얼마나 쏟았는지 말할 수가 없어요./ (…) 그 동네에서도 우리 아들들만 그런 것이 아니라 팔도 끊어져서 팔도 달아난 사람도 있고요 소도 한집에서 네 마리나 죽으니까 그 아저씨가 그것으로 미쳐가지고 다니면서 낫으로

66) 김옥자 증언, 제145회 국회「5·18광주민주화운동 진상조사특별위원회 회의록」제28호, 대한민국국회사무처, 1989. 2. 22.(수),『자료총서 5권』, 197~198쪽.

내 소 죽인 사람 찔러죽인다고 옷을 벗고 뛰어다니면서 그러고 그러다가 정신과에다가 갖다놓았어도 못 살리고 결국은 죽었네요.[67)]

①에서는 5월 21~22일 사이에 총에 맞아 죽은 아들의 시체를 찾아 수습해 입관하는 과정까지를 진술한다. 어머니는 아들이 총에 맞은 것을 봤다는 청년의 이야기를 듣고 아들의 시체를 찾으러 간다. 아들이 입었던 옷의 색깔과 무늬는 선명하게 기억하고 있지만 아무것도 가지고 있지 않아서 아들이라는 사실을 증명할 방법은 없다. 그녀는 다른 관들 위에 덮인 태극기를 보고서 태극기를 구해 아들의 관을 덮는다. 관을 열어 아들의 몸을 관통한 총구멍을 확인한다. 무고한 죽음을 증명하기 위해서 정확한 시간과 장소, 그리고 죽기 전에 입고 있었던 옷, 몸에 지니고 있었던 물건이 필요하다.

②의 진술은 5월 21일, 군인들에게 끌려간 뒤에 시체로 발견된 남편 안두환의 죽음에 대한 아내의 것이다. 남편은 당시 46세로 보일러 일을 하면서 전남대 정문 앞에서 살고 있었던 평범한 가장이었다. 12만에 교도소 부근에 암매장된 남편의 시신을 찾았다. 암매장된 사체의 상태를 묘사하는 부분과 남편은 시위와 아무런

67) 김금순 증언, 제145회 국회 「5·18광주민주화운동 진상조사특별위원회 회의록」 제28차, 대한민국국회사무처, 1989. 2. 22.(수), 장소: 예산결산특별위원회회의실(145호실), 『자료총서 5권』, 176~185쪽.

관련이 없는 평범한 가장이었다는 점을 강조한다.

③은 5월 24일, 당시 26세였던 아들을 잃은 어머니의 진술이다. 포항에서 회사를 다니던 중 부모님의 안부를 확인하려고 고향집에 온 아들이 친구 2명과 함께 집 근처에서 총살을 당했다. 어머니는 총소리가 무서워 지하실에 숨어 있던 사이에 일어난 아들의 죽음을 직접 목격하지 못했다. 또한 소를 잃은 아저씨가 미친 사람이 되어 동네 사람들을 괴롭혀 피해를 입은 사람들이 여럿이라는 상황을 전달한다. 이 증언에서 마을공동체에 전염된 피해의 상황을 짐작할 수 있다.

항쟁 이후 가족을 잃은 여성들의 증언은 시체에 관한 진술이 중심을 이룬다. 죽어야 했던 이유를 알지 못했던 죽음을 증명하기 위해서는 남겨진 것들을 상세하게 이야기해야만 했다. 동시에, 시위대와 아무런 상관없는 무고한 죽음을 증거하기 위해 가족들이 살아왔던 역사적 배경을 말해야 할 필요가 있었다. 피해자로서 증언한다는 것은 다음과 같이 장황한 '이야기들'을 더 요구한다.

> ① 사람들 틈으로 보니까 우리 애기 옷이 남색에 붉은 바닥이 놔진 무늬의 임신복을 입었는데 그놈이 벌렁 누워 있더라고요. 그래서 이것이 무슨 일이냐고 소리를 지르면서 보니까 왼쪽 귀밑에 피가 어린 것이 한 되 정도나 되는 것이 뭔 훅한 것이 나와 있어요. 뭐 보리밥같은 것이 그러면서 그것을 보면서 애기를 놓고 머리를 드니까 손이 머릿

속으로 폭 들어가버리더라고요.

② 제가 16살 때 6·25를 겪었습니다. 그런데 우리 옆집 아저씨가 아마 어떻게 몰렸던가 봐요. 할아버지인데 (…) 제가 시골 지서에까지 한번 불려간 예가 있습니다. 그런데 정부에서 하지 말라는 짓을 하다가 괜히 사위나 아빠나 무슨 피해가 있을까 싶어서 전연 유가족협회에도 저는 안 나가 보고요.

③ 얼굴 한번이라도 더 볼려고 열심히 내려다보고 있으니까 이렇게 딱 뒤끼는데 눈 하나가 이렇게 커져 버리고 코가 이렇게 되어 가지고 옷이 제가 분홍옷을 입혀서 묻었는데 마포베에서 노랑물이 빠져 가지고 완전히 그것이 주홍색으로 딱 되어 버렸대요.[68)]

8개월된 둘째를 임신하고 있었던 스물네 살의 큰딸이 계엄군의 총에 맞아 사망했다. 어머니의 증언은 ① 딸의 시체를 보았을 때를 회상하는 장면, ② 본인의 가족에 관한 이야기, ③ "검시(檢屍)를 하려고" "23일 갖다가 묻었는데 6월 7일 다시 파라고 연락이

68) 김현녀 증언, 제145회 국회 「5·18광주민주화운동 진상조사특별위원회 회의록」 제28호, 대한민국국회사무처, 1989. 2. 22.(수), 『자료총서 5권』, 208~212쪽.

왔던" 일 등 죽음 이후에 관한 이야기로 되어 있다. 세 갈래의 증언은 오월의 '피해자'라는 사실을 증명하는 한편 그 피해의 범위를 구체적으로 보여준다.

어머니는 임신복을 입은 딸이 시체가 되어 누워 있는 모습을 자세하게 설명한다. 그런 후에 딸의 무고한 죽음을 증명하기 위해서 자신의 가족 이야기를 시작한다. 형체를 알아볼 수 없게 된 시체의 몸과 색깔이 변해버린 옷으로 죽음을 증명해야 했던 장면을 떠올린다. 시간이 지나도 기억은 선명하다. 무엇보다 어머니가 딸의 죽음을 이야기하면서 한국전쟁기의 가족서사를 길게 인용한 것은 그 죽음이 "착실하게 열심히 정부 시책대로" 살아왔던 가족의 것이며 "폭도" "간첩" "빨갱이"의 가족이 아니라는 사실을 증거할 필요가 있었기 때문이었다. 이 증언서사는 오월 이후 유가족들, 광주 시민들에게 폭도, 빨갱이, 간첩이라는 낙인이 지속적으로 작동해 왔음을 보여주는 구체적인 사례다.[69]

시신과 마주한 여성들의 증언은 분절할 수 없을 만큼 긴 문장들이 이어진다. 그것은 사건의 진실을 규명하는 자리에서 쓸모없는 것으로 여겨질 수 있겠지만 피해자로서의 증언에서 요구되는

69) "간첩조사"를 받았던 전옥주의 증언에서 동일하게 반복된다. "우선 첫 번째는 제가 맨 처음 연행 당시에 간첩혐의로 연행됐기 때문에 제 출생부터 얘기하는 것이 도리일 것 같습니다. (…) 저희 집안에 대해 얘기하겠습니다. 왜냐하면, 아직도 일부에서는 저나 제 집안이 불순하다고 생각하지 않을까 해서입니다. (…) 저희 외가나 저희 집은 남달리 국가관념이 뚜렷하다고 말씀을 드리고 싶었기 때문입니다."(전옥주(주부, 5·18 당시 가두방송원), 「간첩누명에 고문까지」(『월간경향』, 1988. 3.), 『자료총서 11권』, 308쪽.)

서사의 형식이다. 남겨진 시체, 죽은 자의 말 없는 입, 그 곁에서 웅성거리는 소리, 시체와 마주한 사람의 절제할 수 없는 몸짓을 통해 피해자라는 사실을 구체적으로 증명할 수 있기 때문이다.

여성들의 증언에서 피해자는 기억된 장면의 '부분'들을 조립하고 '우연'한 죽음이 일어난 사건의 '전체'적인 정황을 설명해야만 하는 위치에 놓인 사람들이라고 할 수 있다. '부분'과 '전체'는 계엄군의 진술에서 피해자로서의 자기 자신을 말할 때에도 핵심적인 사항으로 등장한다.

한편, 국방부의 기록에서는 5월 21일 "폭도들의 난동"을 "일부 제지"하여 이성을 잃은 "깡패·양아치·오염분자가 주동이 된 폭도들"과 "선량한 광주 시민"을 대비시키면서 진압의 정당성을 주장한다.[70] 이런 주장에는 당시 시위대에서 진압해야 할 대상을 선별하는 기준이 담겨 있는데, 광주 시민들 중의 "부분"에 지나지 않는 "폭도들"을 진압하려 했다는 논리가 담겨 있다. 그것은 계엄군의 수기에서 '피해자'로서의 경험을 토로하는 진술들에서 유사하게 반복된다.

먼저 읽어 볼 공수부대원으로 참여한 김치년의 실명 수기는 오월이 16년이 지난 후, 1988년 『월간조선』에서 기획한 특집에 실린 글이다. 그는 1979년 10월 18일 부마항쟁 진압을 성공적으로 수행했고 1980년 5월 20일 새벽에 3공수여단에 소속되어 광주에

70) 「20사단 충정작전보고 국방부 원자료 전문」(『신동아』 1988. 12), 『자료총서 13권』, 163쪽.

투입되었다. 그는 "현지에 투입된 장병들은 정치와 무관했으며" "임무수행"과 "생계유지의 위협 때문에 침묵할 수밖에 없을 것이"라며 "누군가는 피 흘리며 수행했던 일들을 제대로 전해주어야 한다"는 생각에서 광주사태의 경험을 담은 수기를 쓰고자 했다고 밝혔다.[71] 김치년의 수기에서 여성들에 관한 언급과 시위에 대한 인식을 기술한 곳을 중심으로 요약해 읽어 본다.

> ① 우리가 유부녀들을 겁탈한다? 전시와 똑같은 상황에서 대열을 이탈해 그런 행위를 저지른다는 것은 곧 자신의 죽음을 뜻하는 것인데 어느 정신 나간 친구가 대열을 이탈할까. (…) 뒷날 광주사태에서 공수부대원에 의한 성폭행 등 파렴치한 행위가 있었다는 이야기는 피해자들이 예비군복을 입은 사람들을 공수부대원으로 착각한 것은 아니었을까. 필자에게는 당시 교문 앞에서 본 예비군복 차림의 시민군들 모습이 지금도 눈에 선하다.
>
> ② 전남대 정문에서 사망한 사람 중 한 사람은 임신 8개월된 여자로 밝혀졌다. 위협사격한 실탄이 그녀의 목숨을 앗아

71) "광주사태 초기인 18, 19 양일간 과잉진압 현장에 없었다는 저에서 광주사태 전체를 인식하는 데 한계가 있을 수 있음을 전제한다."(편집자 주, 김치년(38세, 당시 3여단12대대 작전병으로 근무, 자영업), 「전투는 있었지만 학살은 없었다/3공수여단 12대대 작전병 출신의 실명수기-'내가 겪은 광주사태'」(『월간조선』 1996. 4.), 『자료총서 11권』, 722~724쪽)

갔을 것이다. 그런데 그녀는 임신 8개월이 된 몸으로 왜 그 아수라장에 서 있었던가./ 그러나 그녀의 죽음을 두고 지금까지 '공수부대원들이 임신한 여자까지 총으로 죽였다'고 주장하는 일은 죽은 자의 시신을 빌려 선전하는 것과 다름없다. 그날 발포한 장병 중 그녀를 인지하고 조준 사격했던 사람은 없다고 믿는다. 그러나 이 일을 두고 언론과 정치인 그리고 대다수 국민들이 공수부대 전체를 잔학한 집단으로 만들었다.

③ 이 싸움은 애시당초부터 이상한 점이 하나 있었다. 시위대에게는 우리가 확실한 적이었지만 우리에게 시위대는 확실한 적으로 다가오지 않았다는 점이다. 흔히 말하는 '일부 주동자'를 제외하고는 시위대 전체에 대한 적대감을 우리는 가질 수 없었다. '일부 주동자'라는 것도 추상적이긴 매한가지였다. 도청 앞이나 전남대 정문에서 우리가 그토록 포위당하고 심리적으로 압박을 받았지만 연발 사격 등 밀집된 시위대를 향해 난사를 하지 않은 것은 진압군 모두의 심리 저변에 상대방에 대한 '인식 보류'라는 여백이 있었기 때문일 것이다./ 시민군 모두가 태극기에 애국가를 부르며 차량돌진을 해 오면 도대체 누가 적인지 알 수가 없었다.[72)]

---

72) 김치년, 앞의 글, 『자료총서 11권』, 728~738쪽.

먼저 그는 군인들이 "유부녀를 겁탈"하고 "성폭행"을 했다는 사실에 대해 다음과 같은 이유를 들어 반박한다. 군인들은 "명령없이는 절대 대응하지 말라. 특히 용공분자가 합세해 더욱 상황을 악화시키고 있으니 모든 지휘관과 장병은 매우 신중한 진압작전을 전개해야 한다."(최세창 준장의 훈시 중 일부, 726쪽)는 지시사항을 따르고 있었기 때문에 군부대에서 이탈하여 겁탈하는 행위를 할 수 없었다는 것이다. 이어서 예비군복을 입은 시민군들이 저지른 일을 비슷한 옷을 입은 공수부대원들로 착각해서 생긴 일이라고 주장한다.

또한 그의 진술에서 주의 깊게 읽을 부분은 총에 맞아 죽은 여성을 바라보는 시선이다. 8개월된 아이를 임신한 여자의 죽음을 언급하면서, 그는 왜 그 여자가 거기에 있었는지에 대해 의문을 던진다. 그 '우연'하게 발생한 죽음을 시민군들이 시신으로 선전을 했다고 말한다. 그의 진술에서는 누가 왜 죽었는지를 묻는 것이 아니라 그때 그 사람이 왜 그곳에 있었는지가 초점이 된다. '우연성'을 강조할 때 죽음에 대한 책임을 묻을 수 없으며, 죽음은 단지 우연한 결과일 뿐이다.

김치년의 수기에서 제기하고 있는 다른 한 가지 의문은 "적"이 확실하지 않았다는 점이다. "'일부 주동자'라는 것도 추상적"이었고 "상대방에 대한 '인식 보류'라는 여백이 있었"다는 것이 그의 분석이다. 따라서 죽음들은 누가 분명한 적인지를 알 수 없는 상황에서 일어난 우연한 일이며 '전체'적인 사태를 조망할 수 없었던 '인식의 한계'에서 비롯된 결과라고 설명한다. 다시 말해, 진압과 학살은 명료하지 않은 적과의 싸움에서 전체가 아닌 부분만을 인식한 것에서 요청될 수밖에 없는 정당한 방어 행위였다. 이것은 수기를 쓰기 시작하면서 "'전두환이라는 사람이 군부의 실세구나' 하는 정도로 생각했지 그가 우리 부대를 지휘한다고는 생각할 수 없었다."(727쪽)고 전제한 것과 유사한 논리이다.

계엄군 병사로서 참여한 김영철은 진술하기에 앞서 자신은 대학생과 다른 위치에 있었다는 것, 그러니까 "우리들은 대학을 나오지 못했고, 사회의 그늘에서 어렵게 생활하고 있는데, 그들은 편하니까 우리를 이렇게 괴롭힌다는 것이 당시 우리들의 일반적인 생각이었다."[73] 시위대 진압은 "어쩔 수 없는 행동이었음도 분명히 밝히고 싶다", 그러나 "증언하는 데에 몇 가지 한계가 있음"을 밝히면서 이야기를 시작한다.

> ① 여기서 내가 광주사태에 대해 증언하는 데에는 몇가지 한계가 있음도 미리 밝혀두고자 한다. 첫째는 내가 지휘관이 아닌 관계로 전체의 상황을 볼 수 없는 한계성을 지녔다는 것이다. 따라서 단지 내 눈으로 본 상황을 중심으로

---

73) 김영철(가명, 5·18당시 광주투입 계엄군), 「입체특집/광주사태를 재심한다. 5·18 광주사태 계엄군 수기-'다 같은 피해자, 참회의 마음을': 광주사태에 투입된 어느 계엄군의 고백」『월간경향』(1988. 3.), 『자료총서 11권』, 320~321쪽.

이야기를 전개해 나갈 수밖에 없다. (…) 지금까지 이야기 한 것이 내가 경험한 광주사태의 전부이다. 만 7년이 지난 지금까지 나의 기억에서 사라지지 않는 사건은 우리 모두가 피해자라고 나는 생각한다. 물론 나의 기억이 바르지 못한 부분도 있으리라 생각되고 내가 본 부분이 전체는 아니기 때문에 다른 각도에서 이야기되어질 수도 있으리라 생각한다.

② (5월 20일, 유언비어를 듣고) 사망자가 있었던 것은 사실이나 당시로서는 1명뿐이었고, 여대생을 연행한 것 또한 사실이나 죽인 일은 없었고, 우리 부대에도 전라도 출신들이 얼마 정도는 있었다. 이러한 사실은 전체를 보지 못한 내가 단정적으로 이야기할 수 있는 문제가 아니라고 생각한다. (…) 우리도 살아남기 위해서는 보다 강한 폭력을 썼다. 총검을 사용하기에 이르렀다. (…) 진압봉 외에 대검이 주어졌다.

③ 순간 나는 내가 살기 위해서는 상대방을 죽일 수밖에 없는 것인가. 누구를 위해 데모를 하고 누구를 위해 우리가 진압을 하고 있는가. 무엇을 위해 싸움을 하고 있는지 심각한 곤혹을 느낄 수밖에 없었다. (…) 우리도 이성을 잃었지만, 시위군중들도 이제는 이성을 잃었구나 하는 생각

을 하니 앞일이 아찔할 뿐이었다.[74)]

김영철의 증언에서는 자신의 진술이 '부분'만을 본 것일 뿐 '전체'를 보지 못한 것이라는 말을 반복한다. 글의 서두와 마지막에서 전부를 증언하지만 전체를 보지 못하고 부분만을 이야기할 뿐이라는 점을 강조한다. 그에게 "적"은 시위하는 사람들 "전체"가 아니라 시민군들 중에서 "주동자"라고 불린 "부분"에 속한 사람들이었다는 주장이다. 그는 유언비어를 듣고 분노했으며, 시민군들이 트럭으로 돌진하는 데에서 생명의 위협을 느껴 살기 위해서 더 "강한 폭력"을 사용했다고 말한다. 물론 이러한 판단이 "전체를 보지 못한" 것이었을 수 있겠지만 군인들의 진압은 이성을 잃은 폭도들의 질주에 맞선 정당한 방위였다는 주장이다.

잘 다듬어진 문체와 명확한 어조로 작성된 계엄군들의 증언에서는 자신들 또한 "광주사태"의 "피해자"이며 "억울"하다는 입장을 반복한다. 또한 "전체"를 보지 못하고 "부분"만을 볼 수밖에 없었고 정확한 "적"을 알지 못한 상황에 있었다고 말한다. 여기에서 피해자란 누구인가라는 질문에 다시 직면한다. 계엄군의 진술에 따르면 피해자란 진압하고 조준사격을 해야 할 "적"을 정확하게 알지 못하고 전체가 아닌 부분만을 보고 명령을 수행한 사람들이었다. 바꾸어 말하면 학살 명령을 내린 가해자는 현장 전체

74) 김영철, 앞의 글, 『자료총서 11권』, 320~326쪽.

를 조망할 수 있는 위치, 시위 현장이 아닌 다른 곳에 있었던 것이다.

1996년 5월, 계엄군 부대원으로 출동했던 6명의 장병들을 인터뷰한 증언록에서 그들은 이렇게 그날과 그날 이후를 떠올렸다.

> "'16년 전 그날 우리는 국가를 위한 임무를 성공적으로 수행했다고 생각합니다. (…) 그때의 자신들의 행동이 한점 부끄럼이 없고 오히려 자랑스러웠다고 증언한다."[75)]

> "85년도하고 88년도에 현장 진압 군인들에게 당시 일기[경험담]를 쓰라고 했다 그래요. 그 사람들이 일기를 다 쓴 거예요. 그러니까 이렇게 써놓으면 어떻게 돼냐 하면서 전부다 고치라고 했대. 그래갖고 고치라고 명령한 놈들이 누구단가."[76)]

그런 한편 계엄군과 공수부대원들의 일기, 수기가 어떤 과정을 거쳐 작성되었고 그들이 작성한 원본에서 어느 곳이 누군가에 의

---

75) 「폭동진압 잘못된 것 없다/광주현장에 있던 공수 특전단 소속장병들」(『한국논단』 1996. 5.), 『자료총서 13권』, 301~328쪽. 이와 함께 '월간조선'에서 "시민군의 대표, 수습위원, 총을 들고 싸웠던 학생, 전투경찰관, 간호원, 시민등 36명으로부터 생생한 증언을 채록"한 기록 참조(『월간조선』 특별취재반 오효진, 조갑제, 조남준, 이춘삼, 권영기, 「'광주'주역 36인의 증언 : 내가 겪은 80년 5월의 광주」(『월간조선』1985. 5.), 『자료총서 11권』, 343~404쪽.)

76) 안성례(당시 광주기독병원 간호감독), 「난자된 생명들을 구하기 위해 혼신을 다해 간호」, 『5·18의 기억과 역사–간호사 편(10), 5·18기념재단, 2020, 134~135쪽.

해 검열을 받아 수정되었는지를 살펴보는 것은 차후의 과제이다.

위에서 간략하게 살펴본 바와 같이, 오월 여성들의 증언을 계엄군들의 그것과 대비시켜 볼 때 '피해자'라는 용어와 그 의미에 대한 인식의 차이가 분명하게 드러난다. '피해자'라는 말을 서로 다르게 규정하는 방식이나 여성들과 관련된 진술을 징후적으로 독해할 필요가 있다.[77] 여러 기록들을 참조해 교차 분석한다면 '피해자'라는 말이 거느린 복잡한 층위를 더 자세히 볼 수 있고, 여성과 계엄군의 여성에 대한 기억과 인식의 차이를 읽을 수 있을 것이다.

4. 전쟁과 일상 : 목격자-전달자

항쟁 기간에 전개된 여성들의 활동 양상에 대해서는 고정희의 글「광주민중항쟁과 여성의 역할/광주 여성들, 이렇게 싸웠다」(1988. 5.)에서 자세하게 읽을 수 있다. 고정희의 기록은 주로 여성의 역할과 활동을 중심으로 서술되어 있는 것이 특징이다.

항쟁 3일째로 접어들면서 "시위대열에는 가정주부·고등학생·

---

77) 부상자들의 상황을 상세하게 기록한 전용호,「광주부상자, 고통의 세월 8년/부상자 동지회를 중심으로」(『월간경향』 1988. 7.),『자료총서 12권』; 2019년 11월 27일에 광주여성가족재단에서 열린『5·18과 여성-5·18 민주화운동 40주년 이후 방향 모색』에 수록된 전용호의 발제문,「5월항쟁과 여성의 투쟁」(1~11쪽)과 정현애의 토론문(19~22쪽) 등을 참고.

노년층을 비롯하여 할머니·술집 접대부·점원·회사원·남녀 근로자·정비공·넝마주이 등 전 계층의 시민이 합세"하였는데, 여성들은 물수건과 치약을 준비하여 최루탄에 눈물 흘리는 시민들에게 나눠주고 빵과 주먹밥을 전달하는 일을 담당했다. 한편 시위 대열에 적극 가담하지 못한 가정주부, 어머니, 젊은 여성들, 황금동 술집 접대부들은 단체로 몰려와 헌혈에 동참했다고 한다.[78] 고정희의 글은 여성들의 다양한 참여 활동을 보여주는 한편 여성들의 활동이 그동안 부각되지 않았던 이유를 짐작할 수 있게 한다.

> 오후 2시쯤에는 나주 방면으로 나간 7대의 버스에 방직공장 여성근로자들이 가득 편승하여 시위대에 합류했다. 누가 누구랄 것도 없이 모든 여성들은 신원을 묻지 않고 각자 처한 처소에서 자신들이 할 일을 찾아 활약했다. (…) 다수의 여성근로자와 여고생이 이때 도청에 들어가 조직편성에 가담했다. (…) 시민군이 등장하면서 여성과 남성의 역할 분담은 말없는 가운데 보다 뚜렷해져 갔다. 남자들이 총을 드는 대신 여성들은 후진에서 필요한 모든 사무절차와 물품보급과 자금확보, 취사조 담당, 유인물 제작과 선전조 담당, 사망자 및 부상자 신원 파악 등을 맡았다. (…) 일하는 동안에는 아무도 신원을 묻지 않는 것이 불문율이었

78) 여성들의 참여 활동은 다음에 자세하게 기록되어 있다. 고정희, 「광주민중항쟁과 여성의 역할/광주 여성들, 이렇게 싸웠다」(『월간중앙』 1988. 5.), 『자료총서 14권』, 410~14쪽.

다. 그럴 필요도 없었고 또 중요한 것도 아니었기 때문이다.[79)]

여성들은 일하는 동안 서로의 신원을 묻거나 확인하지 않는 것을 불문율로 했다. 또한 시민군의 등장으로 남자와 여자의 역할이 분리되어 여성들은 항쟁의 현장에 나서기보다는 보이지 않는 곳에서 지원, 보조하는 역할을 담당했다. 공장 여성 근로자와 여고생들의 조직이 구성되고 역할이 분배되었다. 여고생들은 사망자 명단을 작성하고 신원을 파악하여 방송하는 일을 전담하였고[80)] 여성근로자들은 취사, 사무적인 잡무들을 도왔다. 이외에도 "전남방직과 일신방직 공장 앞에선 여자 직공들" "황금동의 술집 호스티스 같은 여인네들" "양동시장 아줌마들" "주월동부녀회, 양동상인회" 등 다양한 계층의 여성들이 활동했음을 확인할 수 있다.[81)]

그러나, 여성들의 활동은 저항적인 행위를 중심으로 보았을 때에는 중요하게 부각될 만한 일이 아니었으며 신원을 밝히지 않은 다수의 여성들은 기록에 남겨지지 않았다. 여성들에게 오월 항쟁은 전쟁과 같은 일상이 연속되는 것과 다름없었다.[82)]

---

79) 고정희, 앞의 글, 『자료총서 14권』, 413~414쪽.

80) 정현상(동아일보 기자), 「광주민주화운동 가두 방송 두여인/전옥주·차명숙」(『신동아』 1998. 5.), 『자료총서 11권』, 234쪽.

81) 김준태, 「'광주항쟁' 현장일기: 12일간 (1980. 5. 16.~1980. 5. 27.)의 현장목격일기를 중심으로」(『월간중앙』, 1988.5.), 『자료총서 14권』, 220쪽.; 이준수(본지기자), 「노동자는 항쟁에 어떻게 참여했나」(월간 『노동자』 1989. 5.), 『자료총서 14권』, 239~240쪽.; 이수애, 「광주민중항쟁과 여성의 삶: 여성의 눈으로 삶읽기」(『여성문제연구』(목포대, 1996. 5.), 『자료총서 18권』, 606~630쪽 등을 참조.

82) 정현애 증언, 제145회 국회 「5·18광주민주화운동 진상조사특별위원회 회의록」

여성들은 죽음의 순간이 임박하는 상황에서 "냄새(피 냄새, 땀 냄새, 시체 냄새)가 펄펄 나도 밥을 해야 하는" 것, "아무튼 닥치는 대로 일을" 해야 했다. 그것은 "숭고한 역사를 이끌어 갔던 사람들"에게 응답하는 방식이었다. 하지만 전두환 정권 시기에 "밥했다는 소리도 못" 하고 살았다.[83] 항쟁 당시에 연속되는 일상의 경험은 이후 역사와 현실을 인식하는 틀을 바꾼다. "법이 정말 있을까." "갱생원 애들이 법정에 섰을 때"의 "충격", "법"과 "죄", "나라"와 "역사"에 대한 "생각"들이 다채롭게 전개된다.[84]

여성들의 참여 활동은 매우 다양했지만 신원을 밝히지 않는 여성들이 많았고 이름이 없는 여성들의 활동은 거의 기록에 남지 않았다. 오월 광주의 여성들은 시민군, 투사, 혁명가, 열사라는 이름보다는 소녀, 여학생, 여고생, 아줌마, 부녀자, 간호원, 황금동 접대부, 술집여자들, 양동시장 아줌마들 등과 같이 구체적인 호칭으로 불렸다. 빈민, 넝마주이, 부랑아, 행려병자, 방직공장 노동자 등에도 다수의 여성들이 포함되어 있었다. 다음과 같은 자료들에서 항쟁의 주변에 있었던 여성들, 증언자로서의 여성들의 역

제30호, 대한민국국회사무처, 1989년 2월 24일(금), 『자료총서 5권』, 362~363쪽.; 홍성표 일지·메모/안길정 기획·집필, 『호텔리어의 오월 노래–광주관광호텔에서 본 5·18』, 빨간소금, 2020, 113쪽.

83) "우리는 냄새(피 냄새, 땀 냄새, 시체 냄새)가 펄펄 나도 밥을 해야 하는 거야. (…) 아무튼 닥치는 대로 일을 한 거제."(윤청자, 『광주 여성』, 116쪽.); "전두환 정권이기 때문에. 5·18하면 사람들이 쉬쉬해 버렸제. (…) 그 당시에는 누가 찍소리도 못 해요. 밥했다는 소리도 못 해요."(하문순, 『광주 여성』, 98쪽.)

84) 이 부분은 『광주 여성』(2012)에 실린 증언에서 오월 이후의 인식의 변화를 보여주는 대목들을 엮은 것이다.

할을 추가해 볼 수 있다.

「시민전화」 1980. 5. 30. 23:40/ 의견 : 도청 앞 분수대를 정지시켜 달라/지금 우리 광주 시민은 그 어느 때보다도 숙연한 자세로 영령들에 넋을 위로해주어야 할 시점에 전국으로 방송되는 메스컴을 통하여 도청 앞 분수대를 화면에 보이며 옛전으로 돌아왔다는 보도를 할 적에 한 광주 시민으로서 마음 아픈 일이었습니다. 당분간만이라도 도청 앞 분수대를 정지시켜 주시기 바랍니다./ 전화자: 35세 가량 여자[85)]

–일신방직 회색빛 제복을 입은 20세 가량의 여자와 25세 가량의 남자가 숨을 헐떡거리면서 상황실로 뛰어들어왔다. 두사람의 얼굴과 옷에는 핏자국이 얼룩져 있었고 여자는 손과 얼굴이 긁혀져 피가 뭉쳐 있었다. 두 사람은 통곡하면서 빨리 남평으로 가자는 것이었다. 얼굴이 창백해진 여자는 버스를 타고 목포로 갔다가 나주를 거쳐 광주로 오는 도중 한두재에서 매복해 있던 계엄군으로부터 무차별 총격을 받고 트럭과 버스에 타고 있던 대부분의 사람들이 죽고 부상당했으니 구하러 가자는 것이었다. 두 사람은 산길을 타고 도망쳐 나왔다고 하였다.[86)]

85) 전라남도, 「행정기관 소장문서중 광주사태 부상자 관련 문서들: 광주사태부상자 치료대책」, 『자료총서 22권』, 2000, 156쪽.

86) 박남선, 수기 「광주 시민은 왜 총을 들었나/수기특집. 광주 그날의 유산」(『월간경

위에서 보듯이 5월 30일 기관에 전화를 걸었던 여자, 계엄군의 무차별 총격 사건을 알리기 위해 상황실로 뛰어 들어왔던 여자, 항쟁 당시에 일어난 일들을 목격한 후에 의견을 제안하고 사건을 전달하는 여자들, 소문을 내는 여자들은 시위의 현장을 '목격'하고 '전달'하는 역할을 했던 또 다른 증언자들에 속한다. 그때 그곳에서 일어난 일들을 직접 목격한 사람, 그곳에서 벌어진 일들을 전달받고 다시 전달하는 사람, 목격한 장면을 보존해 이야기로 전승하는 자들은 유인물, 통신매체를 대신하는 역할을 했다고 할 수 있다.[87)]

직접 눈으로 보지 않으면 믿지 않는 사람들에게 학살을 증언하기 위해서는 '눈'으로 본 것을 다시 이야기하고 전달해야 한다. 따라서 현장을 목격한 후에 직접 눈으로 보지 않으면 믿지 않는 사람들에게 목격한 사실을 전달하는 역할을 했던 여성들 사이에서 떠도는 입말들 또한 오월의 기억을 형성해온 중요한 증언 자료들이다. 이 '목격자-전달자'는 그동안 오월 항쟁에 관한 여성들의 기록에서 그다지 주목하지 않았던 증언자들이라고 할 수 있지만,

---

향』 1988. 4.), 『자료총서 11권』, 70쪽.

87) "그때는 다른 통신이 없었어요. 입이 다 통신이 됐죠. 이게 사실인지 아닌지 모르지만, 입에서 입으로만 전달이 되었고 모든 방송에서는 다른 이야기만 하고 언론이 통제되니까 유인물이나 사람들의 소문이 언론이 된 거죠. 나중에 광장에서 발언하고 이런 거 할 때는 여자 분들이 많이 했어요."(정미례, 『광주 여성』, 322쪽.); "집으로 갔더니 난리였죠. '어디서 누가 죽었네' 하고 소문도 엄청 나요. 그래 갖고 영숙이 언니랑 날마다 나갔죠. 우리가 다 목격을 해야 한다고."(박정자, 『광주 여성』, 174쪽.)

오월 여성 아카이브 작업에서 간과할 수 없는 증언자들이다.

또한, 오월을 경험한 여성들의 증언에서 읽을 수 있는 다층적인 자기서사는 항쟁 참여 활동을 중심으로 기술해온 것과 다른 방향에서 다양한 기억들을 보충한다. 여성들의 증언은 억울하고 무고한 가족의 죽음을 증거하기 위한 증언인 한편, 전쟁세대에게서 들은 전쟁과 분단의 이야기를 함께 전달하고 있다는 점에서도 의미가 있다.

오월 여성들의 구술증언에서 "전쟁"은 단순한 비유가 아니라 역사적 트라우마가 보존, 전승된 흔적이면서 오월 현장에서 역사와 현실을 동시에 해석하는 매개로 자리해 왔다. 오월의 학살이 한국전쟁보다 더 잔인하다고 말할 수 있는 것은 한국전쟁을 직접 경험한 세대들에게서 '전승된 이야기'를 통해서 오월의 현장을 해석했기 때문이다.[88)]

분단의 트라우마를 간직하고 살아온 여성들의 자기서사에서 광주 오월은 일상을 더 이상 유지할 수 없게 만드는 사건, 그것은 전승되어온 이야기 속의 분단과 전쟁을 대신 경험하는 일과 같이 다가왔던 것이다.

---

88) "(한국전쟁 즈음에는) 반란군들이 (…) 그때 시상에는 법이, 지금 같은 법이 아니고 무법이었어, 무법. 일본 난리 지냈지, 인민군 난리 지냈지. 말도 못하게 고생만 했어요."(김막님, 39쪽.); "할아버지들 하시는 말씀이 자기들은 '일제시대도 겪었고 6·25도 겪었지만 이렇게 백주 대낮에 사람을 저렇게 때려죽이는 거는 처음 봤다.'"(박정자 증언, 173쪽.); "어머니는 전업주부셨고, 아버지는 동복면사무소 부면장을 지내셨어요. 그러다 6·25가 나면서 인민군에게 잡혀가셨죠. 나중에 인민군이 후퇴하면서 화순 저수지에서 애국지사 여럿을 죽였는데 그때 희생당하셨어요."(오경자, 『광주 여성』, 226쪽.)

이 글에서 미처 언급하지 못한 부분이지만, 여성들의 증언들 중에는 가족을 잃고 난 후 생계를 유지하기 위해 고생을 했던 일상의 경험들이 상당한 분량을 차지한다. 그 이야기들은 오월에서 한국전쟁의 기억을 상기시킨다. '목격자-전달자'로서의 여성 증언자들을 포함해 '전쟁과 같은 일상'의 이야기들, 오월의 기억에서 상기되는 한국전쟁의 트라우마 등은 저항과 활동 중심의 역사 서술과 기록에서 누락된 오월 여성들의 다채로운 일상의 서사와 이야기들을 복원하는 작업이 요구된다.

5. 외국인과 모국어 : "증인이 된다는 것"

40년이 지난 지금 오월의 기억 속으로 들어가려면 다층적인 시선과 다면적인 접근을 요구한다. 앞서 광주 항쟁에서 여성에 관한 기억들을 전사하기 위한 다양한 방법들을 일부 자료들을 사례로 들어 살펴보았다. 위치와 각도, 방법을 다르게 하면 기록에 남겨지지 않았던 다수의 여성들을 드러낼 수 있으리라 기대한다.

전혀 상관이 없는 것처럼 보일 수 있겠지만, 오월 여성들은 1980년 당시에 광주의 안과 밖에 있었던 외국인의 시선에서도 포착된다. 당시 행정기록을 보면 '외국인 신변 보호'에 관한 사항을 확인할 수 있다. 특히 일본인 거주 현황은 매우 상세하게 정리되어 있다.[89] 그들에겐 '외국인'이라는 표식이 학살의 현장에서 보호받을 수 있는 특권이 있었다. 비교적 안전하게 보호를 받으면서 오월의 현장을 지켜본 외국인들의 기록에서는 가족을 잃은 여성들, 계엄군의 증언에서와 다른 느낌을 전달하며 가시화되지 않은 여성들에 대한 기억을 들려준다.

기자, 목사, 평화봉사단원 등 다양한 직업을 가지고 있던 외국인들이 목격한 광주의 거리의 풍경들은 (외국어를 한국어로 번역하는 과정에서 생겨난 것일 수도 있겠지만) 잔인한 장면들은 간접화되어 전달된다. 외국인의 증언에서 몇 부분만 인용해 본다.

① 군인들이 "공원에 남녀학생 시체들의 발을 묶어 거꾸로 매달아 놓았다는 것"이나 "감금되어 속옷만 입은 채로 곤봉으로" 맞은 여성들에 관한 일, "시위대를 총검으로 찌르고, 여자들의 유방을 자르는 등"을 자행했다는 "더 끔찍한 이야기"를 다시 들을 수 있다.[90] ② 광주 살고 있었던 미국 평화봉사단원들이 구타하는 군인들을 말렸을 때 외국인은 때리지 않고 피했다고 진술한다.[91] ③ 일본인 기자는 5월 27일, 도청앞 광장에서 전차를 세워놓고서 군인들이 군가를 부르던 장면을 "물끄러미" 바라보았던 것을 기억한다.[92]

---

89) 발신 : 전남북 계엄분소장/수신: 광주 목포 시장/제목 : 외국인 신변 보호, 「전언통신」, 『자료총서 22권』, 101쪽.)

90) 필립 퐁스, 「외국인이 증언하는 80년 5월 광주: 광주사망자 3백 명은 넘는다」(『신동아』 1989. 5.), 『자료총서 11권』, 529쪽.

91) 아놀드 피터슨, 정동섭 번역(대전침례신학대학 교수), 「피터슨 목사의 광주 증언록/내가 겪은 광주, 80년 5월」(『사회평론 길』 1995. 5.), 『자료총서 11권』, 549쪽.

92) 풍간공일(風間公一), 「일인(日人) 사진기자의 현장 목격기」(『신동아』 1985. 7.), 『자료총서 11권』, 250쪽.

외국인들의 증언에는 직접 목격한 일들, 들었던 이야기들, 그리고 각자 다른 입장에서 오월의 거리를 바라보았던 기억들이 포함되어 있다. 계엄군과 시민군, 그 어느 편에도 '완전히' 포함되지 않았던 외국인들의 증언기록은 새로운 사실을 알려주는 것도 아니며 항쟁을 자세하게 분석한 보고서도 아니다.

외국인의 기록에서 주의 깊게 볼 대목은 생명을 지닌 인간이 죽음의 공포 앞에 붙들려 있을 때의 혼란스러운 감정, 타인의 죽음을 마주한 순간에 떠안게 된 삶과 죽음에 관한 고뇌, 증언과 책임에 관한 문제들이다. 아무런 이유 없이 그 자리에 있다는 것만으로도 어떻게 항쟁의 물결 속으로 휘말려 들어갈 수 있고, 그런 경험이 어떤 감정과 생각을 일으키고, 실천적 행위를 요구하는지를 보여준다.

폴 코트라이트의 회고록 『5·18 푸른 눈의 증인』(2020)은 평화봉사단원으로 파견되어 나주 호혜원에서 한센인들을 돌보는 일을 담당하면서 겪은 오월 이야기다. 회고록은 날짜와 요일을 정확하게 기입하고 항쟁 당시의 에피소드들을 중심으로 서술되어 있다. '외국인'이라는 사실은 현장과 거리를 두면서 자기 자신을 보호하는 수단이 된다. '푸른 눈'의 외국인은 군인을 상대로 싸울 수는 없었지만 "동그란 눈의 외국이라는 무기를 가지고 있었다"는 사실 때문에 죽음의 순간을 피할 수 있었다. 그래서 "'푸른 눈'의 외국인임을 애써서 강조했다."[93]고 기록한다.

외국인의 위치에서 어떻게 그날을 증언할 것인가. 폴의 노트에는 당시 항쟁에서 외치던 구호들이 한국어로 적혀 있다. 누군가에게 목격한 사실을 전달하기 위해 편지를 써 보지만 모든 것을 편지와 일기에 기록할 수 없다. 말할 수 없는 사태를 목격한 후에 "모국어로 말하고 싶은 욕망이 살아났다."(87~88쪽)고 진술하기도 한다. 푸른 눈을 가진 그에게 모국어로 말하고 싶다는 욕망이 생겨나고 오월 광주를 기억하고 쓰게 한 것은 "증인이 된다는 것은 어떤 의미를 가지는 것일까?"라는 질문이다. 그것은 학살의 장면을 증언해달라는 한국인 할머니의 "명령"과 같은 당부에서 비롯된 것이다.

> "한국 사람들은 지금 우리 목소리를 낼 수 없어요. 세상 사람들은 이 나라 군인들이 우리에게 어떤 일을 저지르고 있는지 모르고 있어요. 미국인인 당신이 증인이 되어 우리를 대신해 세상 사람들에게 우리의 사정을 알려 주세요."/ 할머니는 부탁이 아니라 명령이었다.[94)]

폴이 기억하고 있는 한국인 할머니의 말을 의미를 이렇게 분절해 이해할 수 있다. 한국 사람들은 목소리를 낼 수 없다는 것(외국인의 증언 필요성과 이유), 군인들이 무슨 일을 저지르는지

---

93) 폴 코트라이트, 『5·18 푸른 눈의 증인–폴 코트라이트 회고록』, 최용주 옮김, 한림출판사, 2020, 65~67쪽.
94) 폴 코트라이트, 앞의 책, 70쪽.

를 모르고 있는 사람들에게 알려 주라는 것(증언의 내용과 역할), 한국인이 아닌 미국인인 당신이 "대신해" 말해줘야 한다는 것이다.(증언자의 위치)

폴의 회고록은 한국 할머니에게서 부여받은 '증언자'로서의 "명령"을 충실하게 수행한 기록이었다. 한국인 할머니의 요청에 대한 응답이자 모국어로 표현하고 싶었던 두려운 기억이었다. 외국인의 위치에서 "증인이 된다는 것"은 자신이 수행하고 있는 일을 알지 못하고 자신이 겪고 있는 일을 스스로 말할 수 없는 사람들을 대신해 말하는 것이었던 셈이다.

외국인이라는 증언자의 위치는 40여 년이 지난 지금, 1980년 오월의 경험과 그 이후의 기억들을 기록한 증언, 문서, 사진 등 여러 유형의 자료들에서 희미한 존재로 남아 있는 오월 여성들을 다시 떠올리게 한다. 그녀들의 '모국어'라고 할 수 있는 사투리, 속엣말, 입말에 실린 오월 여성의 기억과 서사, 입가에 떠도는 말들이 거느리고 있을 역사적 진실을 촘촘하게 새겨넣는 아카이브 작업들이 필요하다.

오월 여성들의 증언과 기억은 말이 되지 못한 소리들, 맞춤법과 띄어쓰기가 되지 않는 파괴된 문장들, 우연하게 발설되고 누설된 이야기들, 말줄임표로 된 침묵의 행간, 손짓, 발짓, 몸짓들에서도 찾아질 수 있을 것이다. 말해지고 있었으나 듣지 못한 여성들의 이야기를 지속적으로 옮겨적는 일, 시각적인 기억과 청각적인 기억을 함께 아카이빙 하는 작업이 이루어지길 기대한다.

오월 이후에, 여성은 성별로서 여성을 가리키는 호칭인 것이 아니라 여성의 위치에 놓을 수 있는 다른 것들을 대신에/동시에 가리키는 이름으로 기억된다. 여성이 살아온 그 자리를 공장 노동자, 접대부, 부랑아, 외국인, 호텔, 병원 등 증언자의 위치와 공간을 달리하면서 전사해 보는 방법으로 무한한 기억의 판본들을 만들어갈 수 있을 것이다. 향후 연구할 과제로 남겨둔다.

3장

재난 이후 인문학적 실천 : 세월호의 '바람'에게

1. 바람이 불어올 때마다

2020년 4월, 이 글을 쓰면서 2014년 4월 16일 '진도 여객선 침몰' 소식을 전하는 신문기사를 다시 펼쳐본다. 짧은 보도문에 적힌 글자들을 따라 그날 아침에 일어난 일들을 되감는다. 세월호 참사를 목도한 사람들에게는, 가라앉은 배 안에서 살아 돌아오지 못한 얼굴들을 아직 잊을 수 없다는 사실이 결코 치유될 수 없는 트라우마로 남아 있다.

시간이 지날수록 더욱 선명해지는 것은 침몰하기 직전, "전화기 너머에서 들려왔"던 "바람 소리"다. 그것이 세월호 이후 덧없는 시간이 흐를수록 여태껏 남겨진 아픔의 실체를 증언한다.

자녀들과 연락이 닿지 않은 부모들은 학교로 달려가 오열했다.

사고가 나기 전인 오전 8시쯤 아들 이승민(17)군과 통화했다는 B 씨는 "전화기 너머에서 바람 소리가 크게 들려왔다. 아들은 '아직 배에 있다'고 했고 잘 다녀오라는 말만 해줬다"며 "이후 연락이 닿지 않아 너무 무섭다"고 흐느꼈다.[95)]

사고가 나기 전, 전화기 너머에서 들려온 몇 마디의 말들과 그 주변을 감싸고 있던 바람 소리. 그것들은 여전히 웅성인다. "바람"이 불어올 때마다 우리 곁에 없는 목소리와 얼굴들이 떠오른다. 그날 이후 애도와 추모의 물결이 이어졌다. '세월호 추모곡' 중의 일부를 옮겨 본다.

> 나의 사진 앞에서 울지 마요 나는 그곳에 없어요/나는 잠들어 있지 않아요/나는 천 개의 바람 천 개의 바람이 되었죠/저 넓은 하늘 위를 자유롭게 날고 있죠[96)]

> 별들 아래서/상처가 있는 곳에 위로와/아픔이 있는 곳에 용서를/기억 속에 모두가 사라진다 해도/바람이 잠든 곳에서 기억하겠소./당신의 이름을[97)]

---

95) 「[진도 여객선 침몰] 배에서 온 전화 "엄마, 반쯤 잠겼는데 바다밖에 안 보여"」, 『국민일보』, 2014. 4. 16.
96) 세월호 추모곡 「천 개의 바람이 되어」(2014)
97) 세월호 추모곡 「바람이 잠든 곳」(2018)

이 세상에 없는 "나는" 지금 "천 개의 바람"이 되어 "자유롭게 날고 있"다고 말한다. 그런데 "나는" 살아남은 자들이 죽은 자들에게 붙인 이름이다. 그것은 산 자들이 죽은 자들에게 건네는 자기위안의 표현일 뿐이다. "당신의 이름"은 아무리 "위로"와 "용서"를 다한다 해도, 결코 돌아올 수 없는 것이다. "바람이 잠든 곳에서 기억하겠"다는 말은 바다 밑으로 가라앉은 자들을 위해 살아남은 자들이 할 수 있는 말, 기약 없는 다짐에 불과하다.

세월호 참사로 딸을 떠나보낸 이선미(단원고등학교 2학년 10반 고 김주희 양의 어머니) 씨가 페이스북에 공개한 사진[98]

2015년 9월, 세월호 안에서 찍힌 한 장의 사진이 '세월호 속 마지막 사진'으로 공개되었다. 바깥에서 상상한 배 안과 다르게, 사진 속의 배 안에는 적막감이 흐른다. 기울어진 배 안에 갇힌 채 바깥에서 구조대원들이 곧 올 거라고 믿으면서 기다리고 있는 사람들을 상상한다. 어두운 사진에 찍힌 얼굴 표정은 잘 보이지 않

98) 「"어두컴컴한 바다뿐" 세월호 속 마지막 사진」, 『국민일보』, 2015. 9. 4.

는다. 유리창 밖을 채운 녹색이 그곳이 바다 안으로 서서히 침몰하는 배 안이라는 것을 짐작케 한다.

저 사진은 안과 밖의 감각을 이전과 다르게 만든다. 우리는 오직 사진을 바라보고 있는 곳에서만 그들과 함께 있을 수 있다. 그날, 저 멀리서 침몰하는 선박을 그저 바깥에서, 화면을 통해서 바라보고만 있었던 사람들은 사진 앞에 있는 순간에만 배 안에 있는 사람들과 함께할 수 있다. 이제는 이 세상에 없는 그들의 자리에 '우리'가 서 있는 것이다. 사진을 바라보고 있는 그 자리는 '누구'의 자리도 될 수 있는 것이다.

고백하자면 사실 이 글은 저 한 장의 사진과 마주치지 않았다면 시작할 수 없었다. 그리고 나는 세월호 안에서 찍힌 마지막 사진에서 1980년 광주를 생각했다. 5·18 당시 바깥과 단절된 외로운 섬, 광주에서 외부와 연락이 차단된 채 무참하게 학살당한 시민들의 얼굴이 겹쳤다. 세월호가 5·18 광주를 다시 불러낸 것이다.

세월호의 트라우마는 미디어를 통해 빠른 속도로 전염되었고 사건 직후 무엇인가를 하지 않으면 안 된다는 인식을 긴급하게 촉구했다. 물론 세월호 참사가 일어나기 전에도 재난에 대한 인문학적 성찰들은 적지 않게 이루어졌다. 특히 '재난, 폭력, 증언'은 본 논문의 주요한 출발점이자 연구 대상이다.[99] 세월호 참사 이후 아

99) 조선대학교 인문학연구원 이미지연구소에서 출간한 『폭력 이미지 재난』(앨피, 2012)은 "재난과 폭력을 근본적인 사유의 대상, 곧 '문제'로 삼아 '본원적'으로 사유한 성과들"을 수록하고 있다. 책의 서문에서는 재난과 폭력의 시대를 "벤야민

우슈비츠, 1980년 광주, 1986년 체르노빌 원자력 발전소 폭발 붕괴, 2011년 후쿠시마 쓰나미, 2014년 세월호 참사, 그리고 그 밖의 다른 재난들이 연대기적 순서와 무관하게 상기되면서 인문학의 쟁점으로 부상했다는 점을 주목할 필요가 있다.

이 글의 소박한 목적은 세월호 이후 인문학의 영역에서 어떤 쟁점들이 제기되어 왔는지를 세월호 전과 후에 출간된 몇 편의 논문과 저서, 매체 등을 중심으로 살펴보는 것이다. 이를 통해 부족하게나마 세월호 이후에 제기된 인문학적 성찰의 지점들을 드러내 볼 수 있길 기대한다.

세월호 사건이 일어난 이듬해에 출간된 『팽목항에서 불어오는 바람』(2015)은 인문학자들이 무엇을 어떻게 고민해야 할 것인지를 다양한 목소리로 전하고 있어 눈길을 끈다. 여기에서 제기된 것들은 이전과 완전히 다른 논의이거나 새로운 주장은 아니다. 그러나 주의 깊게 볼 것은 세월호 이후에 생명, 폭력, 인간, 증언, 애도, 공감 등에 대한 사유가 더욱 예민한 논점이 되고 있다는 것이다. 몇 부분만을 간추려 인용해 본다.

과 아감벤의 표현을 빌려, 어쩌면 우리는 항상적 재난 상태, 항상적 폭력 상태, 곧 '예외상태' 속을 살아간다고 말해도 무방할 것이다."(6쪽)라고 진단한다. 지금 우리 사회에도 그와 동일한 진단을 내릴 수 있을 듯하다. 또한 "기억-정동의 문제", "제3자의 증언과 이야기", "저널리즘의 역할", 그리고 "무젤만과 증언의 윤리"에서 '증언'의 가능성과 불가능성을 탐색하고 있는 글들은 민주주의와 증언의 문제를 인문학적 관점에서 다루고 있다.(임경규 외, 『민주주의 증언 인문학』, 앨피, 2018)

4·16 참사, 1년을 맞는 날도, 그 이튿날도 또 그 이튿날도 우리는 304명의 소중한 생명이 어둡고 차가운 바닷물 속에서 시어져간 저 팽목항, 그곳에서 불어오는 바람과 마주해야 한다. 괴물적인 것에 자칫 익숙해질 몸과 귀를 씻어내기 위해서라도. 그래서 가만히 있지 않기 위해서.[100)]

세월호 사건 이후 우리에게 도래한 무수한 낯선 얼굴은 우리에게 비로소 '인간이란 무엇인가'라는 질문에 강제적으로 대면하도록 이끈다. 나는 이렇게 학살이라는 사건 이후 도래한 '인간이란 무엇인가'에 대한 질문과 탐구에 이르는 방법을 파시즘의 경험과 생존자들의 정동에 대한 기록들로부터 조심스럽게 얻어내고자 한다.[101)]

공감 능력은 분명 '인간적'이지도 '보편적'이지 않고, 이념과 정치적 태도와 고난에 처한 대상과 하는 '접촉'의 넓이·강도에 영향받는 허약한 것이며, 공감은 그러한 접촉을 향한 노력이 있을 때만 생겨나는 '준-인위적인 것'이라 했다. 노력이 필요한 것이다.[102)]

---

100) 홍세화, 「여는 글」, 『팽목항에서 불어오는 바람』, 현실문화, 2015, 5쪽.
101) 권명아, 「사건 이후의 인간학」, 『팽목항에서 불어오는 바람』, 앞의 책, 45~46쪽.
102) 천정환, 「애도의 한계와 적대에 대하여」, 『팽목항에서 불어오는 바람』, 앞의 책, 216쪽.

바람이 불어올 때마다 "그곳에서 불어오는 바람과 마주해야 한다"는 사실이 고통스럽다. '팽목항에서 불어오는 바람'은 도무지 말로 설명할 수 없는 "괴물적인 것"을 바깥으로 드러낸 사건이었기 때문이다. 세월호 침몰을 지켜봤던 우리는 어떤 "공통"의 기억을 간직하면서 "인간이란 무엇인가"라는 근본적인 물음 앞에 다시 서게 되었다. 또한 타인의 고통을 나누는 "공감 능력"이란 그냥 주어지는 것이 아니라 "노력"을 통해서만 얻을 수 있다는 것을 체득하게 된 것이다.

고통과 기억은 동일한 형태를 지니며 움직인다. 지금의 고통은 다른 시공간의 기억들과 접속한다. 2014년 세월호 참사는 2011년 일본 후쿠시마의 쓰나미를 다시 떠올렸고 그 아픔의 결들은 분단과 전쟁, 유신독재, 1980년 광주 5·18광장, 1994년 성수대교, 1995년 삼풍백화점 붕괴, 2003년 대구지하철 참사, 2004년 이후 사스, 조류독감, 광우병, 인플루엔자 등 감염병, 2009년 용산 참사 등 한국사회에서 일어난 다양한 재난들로 번져 나갔다.

이 사건들의 차이를 명료하게 분절하고 그 동일성과 차이를 가늠하는 것도 중요하지만 서로 다른 기억들을 접속하게 하는 힘이 고통의 강도에서 비롯된다는 점을 기억해둔다.

이처럼 다른 시공간에서 일어난 사건들을 하나의 망으로 연결하는 사유 방식은 어디에도 머물지 않으면서 어디에도 머물러 있는 '바람'의 본질을 닮아 있다. 세월호 사건이 일어나기 전에 출산

된 『후쿠시마에서 부는 바람』(2012)은 후쿠시마의 재난을 동아시아라는 경계를 넘어 세계적인 시야에서 다루어야 할 필요성을 제안한다. 후쿠시마에서 불어온 바람이 야기한 사유와 감각의 변화는 단조롭지 않다. 조정환은 후쿠시마에서 부는 바람이 일으킨 "분열효과"에 대해 이렇게 쓴다.

> 후쿠시마에서 부는 바람은 모든 사람을 죽게 할 방사능 바람과 새 생명을 움트게 할 변혁의 바람, 재앙의 바람과 혁명의 바람, 죽음의 바람과 사랑의 바람, 몰락의 바람과 전환의 바람이라는 두 가지 성격을 동시에 갖는다.[103)]

> 3·11은 이미 수많은 사람들과 동식물들을, 즉 생명체들을 죽음에 이르게 했을 뿐만 아니라 향후 천문학적인 시간 동안 누출된 방사능으로 생명체들의 대규모 죽음을 예비하고 있다. 이 점에서 3·11은 분명히 현대 자본주의가 품고 있던 위험, 재난, 죽음의 경향의 분명한 현현이며 구체화이다. 우리가 히로시마와 나가사키에서 보았던 피폭-이미지는 생명의 정지, 운동의 정지뿐만 아니라 시간도 정지되는 한순간의 이미지를 또렷이 드러내준다. 그런데 후쿠시마에서의 피폭은, 히로시마/나가사키

103) 조정환, 「혁명과 재앙 사이의 후쿠시마」, 『후쿠시마에서 부는 바람』, 갈무리, 2012, 15~16쪽.

> 에서의 피폭과는 달리 일순간의 폭발적 정지와 죽음이 아니라 서서히 진행되는 영구적인 죽음의 이미지를 떠오르게 한다. 접근금지구역 선포, 방향을 잃은 이주행렬, 곳곳에 나뒹구는 시체들, 황폐해진 마을과 황량한 벌판, 쓰러져 신음하는 동물들, 초점을 잃은 허망한 눈빛……, '무기력'이란 바로 이런 것을 표현하기 위한 말일 것이다. 그것은 행동할 능력의 축소와 상실을 표현한다.[104)]

조정환에 따르면 후쿠시마에서 불어오는 방사능 바람은 "낡은 체제를 대체할 새로운 운동의 가능성을" 일으킨 사건으로 기억된다. 그 바람은 "위험, 재난, 죽음"이 드리운 현대 자본주의에 잠재된 문제점들을 가시화 했다. 한편 후쿠시마의 피폭은, 히로시마/나카사키에서의 피폭과 달리 "서서히 진행되는 영구적인 죽음의 이미지"와 "무기력"이라는 감정의 표지를 남겼다고 분석한다. 자본주의 체제는 재난으로 인한 위기의 상황을 활용한다. 즉 "재앙과 죽음이 불러일으키는 부정적인 인지적 반응들(무기력, 공포, 공황, 두려움 등)에 충동–이미지들(애국심, 인종주의, 순종적 태도 등)을 부여하고 그것을 특정한 방향의 행동으로 이끈다."[105)]

이처럼 후쿠시마의 바람은 죽음의 이미지와 혁명의 가능성을

104) 조정환, 「인지자본주의와 재난자본주의 사이에서」, 앞의 책, 127~128쪽.
105) 조정환, 「인지자본주의와 재난자본주의 사이에서」, 앞의 책, 132쪽.

품고서 국가 체제와 자본주의의 문제를 근본적으로 사유하게 하는 매개로 작용했다.

재난은 평온한 일상에 예기치 않게 출현한다. 시체들을 삼킨 바다, 흔적 없이 사라진 몸들은 바람의 빛깔과 냄새를 바꾼다. 재난 이후의 충격과 전율은 예기치 못한 재난들이 우리 사회에 잠재된 모순들을 한꺼번에 드러낸 곳에서 비롯된다. 재난이 지닌 급진성은 그것이 일회성의 사건으로 끝나는 것이 아니라 역사, 정치, 미학에 대한 사유와 감각을 전환하는 과정에서 찾을 수 있다.

이제 "'무엇을 할 것인가'의 감각을 회복하는 것"은 우리에게 남겨진 과제 중의 하나다. 이는 『후쿠시마 이후의 삶』(2013)[106]에서 제기하고 있듯이 3·11 이후에 다시 "과거사 문제, 원폭, 원전, 전쟁과 평화의 문제를 이야기하면서" 원전 문제를 "민주주의에 대한 성찰과 연결해 사유하는 일"과 다르지 않다.

후쿠시마와 세월호, 세월호와 후쿠시마의 교차점은 바람에 대한 상상력을 확장해 우리의 사유와 감각을 넓고 깊게 만든다. 후쿠시마의 바람이 세월호의 바람과 마주하면서 우리가 느낀 공포는 단지 방사능 원전과 지진 쓰나미에서 비롯되는 것만은 아니었다. 그날들이 가져다준 두려움은 이전에도 그와 흡사한 재난의 경험과 기억이 있었고 지금 어딘가에서도 그와 유사한 상황이 발생

---

106) 한홍구·서경식·다카하시 데쓰야, 좌담집 『후쿠시마 이후의 삶』, 이령경 옮김, 반비, 2013. 이 좌담집에 실린 한국과 일본 지식인들의 제출한 문제의식들에 관해서는 다른 지면에서 자세히 살피기로 한다.

할 수 있으리라는 예감을 증폭시킨다.

'바람'이 가져다준 후촉각의 전염성은 동아시아 국가들을 하나의 몸으로 연결한다. 동아시아 국가들은 재난의 기억을 공유하고 고통의 서사로 연대하는 장소가 된다. 초국경의 관점에서 동아시아 재난의 기억과 인식, 서사와 치유의 교차점을 읽어 보는 것은 우리에게 부여된 진중한 과제이다.

3장 2에서는 세월호 이후 낯선 구조를 지닌 문장들이 출현하고 있는 현상을 읽고, 몇몇 개념들을 재해석함으로써 새로운 개념과 사유가 출현하게 된 맥락을 짚어 볼 것이다. 이어지는 3장 3에서는 세월호와 다른 역사적, 사회적 재난들 사이의 교차점에서 어떤 사유와 글쓰기의 실천을 지향해 왔는지를 읽어 본다. 마지막 3장 4에서는 세월호 이후 애도와 치유를 위한 노력들이 갖는 한계를 짚어 보면서 이 글을 마무리할 예정이다. 한국 근현대사에서 역사적, 사회적 재난들로 인한 개념과 인식의 변화를 계보학적으로 탐색하는 작업은 향후 수행할 과제로 남겨둔다.

2. 극단을 잇는 문장들 : 단절/연속, 중단/변화

재난은 우리 사회에 잠재된 모순을 들추면서 재난 이후 새로운 사회를 만들어가기 위해 어떤 것들을 반성하고 성찰해야 할 것인지를 다시 묻게 한다. 무엇을 생각할 것인가. 무엇을 말하고 쓸 수 있을 것인가. 이처럼 재난과 함께 동반되는 물음들은 간단하게 답할 수 있는 것이 아니다. 그저 생각하고 말하고 쓰는 문제가 아니기 때문이다. 재난의 경험과 기억은 명확하게 정의할 수 없는 감정, 정서, 개념과 인식 등의 변화를 요구하면서 이전과 다른 사유의 지점을 개시한다.

따라서 재난이라는 사태 앞에서 혹은 재난을 겪은 이후에, 기존의 몸–말–생각–행위의 흐름이 단절/연속, 혹은 중단/변화되는 지점을 살펴볼 필요가 있다. 그것은 곧 재난의 감각과 인식을 표현하는 문제와 상관된다. 달리 말해 재난의 경험과 기억을 담아내는 '언어의 역할', 사유와 글쓰기의 가능성을 탐색하는 과정과도 연결된다.

김홍중은 "세월호가 야기한 집합 우울을 '주권적 우울'"로 명명한다.[107] 또한 세월호 참사로 인한 "우울한 마음과 그 마음에서 분출된 담론들에 대한 접근법으로서", "통감(痛感)의 해석학"을 제기한 바 있다. "공감이나 동감과는 다르"게 "통감은 주체가 대상의 내부로 들어가는 것이 아니라, 대상들이 형성하는 집합적 마음의 흐름(affect)에 인식 주체가 휩쓸려 그 안에 빠져드는 마음의 다이내믹스를 동반한다. 통감은 의도적으로는 수행될 수 없다. 통감은 저절로, 불수의적으로 일어난다."[108] 즉 통감이란 선

107) 김홍중, 「마음의 부서짐」, 『사회와 이론』26, 한국이론사회학회, 2015, 5쪽, 145쪽.
108) 김홍중, 「마음의 부서짐」, 앞의 논문, 159쪽.

택의 여지 없이, 어쩔 수 없이 이끌려 들어가는 "집합적 마음의 흐름"이라고 요약할 수 있다. '통감'과 '우울'에 관한 재정의가 필요한 것은 세월호라는 사건이 '나라'와 '국가'를 분별할 것을 요구했기 때문이다.

> '나라'는 '국가'와 미묘한 의미론적 차이를 갖는다. 국가가 실정적 제도와 장치의 앙상블을 가리킨다면, 나라는 데모스의 마음에 배태되어 있는 정치 공동체에 대한 집합표상인 동시에 이에 조응하는 역사·지리·인문적 리얼리티의 총체를 가리키는 것으로 보인다. 이런 점에서 '나라'는 한국인들에게 '국가'보다 더 근원적인 상상적 두께를 부여받고 있는 기표이다. 국가들(정권들)의 흥망성쇠를 넘어서 존속하는 역사적 삶의 터전이 바로 나라이다. 오랫동안 타향살이하던 동포들에게 한국은 '국가'가 아니라 '나라'이다. (…) 나라는 사상의 대상이 아니라 총체적인 마음의 지향의 대상이다. 사유가 아니라 상상과 희망을 포함한 포괄적 마음의 대상이다. 이런 의미에서, 팽목항에 매달린 실종자 가족의 한 편지에 적혀 있는 "애들아 넋이라도 혼이라도 절대 이 나라 돌아보지 마라"라는 절규는, 세월호 사건이 야기한 마음의 부서짐의 심도를 가늠케 하는 척도이다. 한국을 떠나는 것도, 박근혜 정권을 비판하는 것도, 대한민국 국적은 포기하는 것도 아닌 '나라' 그 자체를 돌아보지 말라는 것은, 존재 전체가 '나라'에 의해 배신당한 사람의 심저에서 울려나온 아픈 육성이다.[109]

세월호 이후 '나라'라는 말은 '국가'와 다른 맥락을 지닌 말로 분명하게 인식되었다. '나라'는 '국가'와 다르게, "고향, 산천, 풍경, 기억, 역사를 모두 내포하는 지리, 역사, 심성적 총체"라고 할 수 있다. 그런데 세월호 참사는 한국 사람들의 마음에 오랫동안 자리해온 '나라'라는 말을 환기하면서 나라와 국가의 '의미론적 차이'를 명료하게 구분하기 요청한 것이다. 이런 변별적 차이를 새삼 거론하는 것은 세월호 이후 '나라'와 '국가'의 변별적 차이를 통해 단지 '나라'를 잃었다는 우울감을 확인하기 위함이 아니다. 그것은 세월호가 마음의 근본적 구조를 흔들고 파괴해 "마음의 부서짐"을 야기한 사건이었는지를 보여준다. 실종자 가족의 한 편지에 적혀 있는 다음의 구절, "애들아 넋이라도 혼이라도 절대 이 나라 돌아보지 마라"라는 절규에서 비롯된 바로 그 '나라'의 상실이기에 더 큰 호소력을 갖는다.

세월호 이후 '나라'가 문제적인 것은 그것이 '국가'와 내포적 의미가 다르기 때문만은 아니다. 나라이든지 국가이든지, 그것들이 더 이상 우리의 편이 아니라 언제든지 우리를 "배신"할 수 있다는 사실을 확인하게 되었다는 것이 더 중요하다. 다시 말하지만, 세월호는 모든 것들을 한꺼번에 앗아갔던 사건이었다. 팽목항은 그렇게 "근원적인 상상적 두께를" 지닌 '나라'라는 말을 한국 사람들

109) 김홍중, 「마음의 부서짐」, 앞의 논문, 150~151쪽.

의 마음속에서 멀리 떠나보내게 한 장소였다. 그곳에서 이전부터 잠재되어 있었던 우리 사회의 모순은 점점 가시화된다. 이제 '국가'를 가리키는 "공백"과 "구멍"은 단순한 비유적 표현이 아닌 것이다.

세월호 참사에서 대중들이 경험한 것은 대한민국이라는 국가가 "검은 구멍"[110]이라는 점이었다. 그 이유는 사람들에게 보통 국가는 항상 이미 주어져 있는 가장 단단한 현실이라고 여겨지지만, 세월호 참사에서 대중들이 목도한 국가는 충격적이게도 "너무도 허망한 어떤 것"이고 "커다란 공백"[111]이었기 때문이다.

국가는 눈앞에서 침몰해가는 배 안에 갇힌 학생들을 구조하는데 무능력했을 뿐만 아니라, 더 나아가 학생들을 구조하려는 의지도 갖고 있지 않는 것처럼 보였다. '이게 나라냐'하는 탄식이 흘러나왔고, "'가난한 우리'를 위한 국가는 없다, '가난한 나'를 위한 국가는 존재하지 않는다."[112]는 자각이 이루어졌다. 만약 배 안에 갇힌 학생이 안산 단원고 학생들이 아니라 외국어고나 과학고 또는 강남의 명문고 학생들이었어도 정부가 그렇게 대응했을까라는 의문이 대중들의 공감을 얻었고, '가만히 있으라'는 지시는 복종을 명령하는 환유적 표현으로 간주되어 분노를 자아냈다. "국가는

110) 진태원, 『을의 민주주의: 새로운 혁명을 위하여』, 그린비, 2017, 109쪽.
111) 진태원, 『을의 민주주의』, 앞의 책, 110쪽.
112) 진태원, 『을의 민주주의』, 앞의 책, 110쪽.

'그들의 편'"[113]이었던 것이다.[114]

세월호 참사는 국가가 바로 "검은 구멍"이자 "커다란 공백"임을 그 자체로 증거했다. 국민의 안전을 보호해야 할 국가는 없는 것이나 마찬가지였다. 무능력한 국가가 침몰하는 과정은 한국사회의 "계급적 성격"을 노골적으로 드러냈다. "'가난한 우리'를 위한 국가는 없다, '가난한 나'를 위한 국가는 존재하지 않는다."는 자각과 함께 평등한 민주주의의 환상 아래에서 그동안 잘 보이지 않았던 '을'의 존재가 표면 위로 떠올랐다.

'가만히 있으라'라는 명령은 군사독재 하에서 정신과 신체를 지배하는 권위와 복종의 언어였는데, 그것은 갇힌 배 안에서 숱한 생명들을 앗아간 죽음의 구호가 된 것이다. 여기서 분명하게 드러나는 것은 정신과 신체에 오랫동안 각인된 언어체계이며 무엇보다 '국가'라는 애매한 정체이다. 세월호 침몰과 함께 가라앉은 국가는 아무런 의미가 담겨 있지 않고 무엇도 지시하지 않는 텅 빈 말이 된 것이다.

세월호 이후에 우리 사회를 지배하는 감정의 표지 중의 하나는 '무기력'이다. 그런데 이 무기력은 1990년대 초반 동구권 사회주의의 몰락과 함께 느꼈던 우울과 상실의 감정과는 다른 성격의 것

113) 진태원, 『을의 민주주의』, 앞의 책, 110쪽.
114) 진태원, 「한반도 평화체제의 (탈)구축을 위하여」, 『애도의 애도를 위하여: 비판 없는 시대의 철학』, 그린비, 2019, 273~274쪽.

이다. 정치적 이념의 상실로 인한 우울함이 애착하는 대상을 잃어버렸을 때의 박탈감과 상관되는 것이라면, 세월호 이후의 '무기력의 자각'은 국민을 안전하게 보호해줄 국가가 없다는 것에 대한 자각, 그러니까 믿었던 무엇인가를 상실한 곳에서 나오는 감정이 아니라 마땅히 그래야만 하는 것이 그렇지 못하거나 그렇지 않았다는 사실을 '아는 것'에서 출현한 무력함이다. 그것은 감정적 차원의 문제가 아니라 '판단'과 '인식'의 장에 초래된 사유의 재난에 가깝다.

침몰하는 선박에서 생명들을 구출하기엔 국가가 무능력한 체계라는 점을 알게 된 것은 곧 국가의 무능력함에 대해 우리 자신이 '무지'하다는 것을 인식하는 것과 다르지 않다. 세월호 이후 "무기력"과 "무지"에 대한 자각은 국가와 국민이라는 양방향에서 거의 동시에 일어난다. '가만히 있으라'라는 명령이 '진실'과 '사실'을 감추고 있는 "비밀과 거짓말"의 대립적 언어에 기초해 있다는 것을 인식한 순간처럼 말이다. 비극적인 역사를 거쳐오는 동안 우리는 한결같이 '국가란 무엇인가' '인간이란 무엇인가'라는 물음을 던져 왔지만 세월호 이후 그것은 이제 새로운 문장의 구조로 대답하지 않으면 안 되는 위기의 상황에 직면한다. 김상봉은 저 질문에 대해 이렇게 응답한다.

> 이 책은 그 물음을 묻는 젊은 세대에게 기성 세대의 한 사람이 건네는 응답이다. 하지만 정확하게 말하자면 나의 답은 동문

서답이다. 왜냐하면 국가란 무엇인가라는 물음에 대해 나는 네가 국가요, 네가 나라라고 대답했기 때문이다. 질문에서는 국가가 주어였는데, 대답에서는 '네'가 주어이다. 그러니 나의 답은 답이 아니다. 하지만 국가가 우리를 호명하고 지배하는 주체가 아니라 너와 나, 바로 우리 자신이 국가를 이루는 주체임을 깨닫기 전에는, 우리는 끝끝내 우리가 바라는 바람직한 나라에 도달하지 못할 것이다. 국가는 기성품으로 만들어져 주어지는 물건이 아니다. 그것은 3인칭의 대상이 아니라 1인칭의 주체이다. 그러므로 이것도 저것도 국가가 아니고, 바로 네가 국가다. 네 속에 나라가 있다. 그러니 부디 이제 국가가 무엇이냐고 묻지 말고, 내가 누구인지, 우리가 누구인지 물어라! 오직 그렇게 대상으로서의 국가에서 주체로서의 자기에게로 물음의 방향을 돌릴 때, 비로소 우리에게 새로운 나라로 통하는 길이 열릴 것이다.[115]

세월호 참사를 겪은 후에는 '나라'가 무엇인지에 대해 묻는 것도, '도대체 이것이 나라인가'라는 물음에 대해서도 기존에 익숙하게 사용해 온 문장의 구조로는 답할 수 없다. 김상봉은 "네가 나라다"라는 극단을 잇는 문장으로, '나라'가 무엇이며 무엇이어야 하는지에 답한다. 그는 질문의 주어를 바꾸어 대답하는 방식으

115) 김상봉, 『네가 나라다』, 길, 2017, 15~16쪽.

로 '나'와 '너' 그리고 '국가'의 관계를 잇고 우리 모두를 정치적 주체로 세운다. 거기에는 세월호 참사의 책임이 국민과 국가, 모두에게 있는 것이라는 입장이 투영되어 있다. "네가 나라다"라는 이 간결한 문장은 나라가 개인과 무관한 대상이 아니라 함께 만들어 가야 할 무엇이라는 인식에 기초한 것이다. 저 문장은 국가와 나라가 무엇인지를 묻기 전에 나와 너, 그리고 우리가 누구인가를 먼저 질문하라고 촉구한다.

다른 시공간에서 일어난 사건들을 연결하는 문장들은 재난을 겪은 이후에 더욱 빈번하게 마주치게 된 현상 중의 하나이다. 재난을 기억하는 과정에서 기존에 사용해 왔던 언어의 용법과 문장의 구조가 달라진 것이다. "우리 모두가 세월호였다"[116], "홍콩은 광주입니다" "광주=세월호" 등과 같은 문장들은 도저히 믿기 어려운 사태를 이전의 언어로 표현할 수 없다는 증거로 보인다. 이 점은 5·18광주를 직접 체험하지 않은 청년 세대가 역사를 기억하고 이야기하는 방식이기도 하다.

2019년 12월 11일, 5·18광주민주화운동기록관에서 열린 청년세대 포럼 '미래세대가 5·18을 기억하는 새로운 방법2'에서의 주제 발표를 요약해 본다. 이단비·조수현(프로젝트 면밀), 「극으로 마주하는 5·18 "다시, 광주"」에서는 역사를 교육받는 것과 기억하고 이야기하는 것의 차이를 강조하면서 교육받은 역사가 아니라

116) 고은 외, 『우리 모두가 세월호였다』, 실천문학사, 2014.

기억하는 역사를 이야기하는 것이 중요하다고 말한다. 문정은(광주청년센터the숲)의 「세대를 넘어 시대의 어둠을 넘어」에서는 디지털 원주민이라는 세대적 정체성을 언급하면서 청년 세대가 고통을 공감하는 능력을 상실했다는 비판에 대해 이전 세대와 다른 공감의 방식을 지향한다고 답한다. 김동규('광주오월을 기억해주세요' 페이스북 운영자)의 「5·18의 전국화, 세계화」에서는 "제가 광주의 붉은 빛깔을 돌아본 건 2014년의 일입니다."라고 하면서, 세월호에서 광주 오월을 상기한다. 또한 홍콩민주화운동과 광주민주화운동을 연결하는 연대의 중요성을 강조한다.(전남대 후문과 금남로에 게시한 현수막 "홍콩은 광주입니다. 홍콩민주화를 지지합니다[光復香港 時代革命].", 2019. 11. 14.)[117]

'미래세대가 5·18을 기억하는 새로운 방법'은 기억하는 역사를 이야기하는 것을 중요하게 여기며, 디지털 원주민(digital native)이라는 세대적 정체성으로 이전 세대와 다른 공감의 방식을 지향한다. 또한 세월호에서 광주 오월을 상기하고 홍콩민주화운동과 광주민주화운동을 연결하는 연대의 중요성을 강조한다.

이렇듯 극단을 잇는 문장들은 세월호의 트라우마를 앓고 있는 언어의 형상이며 폭력적인 현실을 기존의 언어체계로 붙잡을 수 없다는 인식의 한계상황에서 출현한 현상으로 볼 수 있다. 세월호

117) 5·18광주민주화운동기록관, 청년세대 포럼 『미래세대가 5·18을 기억하는 새로운 방법2』 주제 발표 자료집, 2019년 12월 11일.

참사를 계기로 자주 출현한 극단의 문장들은 역사적 트라우마를 성찰하는 시선을 넓힌다. 그것은 다르게 보면, 재난 이후 재난이 야기한 사태들을 다른 각도에서 사유하기 위해 요청한 언어적 실천의 방법이라고도 할 수 있다.

아우슈비츠, 광주, 체르노빌, 용산, 후쿠시마, 세월호, 홍콩 등 세계 도처에서 일어난 재난들은 과거와 현재의 기억을 연결하고 국가 간의 거리를 지우면서 유사한 패턴을 지니며 다가온다. 이는 후쿠시마와 세월호의 접점에서 역사와 사회를 사유하는 문제틀로서 의미가 있다. 이러한 현상들은 동아시아를 넘어 세계 곳곳에 자리한 재난과 폭력의 기억을 교차하면서 무엇을 어떻게 사유하고 실천할 것인가라는 물음을 남긴다.

3. 어떤 교차점 : 후쿠시마-(광주5·18/아우슈비츠)-세월호

다시 3·11 이후 후쿠시마로 돌아가 본다. 3·11 이후 세계를 사고하는 지반은 폐허가 된 "거리"다. 거리는 쓰나미가 지나간 후 남겨진 "세계"의 모든 것이다.

> 세계가 망가지는 모습을 목도하고 있는 우리는 무엇을 해야 하는가. 세계를 포기하고 자연으로 돌아가라고 외칠 것인가. 그건 결코 아니다. 우리는 선인들이 일궈 온 거리를 재건해야 한

> 다. 거리의 역사를 계승하고 소중히 지키고 후대에게 전해주는 과정으로 부단히 되돌아가야 한다. 이어지는 위기를 헤쳐 가면서 우리는 거리를 사랑하는 방법을 배울 것이다.[118)]

> 이런 의미에서 3·11이 (이제 전 지구적 맥락에서) 의미하는 것은, 우리가 반복해서는 안 될 예기치 못한 핵재앙에 그치는 것이 아니다. 가장 결정적인 것은 그것이 전 지구적 계급투쟁의 새로운 전선을 가리킨다는 것이다.[119)]

더 이상 사랑할 수 없을 정도로, 부서진 세계 안에서 무엇인가를 다시 시작하지 않으면 안 된다. 그러나 선택할 수 있는 길은 그리 많지 않다. 모리 이치로(森一郎)는 자연으로 돌아가자는 것이 아니라 "거리를 재건해야 한다"는 요청과 "거리를 사랑하는 방법을" 배우는 것, 이 두 갈래의 길을 모색한다. 폐허가 된 거리를 "재건"하려는 의지와 "거리를 사랑하는 방법"을 찾는 것은 별로 다르지 않게 보인다. 더욱이 재난에서 희망의 가능성을 찾고자 하는 시도는 복구와 건설의 신화를 반복하게 될 위험성을 안고 있다.

---

118) 모리 이치로, 「세계를 사랑한다는 것」, 『사상으로서의 3·11』(츠루미 슌스케·요시모토 다카아키·사사키 아타루, 윤여일 옮김), 그린비, 2012, 160쪽.

119) 코소 이와사부로, 「녹색 속에 감추어져 있는 송곳니들」, 조정환 옮김, 『후쿠시마에서 부는 바람』, 앞의 책, 188~189쪽.

한편, 코소 이와사부로(高祖岩三郎)는 3·11을 계기로 "전 지구적 계급투쟁"을 선포하고 "전 지구적인 공동행동을 필요로 하고 있다는 사실"을 강조한다. 그는 "철학적 차원에서 '세계'라는 개념과 '지구'라는 개념의 차이"를 비교하면서 후쿠시마 쓰나미의 성격을 둘 사이의 "충돌"로 설명한다. 이는 재난을 인간과 자연 사이의 갈등과 투쟁으로 단순하게 정리해 말하려는 것이 아니다.

> 확실히 그러한 의미에서 기구/장치의 내파인 후쿠시마는 '세계와 지구의 충돌'이라는 사건이었다. 즉 자연재해라는 형태로 무의식적 지구가 의식적 세계로 부상하고, 지구라는 궁극적인 커먼의 곳곳으로 넓고 깊게 확장하여, 그것과 일체화하려고 해 온 기구/장치에 전대미문의 균열을 낸 것이다. 기구/장치의 내파는 그러한 일체화의 전선에서 발생한 사건이다. 그리고 이 충돌의 여진은 바야흐로 인간의 모든 것-주체성, 사회성, 역사성, 세계성-을 흔들기 시작했다.
>
> 세계와 지구의 이러한 충돌은 우리에게 어떤 결정적인 사고의 전환을 요구하고 있다. 집합적 의식으로서의 세계에서는 대립/모순/항쟁과 그 해결인 통합, 즉 세계사가 주된 이야기로서 자리한다. 하지만 일단 우리가 집합적 무의식인 지구의 언어, 즉 기계적 운동에 근거해 사고하기 시작한다면, 우리는 세계의 이야기 아래에 지구의 이야기가 관류하고 있음을 인지하게 될 것이다. 하지만 그렇게 되려면 먼저 사본주의적 개인/주체성을

해체해야 한다.[120)]

즉 "세계 : 지구"의 대립은 "구조적 언어: 흐름/생산/운동"으로 바꾸어 설명할 수 있다. 이러한 인식틀로 볼 때 후쿠시마는 "세계와 지구의 충돌이라는 사건"으로 파악된다. '전 지구'라는 익숙한 단어는 이제 실천적 행동을 개시하는 장소로 공간적 의미를 획득한다. 뿐만 아니라 자연재해로 보이는 재난들이 실상 지구의 힘이 세계의 지반을 흔드는 가운데, 인간과 세계의 토대를 재설정할 것을 요구하는 힘을 지녔다는 것이다. 요컨대 3·11은 전 지구적인 차원에서 정치적, 철학적, 종교적, 생태적인 인식의 토대 전환을 요구한 사건이다.

후쿠시마의 바람은 세계와 지구가 충돌한 이후 "인간의 모든 것-주체성, 사회성, 역사성, 세계성-을 흔들기 시작했다."는 선언을 제기하는 한편 "우리에게 어떤 결정적인 사고의 전환을 요구하고 있다"는 점에서 결코 가볍지 않는 의미를 지녔다. 따라서 "세계의 이야기 아래에 지구의 이야기가 관류하고 있음을 인지하"는 것, '지구의 언어'와 '지구의 이야기'에 대해 숙고하라는 요청은 생태적, 환경적 차원의 경고를 뜻하는 것만은 아니다. 그것은 항시적으로 잠재하고 있는 지구의 역습을 감지하면서 견고하

120) 코소 이와사부로, 「3·11 이후의 지구적 아나키즘」, 윤여일 옮김, 『후쿠시마에서 부는 바람』, 앞의 책, 162~163쪽.

게 만들어진 "자본주의적 개인/주체성을 해체해야 한다."는 인식의 실천적 변화를 촉구한다. 다시 말해, "후쿠시마로부터 온 전언을 해독하고 이를 통해 실천의 방향을 설정해야 하는 문제는 국지적이 아닌 전 지구적인 공동행동을 필요로 하고 있다는 사실"[121]을 호소한다.

세월호와 후쿠시마는 '가만히 있어라'는 말로 연결된다. 또한 세월호와 후쿠시마는 "비밀과 거짓말"의 신화를 다시 환기하는 사건이다. 두 사건이 전개되는 과정과 그 이후의 시간은 숱한 "비밀"과 "수수께끼"를 남겼는데 '진실'과 '거짓말'을 가려야만 사건의 진상을 온전하게 규명할 수 있는 것이다.

> '가만히 있어라'라는 말은 세월호 싸움의 핵심이다. 자신은 도망가면서 '가만히 있어라'라고 한 선장의 거짓말이 승객과 학생들을 죽였다. 재난, 참사의 순간에 '명령을 따르면 죽는다.' 이것이 우리가 세월호를 통해 배웠고 가르쳐야 하는 부끄러운 지혜다. 이는 또한 비밀과 거짓말에 대한 투쟁을 예기(豫期)한다. 세월호 침몰 과정에는 수많은 비밀과 거짓말이 존재한다. 4월 15일, 기상악화로 다른 배들의 발이 묶여 있을 때 왜 세월호만 출항했을까? 왜 퇴선 신호를 울리지 않았을까? 어선들이 선미로 갈 때 해경은 왜 선수로 가서 선장과 선원만 구했을까? 국

121) 이명원, 「끝에서 시작으로」, 『후쿠시마에서 부는 바람』, 앞의 책, 222쪽.

정조사는 왜 진실을 밝히지 못했는가? 이러한 수수께끼 속에서 인터넷에는 '가만히 있으라'고 하고 자신만 도망친 선장과, 한국전쟁 다시 가장 먼저 도망친 뒤 국민들에게는 우리 국군이 공산군을 격퇴하고 있으니 서울 시민과 국민 여러분은 안심하기 바란다고 거짓 방송을 했던 이승만을 오버랩 시킨 포스트가 넘쳐났다. 한국에서 세월호 참사를 지켜본 친구들은 말로만 듣던 전쟁을 경험한 것 같다고들 했다.

이 '가만히 있어라'의 명령은 세계 곳곳에 들린다. 3·11 직후 일본 정부는 일부 후쿠시마 주민에게 자택 피난을 명령했다. "집에 가만히 있어라"는 말과 "당장 인체에 영향이 없습니다"라는 말을 반복했다. 이로 인해 더 많은 사람이 방사능에 오염되었다. 이를 두고 일본인들은 '정보 피폭'이라고 불렀다. '가만히 있어라, 당장은 영향이 없다, 라는 명령을 따르면 죽는다.' 이것이 일본인들이 3·11을 통해 배운/배우고 있는 부끄러운 지혜다.[122]

신지영은 세월호가 남긴 숱한 의문들 중에서 거짓 선전과 허위사실을 유포하는 장면을 매개로 한국전쟁과 후쿠시마의 광경을 겹쳐 읽는다. 세월호가 남긴 거짓말들은 "우리 국군이 공산군을 격퇴하고 있으니 서울 시민과 국민 여러분은 안심하기 바란다고

122) 신지영, 『마이너리티 코뮌』, 갈무리, 2016/2017, 469~470쪽.

거짓 방송을 했던" 한국전쟁의 기억을 다시 상기하게 한 것이다. 세월호는 광주 오월, 그리고 유신독재에서 한국전쟁으로 이어지는 역사의 축을 수직으로 거슬러 올라가게 한다. 그리고 세월호의 기억은 다시 3·11 후쿠시마 쓰나미가 발생했을 때, 일본 정부가 "방사능 오염"의 위험성을 경고하지 않고 "가만히 있어라, 당장은 영향이 없다, 라는 명령"과 마주한다. 세월호와 후쿠시마는, 국민이라면 당연히 알아야 할 "정보"를 차단함으로써, 동요하지 않도록 부추기면서 국민보다 국가의 안전을 우선 유지하는 데에 급급했다는 점에서 동일하다. 그렇다면 국가는 바로 무고한 생명들을 죽음의 상황으로 몰아넣은 재난의 수용소와 다름없는 것이라는 사실에 닿는다.

"그라운드 제로"라는 용어는 3·11 후쿠시마가 직면한 사태의 본질을 가장 잘 드러낸 표현이라고 할 수 있다.[123] 그것은 후쿠시마, 세월호, 아우슈비츠에서 목도한 '절멸'의 기억을 현시한다. 그 사이를 매개하는 것은 1980년 광주 오월의 봄이다. 후쿠시마-아우슈비츠-세월호라는 교차점은 세월호 이후 광주 오월을 매개로 고통

123) 한국의 팽목항을 비유한 사사키 아타루의 '그라운드 제로'(Ground Zero)라는 말은 사사키 아타루, 『사상으로서의 3·11』, 윤여일 옮김, 그린비, 2012, 60쪽. "여기서 세월호 참사는 선박 침몰 사건이었고 3·11은 대지진과 연이은 원전 폭발 사건이었다는 점, 그리고 사상자 수와 재산상 피해액의 규모가 달랐다는 점을 지적하면서 두 사건 사이의 이질성을 주장하는 것은 별로 의미가 없어 보인다. 세월호와 함께 대한민국도 '가라앉았'기 때문이다. (…) 팽목항은 아타루적인 의미에서 '그라운드 제로'였다."(김형중, 『후르비네크의 혀』, 문학과지성사, 2016, 99쪽)

의 기억을 연결하는 고리로 떠올랐다는 점을 주목할 필요가 있다.

돌이켜 보면 20세기 역사는 바로 그런 재난의 연속이었다고 할 수 있다. 살아남은 자로서의 "죄의식"과 "부끄러움"의 연대기였다고 해도 틀린 말이 아니다. 그러나 살아남은 자들이 간직하게 된 "투쟁 안에서 공유된 부채의식과 죄책감은" 절망적인 슬픔이 아니라 "역사를 바꾸는 실천으로 발전했다."[124]는 점을 간과하지 않아야 한다.

세월호 이후 증언한다는 것은 어떤 의미를 지닐 수 있는가. 세월호의 증언자는 그 말도 안 되는 광경을 두 눈으로 지켜본 모든 사람들이다. 우리는 사건의 현장에서 혹은 매체를 통해서 직간접적으로 침몰 과정을 목격한 증인들이라는 점에서 사건의 진실을 규명하는 책임과 역할을 부여받았다. 세월호는, 우리 모두가 사건의 증언자라는 사실은 전쟁과 학살의 역사에서 특정한 증언자들이 거짓과 진실을 가늠하는 데에 중요한 위치를 지녔던 것과 다른 기억 연구의 방향을 예고한다. 모든 사람들이 증인이라면 증언은 특별한 의미가 없는 것처럼 보일 수도 있다. 하지만 이미 드러난 진실을 다시 증언한다는 것은 사건의 진실과 책임을 묻는 데에 더없이 중요한 일이다.

재난은 무엇보다 재난을 말하고 쓰는 "언어활동"에 충격을 가한다. 폭력 앞에서 말은 무력하다. 말한다고 해도 다 말하지 못한

---

124) 은우근, 『너와 나의 5·18』(5·18기념재단 기획, 김정인 외), 오월의봄, 2019, 377쪽.

것들이 있다. 재난을 겪은 언어는 재난을 겪기 전과는 다른 강도와 리듬을 지닌 언어를 요청한다. 모리스 블랑쇼의 말을 빌리면 재난 이후의 글쓰기는 재난을 직면하는 것이거나 회피하는 것이 아닌 다른 방식, 즉 "거부"하면서 "쓰는 것"이다. 즉 "글을 쓴다는 것, 그것은 쓰기를 거부하는 것, 혹은 이 거부의 방식에 의해 글을 쓰는 것이다."[125] 여기서 실천적 행위란 글을 쓰는 것을 하지 않음으로써 쓰는 것이다.

이 지점에서 조르조 아감벤이 말한 "언어활동" 곧 "맹세"라는 단어가 다시 주목된다. 아감벤에 따르면 "언어활동이란 그 근원-발생에서의 의미와 무의미의 문턱, 혹은 언어와 의미 사이의 간극 자체이기 때문에, 맹세란 언어의 위약함(무의미로 추락할 수 있는 가능성)의 다른 이름인 셈이다."[126] 아감벤이 말한 맹세는 본래/이미 "언어의 위약함"을 내장한 발화 행위이다. "신뢰와 약속의 진실함과 신뢰성을 보증하기" 어렵기 때문에 '맹세'가 더욱 중요해진다. '말하는 나'는 어긋남과 분리 사이에 "유예되어 있는 것"이다. 그것은 또한 말의 본질적 속성이기도 하다. 말과 글은 "생명과 언어 사이의, 말과 행위 사이"의 분리에 기반한다. 재난은 '나'의 의지와 무관하게 출현한다는 점에서 근본적으로 말과 글로 형용할 수 없는 사태이며 언어 본래의 "어긋남"과 "틈"을 극대화

---

125) 모리스 블랑쇼, 『카오스의 글쓰기』, 박준상 옮김, 그린비, 2012, 67~68쪽.
126) 김항, 『종말론 사무소』, 문학과지성사, 2016, 203쪽.

한다.[127)]

김항의 『종말론 사무소』(2016)는 1991년 5월에서 1980년 5월을 상기하면서, 이후 한국사회에서 전개된 '사유와 글쓰기'에 대한 고뇌를 펼쳐 보인다. 그것은 재난과 폭력으로 일관한 한국 현대사에서 사유와 글쓰기를 '실천'한다는 것이 과연 어떤 의미를 지닐 수 있는지를 질문하고 응답하는 과정에 바쳐진다. 즉 이 책에서 말하는 실천이란 "진보가 아니라 정지, 구성이 아니라 분해, 주체가 아니라 실존, 대안이 아니라 공백"[128)]을 사유하는 것이다.

> 이 책에서 여러 가지 방향에서 상정하려 했던 종말론 사무소의 안건은, 그런 의미에서 상실과 소외와 분리의 경험을 말소하고 은폐하려는 움직임에 대한 이의 제기라 할 수 있다. (…) 이 망각의 구멍은 민주화의 이름으로, 성장의 이름으로, 풍요의 이름으로, 진보의 이름으로 만들어진 장치였다. 1991년 5월 이후에 펼쳐진 일은 인간의 운명, 즉 원천적으로 회복 불가능한 것으로서만 경험되는 상실과 소외와 분리를 소외론과 물신론으로 환원하여 더 나은 미래(진보와 성장)라는 미명하에 망각한 광경이었던 셈이다. (…)/ 무언가를 산출하고 집행하여 성취하는 언어가 아니라, 상실과 소외와 분리의 삶에 머무르며 신음하는 언

127) 조르조 아감벤, 「옮긴이 후기」, 『언어의 성사』, 정문영 옮김, 새물결, 2012, 154~155쪽.
128) 김항, 『종말론 사무소』, 앞의 책, 33쪽.

어, 이 책이 시론적으로 제기한 여러 안건들이 그러한 언어의 연쇄로 이어지길 기대하며 길었던 종말론 사무소의 회의를 여기서 일시 정회한다.[129)]

김항은 마르크스-레닌의 '소외' 개념을 전유한 드보르의 '분리' 개념을 경유해 발터 벤야민과 조르조 아감벤의 언어철학을 정치적 실천의 영역으로 끌어들인다. 이를 통해 "진보가 아니라 정지, 구성이 아니라 분해, 주체가 아니라 실존, 대안이 아니라 공백"을 바로 "통치"의 서사에 대항할 수 있는 "실천"의 지점으로 포착한다.

생각하고 쓴다는 것은 "민주화의 이름으로, 성장의 이름으로, 풍요의 이름으로, 진보의 이름으로 만들어진 장치"에 의해 훼손된 것들, "망각의 구멍"으로 던져진 것들을 꺼내어 구원하는 작업에 비견된다. 거기에서 "무언가를 산출하고 집행하여 성취하는 언어가 아니라, 상실과 소외와 분리의 삶에 머무르며 신음하는 언어"를 통치의 서사에 대항할 수 있는 언어의 형상으로 제출한다. "신음하는 언어"는 '이름'을 참칭해 소중한 덕목들을 집어삼킨 '장치'들을 소집해 심문하는 근본 조건으로서 말이 되지 못한 웅얼거림에 가까운, 비재현의 언어이다.

사회적 재난, 역사적 재난에서 가해자와 피해자 간의 용서에 관한 문제는 매우 예민한 논점이 된다. 쉽게 용서한다거나 용서할

---

129) 김항, 『종말론 사무소』, 앞의 책, 303~304쪽.

수 있다고 말해서는 안 된다. 여전히 고통의 기억을 안고 살아가는 사람들에게 가해자를 용서한다는 것은 피해자의 상처를 치유할 수 있는가라는 문제에 국한되는 것이 아니기 때문이다.

이 지점에서 아우슈비츠의 경험을 지닌 시몬 비젠탈(Simon Wiesenthal)의 말을 인용해야 할 것 같다. "망각이란 오직 시간만이 해결해 줄 수 있는 문제지만 용서는 인간의 의지에 달린 문제이고, 결정을 내릴 수 있는 사람은 오직 고난을 당한 장본인뿐이기 때문이다."[130] 프리모 레비(Primo Levi)는 시몬 비젠탈의 증언을 인용해 가해자의 말을 다음과 같이 기록한다.

> 나치의 절멸 수용소에 대한 최초의 소식들은 격동의 해인 1942년에 퍼지기 시작했다. (…) 많은 생존자들, 그중에서도 『살인자들은 우리 가운데에 있다』(1970)의 마지막 페이지들에서 시몬 비젠탈(Simon Wiesenthal)은 SS(Schutz-staffel, 나치 친위대) 군인들이 냉소적으로 포로들에게 다음과 같이 경고하면서 즐거워했다는 사실을 기억하고 있다.
>
> [이 전쟁이 어떤 식으로 끝나든지 간에, 너희와의 전쟁은 우리가 이긴 거야. 너희 중 아무도 살아남아 증언하지 못할 테니까. 혹시 누군가 살아 나간다 하더라도 세상이 그를 믿어주지

130) 시몬 비젠탈, 『모든 용서는 아름다운가』, 박중서 옮김, 뜨인돌, 2005/2019, 156쪽.

않을걸. 아마 의심도 일고 토론도 붙고 역사가들의 연구도 있을 테지만, 확실한 건 아무것도 없을 거야. 왜냐하면 우리가 그 증거들을 너희와 함께 없애버릴 테니까. 그리고 설령 몇 가지 증거가 남는다 하더라도, 그리고 너희 중 누군가가 살아남는다 하더라도 사람들은 너희가 얘기하는 사실들이 믿기에는 너무도 끔찍하다고 할 거야. 연합군의 과장된 선전이라고 할거고 모든 것을 부인하는 우리를 믿겠지. 너희가 아니라. 라거(강제수용소)의 역사, 그것을 쓰는 것은 바로 우리가 될 거야.」[131]

이야기하지 않으면 언젠가 망각될지도 모를 사람들의 역사를 이야기하는 것은 우리 앞에 놓여 있는 주요한 과제 중의 하나다. 고통의 역사는 누구의 언어로 어떻게 남겨질 수 있을 것인가. 시몬 비젠탈은 "라거(강제수용소)의 역사, 그것을 쓰는 것은 바로 우리가 될 거야."라고 한 나치 군인의 말을 기억한다. 나치 군인은 그들이 아무도 살아남지 못하도록 절멸의 수용소를 기획했으므로 아무런 증거를 남기지 않을 것이고, 누군가 살아남아 증언한다고 해도 아무도 그 증언을 믿지 않을 것이라고 단언한다. 다시 말하면, 학살의 역사는 바로 학살자인 자기 자신들의 기억과 언어로만 기록될 수 있다는 것이다. 만약 용서와 치유가 가능할 수 있

131) 프리모 레비, 『가라앉은 자와 구조된 자』, 이소영 옮김, 돌베개, 2014/2015, 9~11쪽.

으려면 먼저 용서의 주체와 대상의 자리를 정확하게 분별하지 않으면 안 된다. 그렇지 않는 한, 용서와 치유는 또 다른 "폭력적" 행위가 될 수 있기 때문이다.

> 기억의 정치라는 관점에서 보면, 용서는 폭력적일 때도 많다. 특히 이미 죽은 피해자를 대신해 누군가 살해범을 용서하는 행위는 피해자의 고유한 권한을 부정하는 것이나 마찬가지니 피해자에게는 또 다른 폭력일 수 있다. (…) 누구도 사랑이라는 이름으로 다른 사람의 생명권을 소유할 수는 없다. 그럴 수 있다고 생각한다면, 그것은 착각일 뿐이다.
>
> 이렇게 폭력적인 용서가 정말 위험한 것은 그 행위가 사람들로 하여금 아직도 억울한 피해자를 잊어버리도록 만들기 때문이다. 억울하게 죽은 자는 말이 없으니, 사람들은 사과와 용서의 힘겨운 줄다리기가 끝났다고 생각하고 마치 아무 일도 없었던 듯 평온하게 살아가게 된다. 그러나 이 평화는 여전한 피의 얼룩을 짐짓 못 본 척하는 거짓 평화일 뿐이다. 기억의 정치에서 중요한 것은 서둘러 가해자를 용서하고 상처를 봉합해서 평화의 길로 나아가는 것이 아니라, 그렇게 끔찍한 행위조차도 인간성의 일부임을 아프게 인정하고 인간의 그 끔직한 일부가 다시는 세상에 드러나지 않도록 더 나은 기억의 방법을 모색하는 것이리라. 홀로코스트 이후 전 세계에서 벌어진 크고 작은 제노사이드만 50

여 건을 헤아리는 상황에서 용서란 도대체 어떤 의미일까?[132]

즉 사랑과 용서라는 말과 행위는 폭력의 기억을 망각으로 이끌 수 있기에 더욱 "폭력적"일 수 있다는 것이다. 사건의 증언은 언제까지나 목격자, 방관자, 희생자 등 살아남은 자들의 증언일 뿐이기 때문이다. 살아남은 자들에게 증언은 윤리적인 요청이지 죽은 자들을 대신할 수 있는 말은 아니다. 그런 점에서 죽은 자들의 증언은 단 한 번도 행해진 적이 없다. 죽은 자들에게 사과와 용서를 구하는 일은 살아남은 자들의 언어로는 불가능한 일인지도 모른다. 억울하게 죽은 자들에게서 진정 용서한다는 말을 들은 적이 없다면, 용서는 결코 행해진 적이 없고 앞으로도 일어날 수 없는 일이다.

위에서 간략하게 살핀 것처럼 후쿠시마-(광주5·18/아우슈비츠)-세월호라는 교차점은 자연적, 역사적, 사회적 재난이 얽힌 재난의 복잡한 성격을 드러낸다. 이 교차점을 매개하는 것은 세월호 이후 돌이켜 본 5·18광주이다. 재난의 트라우마는 서로 다른 곳에서 일어난 사건들을 연결하면서 역사적 트라우마의 흔적을 다시 비춘다.

132) 임지현, 『기억 전쟁』, 후마니스트, 2019, 265~267쪽.

4. 죽은 자에게 말걸기 : "들리지 않는 목소리"

충분히 말해지지 않았고 쓰지 못했던 그것, '남겨진 것'이 문학이 트라우마를 재현할 수 있는 유일한 언어의 장소일지도 모른다. "침묵"하는 언어가 그 장소의 "이름"이다.

> 의미가 사라진 '비언어'가 발화되는 바로 그 지점, 거기가 트라우마가 거처하는 장소일 것이다. 모든 언어와 이해가 소멸되는 지점, 그러나 바로 그 지독한 침묵으로 인해 우리 모두를 고통 속으로 빨아들이고, 종래에는 역설적으로 죽은 자들의 목소리를 듣게 하는 지점.[133]

> 문학의 언어는 언어의 불가능성과 침묵의 잠재성에서부터 다시 시작된다. '사건 이후의 문학'은 말할 수 없는 자의 언어의 자리에서 그 모순과 분열을 '견디는' 남은 자의 글쓰기이다. 문학은 사라진 자들의 침묵의 능력에 의지한다. 문학은 말할 수 없는 자의 익명으로만 간신히 말할 수 있다. 주어를 알 수 없는 저 목소리들을 통해 이름은 지워지고 다시 태어난다. 저 헤아릴 수조차 없는 이름들. 과거이자 이미 미래인 이름들. 무서운 밤

133) 김형중, 「우리가 감당할 수 있을까?」, 『문학과사회』27(3), 문학과지성사, 2014, 280~281쪽.

처럼 들이닥친 아침의 이름들. 명랑한 다정한 창백한 조각난 흐려진 이름들의 이름으로.[134)]

역설적이지만, 폭력의 '사실성'을 증언하기 위해서는, 재현할 수 없는 그 '사실성'에로 반복해서 다시 돌아가는 것을 두려워해서는 안 될 것이다. 그리하여 폭력적 '사건'과 죽은 자들에 대한 책임을 잊지 않도록 하기 위해서는, 그 '사실'의 재현 불가능성을 언제나 지시하지 않으면 안 될 것이다.[135)]

이 불가능한 지점을 포착하기 위해서는 이전과 다르게 생각하고 말하고 쓰는 실천적 행위가 요청된다. 그것을 가까스로 가능하게 하는 것이 바로 '이야기와 문학'의 힘이다. 문학은 매 순간 재현 불가능한 사건 앞에서 언어화해야 한다는 요청을 부여받는다. 문학의 언어로 트라우마를 재현하려는 시도에서 뚜렷해지는 것은 '재난과 폭력'의 근친성이다. 재난의 트라우마를 재현하려는 언어적 실천은 '폭력'이란 무엇인가에 대한 사유를 예민하게 한다. 다음과 같은 폭력이라는 말에 대한 정의는 그동안 숱한 정치철학자들이 논의해왔던 '폭력이란 무엇인가'라는 물음에 대한 정확한 답

---

134) 이광호, 「남은 자의 침묵」, 『팽목항에서 불어오는 바람』, 2014, 앞의 책, 104~105쪽.

135) 차승기, 「폭력의 기억은 어떻게 이야기되는가」, 『비상시의 문/법』, 그린비, 2016, 315~316쪽.

변이라고 하기는 어렵겠지만, 폭력이라는 것이 인간의 "태도"의 문제와 관련된 것이라는 생각을 키운다.

> 다시, 폭력에 대해 말해야겠다. 언젠가 '폭력'이라는 말의 외연은 가급적 넓히는 것이 좋겠다는 생각을 밝히면서 나는 폭력을 다음과 같이 폭넓게 정의해 보려고 했다. '폭력이란? 어떤 사람/사건의 진실에 최대한 섬세해지려는 노력을 포기하는 데서 만족을 얻는 모든 태도.' 더 섬세해질 수도 있는데 그러지 않기를 택하는 순간, 타인에 대한 잠재적/현실적 폭력이 시작된다는 말을 하고 싶었다. 물론 이렇게 말하고 끝날 일이 아니어서, 그후로도 자주 폭력에 대해 생각하지 않을 수가 없었다.[136)]

재난과 더불어, 재난 이후 폭력의 가능성은 늘 일상의 곳곳에 잔존해 있다. 그런 폭력에 또다시 휘말려 들어가지 않기 위해서는 폭력의 기억을 말하려는 노력의 과정을 지속해야 한다. 세월호 이후에 광주5·18의 국가폭력에 대해 말한다는 것은, 다시 말해 "5·18 전후의 역사 폭력을 생각한다는 것은 그날 이전과 이후를 동시에 말함으로써 혹은 말하지 못함으로써 나아가 말하지 않음으로써 무엇인가를 계속하는 말하는 행위이다. 이것은 어떤 발

---

136) 신형철, 『슬픔을 공부하는 슬픔』, 한겨레출판, 2018, 94쪽.

언의 시작이다."[137]

말도 안 되는 참혹한 장면을 두 눈 뜨고 그저 지켜봐야 했던 세월호 참사 이후 상처 자국들은 세월이 흘러가도 지워지지 않는다. 소설 속에 재현된 그날은 더 선명한 모습으로 밀려온다. 김탁환의 소설집 『아름다운 그이는 사람이어라』(2017)와 방현석의 중편소설 『세월』(2017)은 세월호 이후 한국사회 현실을 다른 각도에서 조명하면서 '세월호 문학'이 감당할 과제를 열어준다.[138]

김탁환의 『아름다운 그이는 사람이어라』에서는 세월호를 직접 경험한 것과 세월호에 관한 질문을 던지는 것의 차이를 질문한다. 소설가에겐 세월호 참사를 둘러싼 질문들을 던지는 것이 중요하다면 '나'에게는 침몰선에서 봤던 '눈동자'들이 세상을 바라보는 척도다. 세월호의 실재와 재현 사이의 간극은 쉽게 메울 수 없는 빈틈이다. 방현석의 『세월』은 세월호 참사를 한국이라는 공간에 국한하지 않고 초국경의 시각으로 확장해 다룬다. 이 소설은 "단지 '세월호'만을 문제 삼지 않고 까마우의 바다로부터 팽목항까지 덮친 그 거대한 신자유주의에 맞서 하나의 물음을 던지고 있다."[139]

우리는 세월호 이후에 세월호 이전부터 서서히 기울고 있었던 한국이라는 나라의 얼굴을 다시 마주하게 되었다. 우리는 세월호

---

137) 한순미, 「나무-몸-시체」, 『인문학연구』52, 조선대학교 인문학연구원, 2016, 257~303쪽.

138) 김탁환(2017), 『아름다운 그이는 사람이어라』와 방현석(2017), 『세월』에 관한 논의는 한순미, 「불면의 감촉」, 『문예연구』여름호, 문예연구사, 2017 참조.

139) 정은경, 「더 기울어진 방으로」(해설), 방현석 소설집 『세월』, 2017, 93쪽.

참사에서 일어난 모든 광경을 지켜봤던 목격자이며 산증인이다. 그러나, 아무것도 말하지 못했던 증인들, 아무것도 하지 못했던 무능력한 증인들이었다. 유가족들에게 전하는 “걱정”과 “위로”의 말들은 넘쳐났지만 어떤 말들도 가족을 잃은 사람들의 슬픔과 분노를 잠재울 수는 없다. 세월호 유족들에겐 애도와 공감의 말들이 “들리지 않는 목소리”에 불과하다.

> 그래서 꼭 부탁드리고 싶습니다. 이 일은 이미 여러분의 일로 받아들이고 계시니, 영원히 잊지 않으셨으면 좋겠습니다. 많은 분들이 걱정하고 위로해주십니다. 하지만 전혀 와 닿지 않습니다. 진심은 알지만 실제로 들리지 않는 목소리입니다.
>
> 제가 제 딸을 이렇게 억울하게 잃었는데 어떻게 견딥니까, 어떻게 잊습니까. 이겨낼 수 있겠습니까? 이겨낼 수 없습니다. 적응해야죠. 제 딸이 없는 세상을 살아갈 수 있도록 스스로 적응하고 최면을 걸어야 합니다. 어떤 말도 위로가 될 수 없습니다. 다만 이렇게 이야기해주십시오.
>
> “한 달 뒤에도 잊지 않겠습니다. 1년 뒤에도, 10년 뒤에도, 평생 잊지 않겠습니다.”[140)]

140) 「서강대 이냐시오 성당에서 열린 ‘세월호 참사’ 희생자들을 위한 추모 미사」, 『경향신문』, 2014. 5. 21.

저 단호한 거절은 많은 사람들의 마음을 진심으로 받아들이지 못해서가 아니다. 공허한 말들로 아픔을 달래주기보다는 "평생 잊지 않겠습니다"라는 말이 진정 듣고 싶은 말이다. 잊지 않겠다는 '의지'만이 죽은 자들에게 용서를 구할 수 있는 유일한 방법이다. 생명들이 죽어가고 있는 순간을 바라보면서도 아무것도 하지 못했던 무능력한 시간들을 잊지 않고 기억하겠다고 다짐하는 것. 침몰하는 배를 지켜봄으로써 곁에서, 함께 슬퍼하고 분노했던 감정들을 잊지 않고 기억한다는 것, 그것만이 진정한 애도가 될 수 있는 것이다.

기록된 것은 언제나 봉합되지 않는 여백을 지닌다. 역사적 폭력을 지속적으로 다양한 서사로 변주하는 과정은 곧 사회문화적인 위기와 무관하지 않다. 재난은 '역사'에 대해 질문을 던지고, '역사라는 기록'이 지닌 한계에 대해 의문을 붙인다. 재난의 역사 기록은 간결한 언어로 정리될 수 없기 때문이다. 가령, 5·18광주의 역사를 기록하는 주체들은 여럿인데, 군 기록은 시민의 그것과 차이가 있다. "군 기록의 한 가지 특징은 군이 행위의 주체, 또는 주어로 거의 등장하지 않는다는 점이다. '군·경'이나 '계엄군'과 같이 애매하게 표현하고 군의 시위 진압 방식은 아예 생략되지만 시민(학생)들의 시위는 세세하게 기록했다. 시위 대열의 규모, 시위 방법 및 구체적인 행위 등을 서술하고 있다."[141] 이처럼 기록 속에

141) 노영기, 「5·18항쟁 기록물의 생성과 유통」, 「역사와 현실」104, 한국역사연구회, 2017, 129쪽.

기록되지 않는 것. 누구의 기억과 서사에 의해 기록된 역사인가라는 질문은 결코 가볍지 않는 문제다. 이는 비단 광주5·18에 관한 기록에만 해당되는 일은 아닐 것이다.

“폭력과 야만”의 역사를 서술하는 자의 관점과 태도에 대해서는 끊임없는 논쟁이 필요하다. 기록 속에서 삭제된 기억을 재구성하고, 진실과 왜곡의 지점들을 명료하게 드러내는 작업은 그칠 수 없는 일이다. 역사적 기억과 트라우마는 계속 이야기함으로써 진실 찾기에 기여할 수 있을 것이다. 이야기는 그 시대가 위기에 직면하게 되었을 때마다 기록되지 않은 것들을 새롭게 발굴한다. 침묵의 역사와 손상된 기억들을 지금 여기로 다시 소환하기 위해서는 다양한 방법이 필요하다. 서경식(徐京植)의 말대로 “문서만이 아니라 전승되는 이야기나 신화, 고고학적 수법 등을 활용해 오래된 지층에서 기억을 불러일으키려 하는 것”[142]이 요구된다.

전쟁과 학살, 국가폭력, 자본주의에 대항해 죽어간 이름 없는 사람들, 디아스포라들의 역사를 ‘이야기하기’(한나 아렌트)는 역사 기록의 이면에 자리한 침묵과 망각의 지층을 발굴하고 기록하는 방법이다. 우리의 과제 중의 하나는 동아시아 재난 기록들에서 무엇이 어떻게 기억/망각/삭제/추가/변형되면서 서사화 되었는지를 재구성하는 작업이다. 그것은 재난 이전과 이후, 개념과 인

142) 서경식·다카하시 테츠야, 『단절의 세기 증언의 시대』, 김경윤 옮김, 삼인, 2002, 43쪽.

식의 형성과 구조를 계보학적으로 탐색하는 과정이기도 하다.

세월호 참사 이후에 인문학의 영역에서 제기한 논의들은 동아시아 그리고 세계에서 일어난 재난들에서 무엇을 어떻게 다시 진단하고 성찰해야 할 것인가에 대한 새로운 고민을 안겨준다. 분명한 것은 사회적, 역사적 재난들이 한 국가라는 범위에서 다룰 문제가 아니라는 점이다. 우리의 몸은 재난으로 연결된 하나의 공동체이다.

세월호의 바람에게 되묻는다. 지금 여기에서 겪고 있는 '재난과 폭력'은 세월호가 매 순간 다르게 그려주고 있는 '일상의 지도'가 아닐까. 나는 프리모 레비의 말을 바꾸어서, 2014년 4월 16일 세월호 침몰과 함께 국가라는 거대한 괴물이 가라앉았고 새로운 역사 기록이 구조되고 있다고, 쓰고 싶다.

부록

Disaster Humanities after the Pandemic

이 논문은 한글로 작성한 「팬데믹 이후 재난인문학」(2020)을 영어로 옮긴 것이다.

Disaster Humanities after the Pandemic

1. Tentacles of thinking

I feel the luxury of writing an article about disaster humanities now as we are in the midst of a disaster. Of course, this article will be prepared by following the trail of thoughts and feelings like making a montage, rather than focusing on a strict discussion. No one knows when the COVID−19 pandemic will end. However, It occurs to me that writing about disasters is the only thing that humanities scholars can do in the middle of the pandemic.

I want to repeat the sentences of a French writer and philosopher, Maurice Blanchot, who considered the 'writing of the disaster' as a philosophical clue after

Auschwitz[Holocaust]. To him, a disaster (désastre) was not an event that took place in real life, but an existential condition faced by humans. In other words, humans have been living with disasters already in their lives. "Learn to think with pain and suffering, (···) we have to think and never certain about our thoughts."[1)]

We keep thinking while suffering in the middle of constant disasters, but we cannot have any certainty on our thought. Our thoughts unfolding along with the disaster do not match with the word 'certainty' from the beginning. Although we cannot provide any assertive words or thoughts in front of an unexpected disaster, it does not mean that we stop thinking on it. Figuratively, thinking is like tentacles of sea anemones that lure, catch, and swallow prey. Tentacles of the thought transform our body parts sensing a disaster, and control the speed of recognition.

From the perspective of humanities, what is more

---

1) Maurice Blanchot, translated by Park Jun-sang, Writing of Chaos(L'écriture du désastre, 1980), Seoul: Greenbee, 2012. p. 239.

important is the remains after the disaster, and scars and marks left without sound than the scope of damage, number of victims, and frequencies of the disaster. The virus reconfirms that our bodies are closely connected, although we live in different places. Places that we cannot see but can sense that somethings are out there like viruses are where the tentacles of thinking in humanities reside.

2. A sign called pandemic

– The virus infects us all without discrimination

Disaster humanities mainly study the strata of people's memory and recognition, narrative, healing amassed in historical records. Disaster humanities trails the changes in the recognition on disasters, analyzes how people describe their experience and memory, and pays attention to the process that a community faces, and heals the wounds and trauma. However, it became inevitable to avoid the two significant codes called 'climate change' and 'infectious disease' to deliberate on disasters after the pandemic from the perspective of humanities.

The pandemic that we are facing now brings us an entirely different experience from the one we have when we encounter images of other diseases such as pest, cholera, and Hansen's disease (leprosy) in the history of medicine or literary arts. It is hard to predict how the current crisis unfolds. Hence, it is precarious to make a diagnosis or talk about a premonition hastily.

The pandemic left cruel scars everywhere. We should also take note that the meaning and usage of the terms such as daily lives, distancing, isolation, community, sharing, and records have changed along with the creation of newly coined words. When we first heard the new coinage 'post-corona', it sounded more like expectations on the era after the coronavirus. In the midst of global COVID-19 pandemic, however, it appears that we should add the meaning of 'post-corona' including the point that things are transformed and the boundary between before and after the disease.

With the global pandemic, it became obvious that a disaster is the agenda to be explored in the cross-border prospect beyond ethnicity, religion, region, and country. To examine to the root the current situation, we should study countless disasters in historic records regarding wars, genocide, revolutions, terrorism, tsunami, floods, earthquakes, and infectious diseases.

However, it is a dangerous attempt to juxtapose every topic listed above to find the sameness and differences before and after COVID-19 as all things have changed and they will never be the same, although they look so on the surface. This invisible virus gradually began to erode the framework of recognition and substructure of the reasoning system. Therefore, it seems that finding the points that look disconnected but that are connected or continued is essential.

COVID-19 displays its power by infecting all living things on earth without discrimination. It can be called as a virus intruding the unequal society to spread the equality. It is still strange and awkward to face such virus that make us feel equal as we live in the unequal society. We often misunderstand that everyone in the society is in the same and equal condition in front of the infectious disease affecting us. The thinking that we all can be infected with the virus paralyzes the task to conduct an in-depth analysis on the social inequality, instead. It also may lead us to the illusion that we are already living in a society where everyone is treated equally and fairly. As COVID-19 continues to spread across the world, the blind spots hidden in shades are revealed more vividly.

An article posted on August 5, 2020 in a daily newspaper caught my eyes, which said that Muslims living in North Chungcheong Province are excluded from the COVID-19 quarantine measures. Although it may seem to show a fraction of exclusion and discrimination in Korea against certain religious groups and people, it contains much more complex problems.

Police sent a notice to Chungju city to "disinfect the Islamic Cultural Center in the city before an event to be held". The city government disinfected the inside of center, but did not check whether or not Muslims complied with the COVID-19 quarantine guidelines during the event./ A provincial officer said, "We did not even know that the religious event was held in the center. We closely cooperated with other religious groups such as the Buddhism, Catholics, and Christianity, but failed to identify the details with regard to certain religious groups (Islam)"./ They acknowledged later that there were other Islamic Cultural Centers in Chungju, Jincheon, and Eumseong only after they identified confirmed COVID-19 cases among Muslims./ The local government still does not know how many Muslim workers from Uzbekistan, Kazakhstan, Kyrgyzstan, and other Islam countries are there.[2)]

Sentences with quotation marks clearly separate the speakers, but the reporter did not mention precisely on who the speakers were. Also, the sentences are filled with vague expressions like "didn't know", "failed to identify", "are still quite in the dark". Thus, the problem of who should take the 'responsibility' is left unsolved. Another thing we should point out is the 'fact' that we did not know the 'fact' that we were living with Islamic Muslims in Korea. In other words,

---

2) *"Shincheonji was not the only problem"···Muslims left in COVID-19 blind spot*, Yonhap News, August 5, 2020. https://www.yna.co.kr/view/AKR20200805100900064?input=1195m.

COVID-19, an indiscriminative and equal disease, served as a chance to identify Islamic Muslims in Korean society who were invisible until now.

3. A fantasy called "newness"

As we enter the era of non-contact(untact), the analog and digital culture are not confronting with each other any longer. Digital technologies have become necessary tools to engage in daily lives even to those who reject the scientific and technological advances and stress the importance of analog purity. However, such changes cannot be accepted as 'normal', although people are swiftly adapting to the non-contact culture. It cannot also be called as 'abnormal', even though they are not. Likewise, the virus has blurred the line to discern our daily lives with normal and abnormal.

The new normal refers to a "new normalcy" or a "new daily life". Then, what is the meaning of the adjective "new" and the norm "normalcy" or "daily life" embellished by "new"? What is something 'new', and what is the 'normalcy' and 'daily life'? When the adjective 'new' specifies the meaning of our existing lives, normal, culture, etc., we often fall into a 'fantasy' that a world totally different from the past will unfold.

We all miss the days before the COVID–19 pandemic, but I want to purposely add the following questions. Can we say that face–to–face meetings and contacts, the most common types of communication we use on a daily basis before COVID–19, were normal? Otherwise, isn't it that we have generally accepted such types of communication to maintain our daily lives and culture, even though we do not need them in the first place?

Likewise, the pandemic continues to raise questions on our recognition and the system of daily life that are accepted as norms unconsciously. We should think over the usage of the adjective "new" that is easily found these days, rather than mulling over the future approaching fast. Newly coined words embellished by the adjective are constantly created. Still, problems regarding dominance and subordination, violence and resistance, and inequality and discrimination do exist and remained unsolved. Hence, discussions on freedom and liberation, human dignity and community, and human rights and equality should be elaborated further.

New words emerged after the pandemic such as post-corona, new normal, and non-contact should be considered as questions raised to seek "new" approaches to daily lives and culture before COVID-19 and we should not confuse that they refer to the 'fantasy' that we will encounter a "new" reality and future. In order for us to prepare the transformation of civilization, we should precisely redefine the usage of our languages that supported the framework of our thinking and recognition.

4. War on testimony and records

While the crisis is dominating throughout the world, it appears that expectations on scientific and technological advances such as vaccines to treat the disease and building the online system are getting higher. Nevertheless, we cannot easily remove the fear to hear the prospect of experts that the global COVID–19 pandemic will not fade away anytime soon.

Live video conferencing meetings continue to be held as an alternative in the era of non–contact. Such online system records the time and spaces of the meetings as well as the scenes made by participants including their voices, languages, gestures, expressions in the eyes and faces, the tones and nuances of speeches. In a nutshell, the online system is not only a means of communication, it has become a tool that records, distributes, and shares memories that cannot be done with existing oral testimony or text media.

In the meantime, the online system changes the conventional concept of 'testimony' and 'records'. The testimony and records played a critical role in revealing the truth of an event after historical disasters such as war, genocide, revolution, and struggle. However, methods to record and share the story and conversation at the scene in real–time requires historians to conduct another task that is different from revealing the truth from the oral testimony. If everything is recorded, the task of putting the fragments of truth together in an old archive later can be less laborious.

Then, what roles the oral media such as chatting, rumor, storytelling, etc. can play, when the non-face-to-face communication online has become more active? Although it was an old discussion means, the argument of James C. Scott allows us to reconsider the role of "oral storytelling" as we witness the change of verbal communication online. He said, "If we compare the hidden script of the weak with that of the strong, and compare the hidden scripts of the two with the official one regarding their power relations, we will come up with a very new method of understanding resistance against dominance."[3)] His comment below reminds us of the current situation that online media plays a dominant role in leading communication.

The reason why oral storytelling is more resistant to monitoring and supervision is because of that its technology

3) James C. Scott, translated by Jun Sang-in, Domination and the Arts of Resistance: Hidden Transcripts (1992), Seoul: Humanitas Books, 2020. p. 16.

level is relatively low. Printers or copy machines can be confiscated, the location of radio receiver is easily detected, and even typewriters and recorders can be seized. As for the human voices, however, there is no way but kill them to contain.[4)]

Or, we can reverse the argument and ask questions as follows: Suppose that such low "level of technology" has reinforced. Then, does it mean that "verbal storytelling" is less resistant to surveillance and which can make people speak more freely? On the contrary, will it make them end up trapped in the surveillance system further? His witty sentence makes such questions meaningless. He said, "As for the human voices, however, there is no way but kill them to contain." If people have their voice regardless of their technical level, we can seek a place of resistance in the sea of conversation.

It does not mean that everyone can speak freely if we can access to an open space in real time. It appears that

4) James C. Scott, Ibid, 2020. p. 274.

we need to constantly prepare "hidden scripts" marked by ones that are not fully discussed online, blanks of silence, murmuring, etc. In the meantime, the process of selecting and classifying valuable knowledge among those recorded, images taken, and our conversation is getting more important. The task of realigning, sharing, selecting, displaying, and preserving things being recorded and ones remained after recording will be considered more important to historians in the era of non-contact than the ones to discover memories or summon the story from the "hole of oblivion" as Walter Benjamin and Hannah Arendt noted.

The outbreak of infectious disease spreads cross-border may trigger conflicts or disputes when it mixed with certain marks such as region, race, ethnicity, and religion. We can assume that there will be another war approaching fast after the post-corona era that relates to the task of recording various opinions on the disease including its origin, routes of transmission, responsibility for the spread of disease. Thus, we should pay close attention to how newspapers, broadcasting channels, and other numerous media outlets deal with the disaster.

For instance, the US President Donald J. Trump called COVID–19 the "Chinese Virus" at Twitter. Experts criticized that his expression would trigger "xenophobia", but Trump defended his practice by saying that his comments were not anti–Chinese and were not based on "racism" (March 16, 2020).[5] Pastor J of Church named S in Korea recently told that the surge of confirmed cases among the members of his church was occurred due to "virus terror" from the outer force (August 15, 2020). In addition, the expression of "COVID–19's Reign of Terror" is often found in group chat rooms (August 23, 2020).

A detailed analysis on cases quoted above will be made later. Here, the 'methods' of quotation is about asking who

---

5) Donald J. Trump on Twitter: "The United States will be powerfully supporting those industries, like Airlines and others, that are particularly affected by the Chinese Virus. We will be stronger than ever before!"(5:51 PM, Mar 16, 2020) "President Trump on Wednesday defended his increasingly frequent practice of calling the coronavirus the "Chinese Virus," ignoring a growing chorus of criticism that it is racist and anti–Chinese."(https://www.nytimes.com/2020/03/18/us/politics/china–virus.html), "Trump Defends Using 'Chinese Virus' Label, Ignoring Growing Criticism," New York Times, 2020. 3. 18. "It's not racist at all," Mr. Trump said, explaining his rationale. "It comes from China, that's why."

is 'responsible' for the outbreak of pandemic, and control and prevent spread of the disease, and which allows us to imagine what will be the next hot buttons in the research of the records on infectious disease.

5. A sense of speed

At dawn on August 8, 2020, the pouring rain outside the window did not look romantic any longer. Rather, the sound of record-breaking torrential rain in Gwangju at that night aroused fear. What was more surprising was the landscape of the street where the traces of heavy rain like a nightmare were all vanished from the sight on the next day when the streaks of rain have subsided and the sunlight is shining down momentarily, although the scenes of flood damage were not restored yet. It was strange to feel that the speed of forgetting the traces of disaster, namely the speed of oblivion is too fast. It would not be an exaggeration to say that we began to feel differently the real life after the crisis along with changes in the disaster landscapes.

A disaster raises questions on the sense of speed. The global pandemic that is continued slowly and the sudden natural disaster are experienced by people in a different speed. The expressions describing time or duration of an event like "finally", "in the end", "right at this moment", "soon", "someday or other", etc. are related to the changing speed of senses and recognition. And they include the confused state on the present or analysis indicating that such event was predictable, and a hunch or premonition on the future. On the other hand, it is also an evidence that we are living in the "ecotone" of judgment and recognition along with disasters.

An environmental anthropologist Rob Nixon coined the term called "slow violence" by including other parameters to "indirect or structural violence" by a Norwegian mathematician and sociologist Johan Galtung. Rob Nixon distinguishes "slow violence" from structural violence by Johan Galtung' saying that "The indirect or structural violence is basically calm and static. It is the tranquil waters." Also, he noted as follows:

Unlike the structural violence with tranquil and static characteristics, I adopted the concept of "slow violence" to emphasize gradual problems of time-movement-change. If we focus on the slow violence based on the explicit time frame, we can put unrecognizable violence, tasks related to the expressions emerged from the change in unrecognition (as the act of violence began to separate itself from the genuine root as time passes), and dilemmas on imaginations as priorities. Then, the time has emerged as a performer of the complex method.[6)]

In addition, Nixon argued that we should pay attention to the "politics of speed" in the spectacle media era. He said, "To 'understand' unrecognizable threat through this slow violence encompassing complex categories of violence and to concern and make an effort to mitigate it at the least, we should turn the threat into something 'apprehensible' from our senses by collecting and compiling testimonies of scientists and creators. In this regard, I expect that

6) Rob Nixon, translated by Kim Hong-ok, Slow violence and the Environmentalism of the Poor, 2011, Seoul: Ecolivres, 2020. pp. 33~34.

environmental writers and activists can carry out political activities and play creative and strategic roles as I consider that "writing" and "narrative imagination" provide testimonies that are different from the past, or ones on invisible landscapes."[7)]

One of the roles of environmental writers and activists in the midst of global disasters brought by climate change and pandemic is to depict the 'invisible landscapes' and testify trauma during and after the crises. Our imagination and sensitivity imitate things unseen while the virus dominates our daily lives.

6. Disaster trauma and narratives
: Things existed before, but not anymore

To report a disaster, News media largely focus on the scale of diseased, structures destroyed or damaged, and numbers of deaths, those injured, victims of the disaster,

---

7) Rob Nixon, Ibid, 2020. pp. 39~41.

followed by updating on recovery of states and communities from damage and heartwarming stories regarding the delivery of disaster relief aid to people who lost their home or bases. It is also interesting point to identify the flow of various speeches on a disaster to create public opinions. Through the analysis of media language, we can reveal where the point that a disaster is switched to an event.

Countless words that deliver the experience and memory of a disaster dominate the language patterns we use after the disaster. The words such as miracle, mystery, destiny, and others are used to express those who survived from the deadly scene. Various new stories unfold as well. We can find how people remember and depict the memory of disaster and react to contain the trauma through their survival stories, gossips, groundless rumors, and literally works.

The historical violence destroys daily lives and resets the relations between the living and dead during the experience separating life and death as well. Kwon Heonik noted on the ghosts of the Vietnam War presented in literary works and rituals, and argued, "Vietnamese people are familiar with displaced spirits and which is an expression of friendly relations with the history of massive displacement. On the other hand, it can be considered as a process of forging a discourse. The ghosts constitute the identify of Vietnamese people like their ancestors."[8] The experience of war and genocide changes the way of building relations between the living and dead, as well as the world.

The process of building narratives that repeats and continuously forms variations from historic violence including war, genocide, and others is not irrelevant to the crisis of the mind and soul. Writers recall the silence in the history again. Then, why they write, under which topics, and "how to write"?

That was the meaning of the novel at least to me. The language of silence that fills the world, countless voices of anonymity that were not heard and floating in the air, wails, sighs, and moans heard everywhere on earth. I

8) Kwon Heon-ik, translated by Park Chung-hwan, et al., Ghosts of War in Vietnam (2008), Busan: Sanzini, 2016/2018. p. 188.

believed that writing a novel was to filter them out and deliver to others as a story.[9)]

Unfortunate soldiers were not all Japanese. There were two main characters in my novel and one of them was a Korean soldier serving for the Imperial Japanese Army. For what he had to fight in the desperate and suicidal war, and against whom? The bluntest reality hidden in the history of Imperial Japan that dominated Asia was found there.[10)]

The terror from the inside is not a purpose, but an effort. It is a certain form inconvenience. It may lead us fall into the bottomless pit of destruction when the attempt has failed, but it does not constitute an act of destruction by itself. To me, writing is an act of subversion like injecting a vaccine into the body to make an antitoxin.[11)]

To the writer Lim Chul-woo, whose experience of the

---

9) Lim Chul-woo, The Reason I Write, How I write: Writing and life of Asian writers, Seoul: Asia, 2020. p. 41.

10) Makoto Oda, As a Japanese writer As a asian writer, Ibid, 2020. p. 247.

11) Putu Wijaya, Writing is a struggle, Ibid, 2020. p. 174.

Gwangju Uprising on May 18th was deeply engraved in his memory, writing a novel was to turn the "unheard wails, sighs, and moans" into a story. When Makoto Oda began to write his novel『Honorable death』, he had a hard time to describe the "feelings of the Korean soldiers serving for the Imperial Japanese Army." To Putu Wijaya, writing was an "act of subversion" provoking the "terror from the inside" and it was another expression of "struggle".

"A process of writing based on the experience of historic violence reveals the fractions of history that are not concisely arranged and pushes us to rewrite the same memory. According to the author Seo Jung-in, writing a novel relates to reassign an order to the world of chaos, and this order and chaos are not clearly separated from the middle of tragic history that has not stopped. "I often felt dizziness in front of the chaos. There is a need to organize the chaos. But, separating them one by one is not about organizing confusions among the nature, history, ideals and wars."[12] The trauma of pandemic will definitely create

12) Soo Jung-in, History and Nature, Royal azalea festival, Seoul: Minumsa, 1986. pp. 243~244.

a different set of cultural narratives in the layers where traditions and historic experiences of countries across the world are amassed.

7. "After 1950" : "After the Korean War"

The year 1950 was remembered as the year when the Korea War broke out. A Korean writer Lee Cheong-jun extracted the images of confronting thoughts such as light and darkness, things that were visible and invisible, life and death, suppression and liberty, liberation and power, violence and resistance from the memories of ideological confrontation during between the left and right and the Korean War. Those aspects were represented in his novel titled「The Wall of Rumor (1972)」. The 'birds and trees' depicted in his book is a metaphor on the whole language and life we should restore beyond the binary oppositions.

Thus, a novel can be said as a dream of our lives described by words. Yes, I often dream about the order of whole language life integrating the order between the existential language and relational one in harmony. It is the dream about relation of birds and trees. (…) We cannot think of a tree without a bird or vice versa. It is because of that trees are the nest of birds to dream about freedom, love, and taking a new leap forward.[13)]

We may feel that the pleasant encounter between 'birds and trees' is a traditional heritage of the past with no use. However, we can use the image of the dream as a mirror reflecting the violence deeply infiltrated into our lives, not a utopian delusion. The mechanism of cruel violence has been operated centering on the "relationships of family, kin, and community". We are still healing the wounds and experience of the war and will continue to do so for a while. Then, it can be said that we are living in the cold war system as ever.[14)]

As we are living in the middle of climate disaster today, the expression of "since 1950" is considered to have the same

13) Lee Cheong-jun, In between existential language and relational language, Words hidden in the ellipsis, Paju: Nanam Publishing House, 1985, pp. 142~143..

14) Kwon Heon-ik, translated by Jung So-young, After the Korean War: An Intimate History), Seoul: Changbi Publishers, 2020.

meaning of Anthropocene that refers to a "new age of man". It means that we are entering into a new geological era after analyzing the impact of human activities on earth such as carbon dioxide, radioactive element, nitrogenous fertilizer, soot, etc.[15] The research found that the earth has reached a critical point of potential mass extinction after melting the last glaciers of Holocene over the last 11,700 years.

Climate disasters stress the existence of the earth. Thus, global disasters caused by climate change warn us that we have reached a moment to break up with the notion that humans must protect the natural environment. The global environment is not something that can be protected by certain environmentalists or environmental activists. Naomi Klein pointed out that one lesson from monumental movements of the past was the recognition that "everyone was a social activist" at that time as changes in the society began to permeate into our daily lives. She also proposed

15) "You have been living in a new geologic time all along" David Biello: Journalist in energy and environment. Science curator for TED. https://ideas.ted.com/you-have-been-living-in-a-new-geologic-time-all-along. (Sep 8, 2016/DavidBiello)

to engage in a "battle of cultural worldviews"[16] based on "interdependence", "reciprocity", and "cooperation" in response to climate change, and said the "moments of uprising" will never end. "No one knows if it is an economic crisis, natural disaster, or political wrongdoing that trigger the next uprising of humanity. It is not pleasant, but we cannot deny that there are so many things to serve as a catalyst out there to trigger the uprising along with the acceleration of global warming."[17]

David Wallace Wells diagnosed that the climate disaster caused "the decrease of yield", "productivity decline", "social unrest", and "political segmentation" successively and the "impact of such chain of events forced people to evacuate, and the forced evacuation brings political and social unrest as well. The possibility of conflict increases further during the repetitive process."[18] Under such circumstances, the

---

16) Naomi Klein, translated by Lee Soon-hee, This Changes Everything: Capitalism vs. the Climate (2014), Paju: Open Books Co., 2019, pp. 644~647.

17) Naomi Klein, Ibid, 2019, p. 651.

18) David Wallace Wells, translated by Kim Jae-kyung, The Uninhabitable Earth (2019), Seoul: Chungrim Publishing Co., 2020, p. 193.

argument that we should raise the public awareness on actions to care for the nature or emphasize the partnership between humans and the nature to overcome the climate disaster is nothing more than a fake to avoid fundamental problems.

If we do not want to ignore the uprising of the earth as a simple warning, we should move beyond the deliberation on Anthropocentricism and examine the types of violence that humans afflicted to the global environment, while providing policies and venue for coalition to tack actions to contain the violence. We can start such activities from our daily lives, but we should also acknowledge that our habitants have changed completely after the pandemic and we are living with the "unexpected" disasters. According to Judith Butler, "I believe that a solidarity is made based on unexpected conditions, rather than a contract purposely prepared from on our will."[19]

---

19) Judith Butler, translated by Kim Eung-san·Yang Hyo-sil, 「Chapter 4: Bodily Vulnerability, Coalitional Politics」, Notes Toward a Performative Theory of Assembly (2015), Seoul: Changbi Publisher, 2020, p. 219.

8. Names, questions

Everyone cannot breathe and cannot talk freely in front of disastrous reality. After witnessing the eruption of Tungurahua volcano, Cris Toala Olivares said that he encountered mighty powers soaring from the center of the earth. Feeling the earth shake, watching lava clouds up to twelve kilometers in the sky makes you feel small.[20] His work on photographs always begins with the recognition on the nature, the fundamental source of disaster, that it is not as a subject of fright and fear, and the confirmation on the fundamental relationships between the earth and humans who are living on the planet. The moment with a disaster is also the moment that made him feel the most vital power of the nature.

What artists can do in the moment when the entire world is facing a crisis. Imagination and images in literary arts

---

20) Cris Toala Olivares(Dutch–Ecuadorian photographer), [They bring us closer to nature again, closer to the power of the earth and therefore also closer to ourselves. "Feeling the earth shake, watching lava clouds up to twelve kilometer in the sky makes you feel small", says Cris. "But is also made me feel I belong. I belong here on earth. You don't make the earth as humans, the earth makes you."], A Volcano as Your Neighbour, ted, Dec 14, 2016. (https://www.youtube.com/watch?v=mVXFsodbsHA)

reveal the structured reality, instead of reproducing it as we see it. To writers and activities, the global disaster has become a motif to exercise their imagination after the post-corona era.

Cho Jung-hwan suggested us to call the "common" "name" that everyone can share the disasters for those who suffer from them. "Consider that we decide to call the victims of the earthquake and tsunami on March 11 in Fukushima, Japan, without names who are 'exposed' to the power of a nuclear state as 'Fukushima'". His argument correlates to the desire, saying "Can't such 'common name' find the life-image from the dominant death-image?"[21]. Therefore, the disaster and trauma transcend national barriers and have become a common agenda that the humanity should mull over together. By doing so, the names of disasters connect their body spreading across the world as a community.

Chantal Mouffe stressed the "critical dimension of artistic practice" with an example of Alfredo Jaar. Specifically, She

21) Cho Jung-hwan, In between cognitive capitalism and disaster capitalism-The name called Fukushima, The wind blown from Fukushima, Seoul: Galmuri Publisher, 2012.

took the case of public intervention project of Alfredo Jaar held in Fall, 2008, in Milan, titled 「Questions, Questions」. Mouffe cited the interview of Jaar. In the interview, Jaar defined himself as a 'project artist' responding to specific issue in special place. He also stressed that it is important to intervene several areas including the field of art as well as public spaces, and various scenes of education. Mouffe considered that "The artworks of Jaar contribute to developing movements of counter-hegemony by combining activities occurred at the three types of scenes including [art, public space, and education]."[22].

Free movement of writers and activists has restricted and exhibition spaces have narrowed after the pandemic. It may be that such limitations in reality can turn the inside and outside of buildings into the spaces of art. We should find ways to transform galleries, museums, exhibition halls into

22) Alfredo Jaar, translated by Seo Jung-yeon, "Interview with Lugi Fassi," Klat, no, 1, Winter 2009-10, pp. 73~74. recited from Chantal Mouffe, AGONISTICS: Thinking the World Politically.(https://www.apollo-magazine.com/photo-realism-an-interview-with-alfredo-jaar/) Chantal Mouffe, 「Chapter 5. Agonistic Politics and Artistic Practices」, AGONISTICS: Thinking the World Politically, 2013), Seoul: Nanjang, 2020, recited the footnotes,, pp. 149~150.

places to engage in "artistic practices". It means to change the exhibition venues and streets into places to raise sharp issues.

9. Hansen's disease and COVID-19 : Disaster narratives of infectious diseases

The argument of sociologist Jung Geun-seok regarding Hansen's disease in East Asia provided a meaningful clue to analyze the pandemic phenomena from the perspectives of Asia. He has set the examination on how the global spread of Western modernism and colonization by Imperial Japan formed the social structure and mindset of East Asians in the early 20th century centering on Hansen's disease as a significant task.[23] The "Hansen's disease project" was implemented in East Asia led by Christian missionaries and the governments after the modern era. There are many things to review and compare from Asian countries sharing the same experience on various fronts including the disease

23) Jung Geun-sik, 「For research on the history of Hansen's disease in East Asia」, Health and Social Science 12, Korean Association of Health and Medical Sociology, 2002, pp. 5~41.

control policy of each colony, management of nursery facilities, methods used to control the patients' body, etc. Such perspectives can be used as an important reference when we examine global pandemics transcending national barriers from the global context including Asia.

I have studied various types of records including news articles, history books, literal artworks on Hansen's disease in Korea and paid attention to the fact that the memories and narratives by Hansen's disease patients contained the character of "hybridity"[24] Of course, Hansen's disease and COVID-19 belong to very different categories from the background of outbreaks and in the context. Here, I want to briefly compare impressions on the two diseases based on the perspectives acquired while studying Hansen's disease and a detailed comparative analysis on them will come later.

The prevalence of pandemic clearly shows the characteristics of disasters transcending national

---

24) Han Soon-mi, 「Pink Voices-Questions Raised by Hybridity in Hansen's Disease Patients' Records」, Korean Studies Institute, Pusan National University, 2017, pp. 3-44.

boundaries. COVID-19, a disease that infects us all without discrimination rather than selectively affecting certain groups, is quite different from Hansen's disease that is classified as a chronic infectious disease. However, situations surrounding the two diseases such as emotions and language expressions including isolation, discrimination, stigma, fear, hatred, groundless rumor, fake news, etc. are similar. There are other similar things in terms of disease control policies and prevention measures led by the government and others.

People with Hansen's disease have become the subject of fear and hatred due to the symptoms exposed outside including their faces and skin. Feelings of stigma toward them were originated from their physical conditions such as spots, deformity, disability that were different from healthy people. Therefore, people with the disease were excluded from the society and became minorities who could not belong to the same community with ordinary people since the modern age. Also, they were recognized as inferior in terms of racial eugenics during the Japanese colonial era.

As for those confirmed with COVID-19 infection, symptoms appeared in their body do not cause any problem. Having close contacts and movement of people infected with the invisible virus are their real problems, instead of physical symptoms. People who are confirmed with COVID-19 infection become the object of threat because of the possibility that they can transmit the virus to others while moving. They are also subject to the ethical punishment when they fail to comply with the administrative order and quarantine guidelines.

If we describe the narrative of Hansen's disease as isolation-stigma-deportation, the narrative of COVID-19 can be explained as isolation-transfer-contact. The feeling of "stigma" on people with Hansen's disease and the route of "movement" acquired after interrogating those confirmed with COVID-19 infection structuralize the shape of community differently as the relationships with family, neighbor, and community change according to the image and presentations of the infectious virus. Here, we should be more interested in the history and reality reflected on the disaster narratives of the two infectious diseases.

COVID-19 reaffirms that movement and non-movement were the dominant system that controls our daily lives. It can be said that having contacts and non-contact with others, go somewhere and stay still were the main activities that maintain our lives. As the society is shifting into the one based on non-contact practices, rebuilding relationships between humans, creating a system of caring have become more important. In the so-called non-contact society, those who are excluded, ones under discrimination, isolated individuals, and we all are the ones to be cared.

Countries of the world will begin to tell their stories one by one as time passes. There will be various disaster narratives in Korea surrounding the pandemic from different perspectives of the government, medical staff, those confirmed with COVID-19, and ones having contacts with them. Which part of the story is going to attract your attention among the many? Perhaps, I would like to begin to open the first chapter of stories unfold after the pandemic from where the endless historical violence and the sensibility of stigma on Hansen's disease overlap.

| 참고문헌 |

1부 그물망 : 재난의 인식과 서사

1장 재난 단상들

서정인, 『철쭉제』, 민음사, 1986.

이승우, 『사랑의 생애』, 예담, 2017.

이청준, 『벌레 이야기』, 문학과지성사, 1985/2013.

『전라도닷컴』, 2020년 5월호.

렘 콜하스·프레드릭 제임슨, 『정크스페이스/미래도시』, 임경규 옮김, 문학과지성사, 2020.

롭 닉슨, 『느린 폭력과 빈자의 환경주의』(2011), 김홍옥 옮김, 에코리브르, 2020.

리베카 솔닛, 『이 폐허를 응시하라』, 정해영 옮김, 펜타그램, 2012.

리베카 솔닛, 『그림자의 강』, 김현우 옮김, 창비, 2020.

미셸 푸코, 「일망 감시방법」, 『감시와 처벌: 감옥의 역사』, 오생근 옮김, 나남출판, 1994.

발터 벤야민, 「나의 서재 공개」, 『벤야민의 문예이론』, 반성완 편역, 민음사, 1983/2000,

2장 팬데믹 이후 재난인문학

권헌익, 『베트남 전쟁의 유령들』, 박충환·이창호·홍석준 옮김, 산지니, 2016/2018.

권헌익, 『전쟁과 가족: 가족의 눈으로 본 한국전쟁』, 정소영 옮김, 창비, 2020.

서정인, 「역사와 자연」, 『철쭉제』, 민음사, 1986.

이청준, 「존재적 언어와 관계적 언어 사이에서」(1982), 『말없음표의 속말들』, 나남출판, 1985.
임철우, 「내가 쓰는 이유」(2015), 『나는 어떻게 글을 쓰는가: 아시아 작가들의 글쓰기와 삶』, 아시아, 2020.
정근식, 「동아시아 한센병사 연구를 위하여」, 『보건과 사회과학』12, 한국보건사회학회, 2002.
조정환, 「인지자본주의와 재난자본주의 사이에서–후쿠시마라는 '이름'」, 『후쿠시마에서 부는 바람』, 갈무리, 2012.
한순미, 「분홍빛 목소리–한센인의 기록에서 혼종성이 제기하는 질문들」, 『한국민족문화』62, 한국민족문화연구소, 2017.

오다 마코토, 「일본 작가로서, 아시아 작가로서」(2006), 『나는 어떻게 글을 쓰는가: 아시아 작가들의 글쓰기와 삶』, 아시아, 2020.
푸투 위자야, 「글쓰기는 투쟁이다」(2010), 『나는 어떻게 글을 쓰는가: 아시아 작가들의 글쓰기와 삶』, 아시아, 2020.

나오미 클라인, 『이것이 모든 것을 바꾼다: 자본주의 대 기후』(2014), 이순희 옮김, 열린책들, 2016/2019.
데이비드 월러스 웰즈, 『2050 거주불능지구』, 김재경 옮김, 추수밭, 2020.
모리스 블랑쇼, 『카오스의 글쓰기』(1980), 박준상 옮김, 그린비, 2012.
브뤼노 라투르, 『과학인문학 편지』(COGITAMUS), 이세진 옮김, 김환석 감수, 사월의책, 2012.
샹탈 무페, 『경합들: 갈등과 적대의 세계를 정치적으로 사유하기』(2013), 서정연 옮김, 난장, 2020.
제임스 C. 스콧, 『지배, 그리고 저항의 예술: 은닉 대본』(1992), 전상인 옮김, 후마니타스, 2020.
조너선 사프란 포어, 『동물을 먹는다는 것에 대하여』, 송은주 옮김, 민음사, 2011.
조너선 사프란 포어, 『우리가 날씨다』, 송은주 옮김, 민음사, 2020.
주디스 버틀러, 『연대하는 신체들과 거리의 정치: 집회의 수행성 이론을 위한 노트』(2015), 김응산·양효실 옮김, 창비, 2020.
제임스 볼, 『개소리는 어떻게 세상을 정복했는가』, 김선영 옮김, 다산초당, 2020.
파올로 조르다노, 『전염의 시대를 생각한다』, 김희정 옮김, 은행나무, 2020.
"'신천지만 신경 썼더니' … 무슬림 코로나19 사각지대 방치", 「연합뉴스」 2020. 8. 5. https://www.yna.co.kr/view/AKR20200805100900064?input=1195m.
데이비드 비엘로(David Biello, 환경과 에너지 분야 저널리스트. TED의 과학 큐레이터), https://ideas.ted.com/you-have-been-living-in-a-new-geologic-time-all-along/(Sep 8, 2016 / DavidBiello).
크리스 토알라 올리바레스(Cris Toala Olivares) 사진작가, https://www.youtube.com/watch?v=mVXFsodbsHA.

3장 거울과 카메라 : 한센병 발화에서 "당신"의 각도

자료

「나병환자에 매춘부도 있다」, 『조선일보』 1955. 3. 23.
「나병환자의 사진: 보건부에 비치」, 『조선일보』 1954. 7. 9.
「문둥이들은 처치해주오」, 『부인신보』 1947. 10. 4.
「'결핵은 당신을 노리고 있다'-제13회 세계보건일을 맞아」, 『동아일보』 1964. 4. 6.
「10년내 퇴치건 집중공세 '나환자 찾기 운동'」, 『동아일보』 1971. 2. 1.
「결핵병예방문제」, 『동아일보』 1932. 12. 8.
「광주에 성홍열(猩紅熱) 예방에 노력중」, 『동아일보』 1923. 6. 26.
「광주에 염병(染病) 4명이 발생」, 『동아일보』 1931. 8. 7.
「광주에 전염병 창궐-염병, 이질, 성홍렬 등이 대만연」, 『동아일보』 1937. 7. 16.
「그것이 알고싶다 '소록도'편 환자들 "노출싫다" 반대」, 『동아일보』 1999. 12. 2.
「나병도 쾌유」, 『동아일보』 1938. 1. 14.
「나병예방박멸과 부랑환자를 소탕」, 『조선일보』 1938. 3. 8.
「나병자와 중독자에 대하야, 무성의한 당국의 태도」, 『동아일보』 1923. 7. 26.

「나병절멸의 근본책」, 『동아일보』, 1938. 3. 9.
「나병환자 오만(五萬)-당국은 근본대책 세우라」, 『경향신문』 1949. 7. 13.
「나병환자축출」, 『동아일보』 1931. 3. 24.
「당신들도 문둥이 되오!-경성나환자격리문제」, 『조선일보』 1932. 1. 21.
「당신은 무엇을 원하나?: 문둥병자의 대책에 앞서 보건부서 전국환자 소원조사」, 『동아일보』 1949. 9. 4.
「돋보기」, 사진 『거리의 부랑아들』, 『경향신문』 1955. 8. 12.
「마산에 나병자 횡행 민중보건에 적신호」, 『동아일보』 1938. 5. 28.
「매춘부 대훈련-화류병 예방차로 파란국의 새 시험」, 『동아일보』 1920. 5. 12.
「모히 밀매자는 극형(極刑) 중독자는 섬에 수용」, 『동아일보』 1934. 3. 20.
「문둥병의 전염성」, 『농민주보』 1946. 11. 9.
「보건시설확충의 필요」, 『동아일보』 1937. 6. 16.
「숙명 이겨낸 한하운 재생기(再生記) 미공보관(美公報院)서 영화 「황토길」 제작」, 『동아일보』 1962. 7. 5.
「의학과 조선 급 조선인 위생사상 보급의 급무」, 『동아일보』 1920. 4. 21.
「잠망경(潛望鏡)」, 『경향신문』 1954. 7. 8.
「잠망경」, 『경향신문』 1953. 9. 2.
「잠망경」, 『경향신문』 1954. 5. 15.
「전남도 내의 나환자 1635명」, 『동아일보』 1935. 8. 20.
「중국매현에 생긴 문둥이 박멸책」, 『중앙일보』 1932. 12. 9.
「통속의강성황(通俗醫講盛況)」, 『동아일보』 1933. 6. 7.
「화류병자의 혼인을 금(禁)할 일」, 『동아일보』 1920. 5. 10.
김상용(통영해동병원), 「나병자상조회창립(癩病者相助會創立)을 듣고」, 『동아일보』 1924. 3 .24.
송형래(보건부의정국장), 「순혈보지(純血保持)와 민족번영」, 『경향신문』 1954. 4. 25.
송형래(보건부의정국장), 「순혈보지(純血保持)와 민족번영」, 『경향신문』 1954. 4. 25.

유준, 「나병은 나을 수 있다」(3), 『동아일보』 1957. 9. 12.
이태준, 장편소설 『청춘무성(靑春茂盛)』(117회), 『조선일보』 1940. 7. 30.

저서

대한나관리협회, 『한국나병사』, 대한나관리협회, 1988.
무명생, 『낙화유수』, 정음사, 1933/1953.
백영한, 『의학사개론』, 계축문화사, 1991.
심승, 『애생금』(중), 정음사, 1949/1950.
유준, 『나병』, 연세대학교출판부, 1962.
이지형, 『과잉과 결핍의 신체-일본문학 속 젠더, 한센병, 그로테스크』, 보고사, 2019.
인천문화재단 한하운전집 편집위원회, 『한하운 전집』, 문학과지성사, 2010.
정근식 외 편저, 『소록도 100년: 한센병 그리고 사람, 100년의 성찰』(역사편/의료편), 국립소록도병원, 2017.
정근식 편, 『사진으로 보는 소록도 100년-한센병 그리고 사람, 백년의 성찰』, 국립소록도병원, 2017.
한순미, 「2장. 광주여성, 신문물의 이중적 얼굴과 만나다」, 『광주여성사 Ⅱ (근대편): 개항에서 해방이전까지』(김미경 외), 광주가족여성재단, 2020.
한하운, 『고고한(孤孤)한 생명-나의 슬픈 반생기(半生記)』, 인간사, 1958.
北村友一郎 編, 『光州地方事情(1917)』(문승이 옮김, 『광주지방사정』), 광주관련 국역 고서 제2집 『일제강점기 광주문헌집(光州文獻集)』, 광주민속박물관, 2004.
미즈노 나오키 외, 『생활 속의 식민지주의』, 정선태 옮김, 산처럼, 2007.
모로오카 야스코, 『증오하는 입: 혐오발언이란 무엇인가』, 조승미·이혜진 옮김, 오월의봄, 2015/2018.
조르조 아감벤, 『내전: 스타시스, 정치의 패러다임』, 조형준 옮김, 새물결, 2017.
주디스 버틀러, 『혐오 발언』, 유민석 옮김, 알렙, 2016.
Christine M. Boeckl, "Diversity in Leprosy Subjects", Images of Leprosy:

Disease, Religion, and Politics in European Art, Truman State University Press, 2011.

Rod Edmond, Leprosy and Empire: A Medical and Cultural History, Cambridge University Press, 2006.

논문

김재형, 「한센병 치료제의 발전과 한센인 강제격리정책의 변화」, 『의료사회사연구』3, 2019.

서기재, 「한센병을 둘러싼 제국의학의 근대사 -일본어 미디어를 통해 본 대중관리 전략」, 『의사학』26(3), 2017.

유수정, 「마이너 신체성의 굴레」, 『아시아문화연구』45, 2017.

정근식, 「질병공동체의 해체와 이주의 네트워-두 정착마을 사례를 중심으로」, 『사회와 역사』 69, 2006.

정근식, 「차별 또는 배제의 정치와 '소수자'의 사회사 재구성」, 『경제와 사회』100, 2013.

최정기, 「일제하 조선의 나(癩)환자 통제에 대한 일연구 : 나환자 관리조직을 중심으로」, 전남대학교 사회학과 석사학위논문, 1994.

한순미, 「나환과 소문, 소록도의 기억-나환 인식과 규율체제의 형성에 관한 언술 분석적 접근」, 『지방사와 지방문화』13(1), 2010.

한순미, 「상처는 왜 쓰는가-한국 나환자 심숭의 자전소설과 치유서사의 역사적 맥락」, 『인문과학연구』34, 2012.

한순미, 「한센인의 삶과 역사, 그 증언 (불)가능성」, 『민주주의와 인권』14(3), 2014.

한순미, 「점점 사라져가는 얼굴들 곁에서: 한국 한센병문학 연구의 특수한 시점」, 『횡단인문학』4, 2019.

한순미, 「위생, 안보, 복지: 1970년대 나병 계몽 운동의 변곡점-잡지 『새빛』 수록 나병 계몽 운동 자료 검토(1970~1979)」, 『지방사와 지방문화』23(2), 2020.

2부 교차점 : 재난의 기억과 치유

1장 다초점 렌즈로서의 재난(인)문학

고동현, 「사회적 재난으로서 허리케인 카트리나-정부 실패와 위험 불평등」, 『한국사회정책』22(1), 2015.

김상봉, 『네가 나라다: 세월호 세대를 위한 정치철학』, 길, 2017.

김형중, 「문학과 증언: 세월호 이후의 한국문학」, 『감성연구』12, 2016.

노명우·권명아 외, 『팽목항에서 불어오는 바람: 세월호 이후 인문학의 기록』, 현실문화, 2015.

도시재생네트워크, 『뉴욕 런던 서울의 도시재생 이야기』, 픽셀하우스, 2009.

박영균, 「재난시대, 재난의 망각과 '위험에 의한 위험의 생산'」, 『진보평론』66, 2015.

박준상, 「(정치적) 행위: 장-뤽 낭시를 중심으로」, 『떨림과 열림: 몸·음악·언어에 대한 시론』, 자음과 모음, 2015.

성공회대학교 동아시아연구소 기획, 『'동아' 트라우마』, 유선영·차승기 엮음, 그린비, 2014.

성상원·전명윤, 『거의 모든 재난으로부터 살아남는 법』, 웅진리빙하우스, 2011.

심정명, 「3월 11일 이후의 일본과 세계를 어떻게 상상할 것인가」, 『Trans-Humanities』9(2), 2016.

이영석, 「1666년 런던 대화재-재난과 수습의 사회사」, 『歷史學報』230, 2016.

이욱, 『조선시대 재난과 국가의례』, 창비, 2009.

이재윤·김수정, 「국내 재난 관련 연구 동향에 대한 계량정보학적 분석」, 『정보관리학회지』33(3), 2012.

이준석, 「과학기술학으로 이해한 재난의 자기동일성(identity)에 대한 시론(試論)-라투르와 하이데거의 접점으로서의 재난」, 『과학기술학연구』12(1), 2012.

임정규 외, 『민주주의 증인 인문학』, 엘피, 2018.

주경철, 『역사의 기억, 역사의 상상』, 문학과지성사, 2001.
정과리·이일학 외, 『감염병과 인문학』, 강, 2014.
416세월호참사 작가기록단 재난참사기억프로젝트팀, 『재난을 묻다: 반복된 참사 꺼내온 기억, 대한민국 재난연대기』, 서해문집, 2017.
조선대학교 인문학연구원 이미지연구소 편, 『폭력 이미지 재난』, 앨피, 2012.
조선대학교 인문학연구원 이미지연구소 편, 『이미지 테크놀로지 생명정치』, 앨피, 2016.
조선대학교 인문학연구원 언어융합연구소 학술세미나 '재난과 공포 그리고 언어'(2018년 10월 5일).
행정안전처, 『재난 및 안전관리 기본법』(시행 2019. 3. 26.).
쓰루미 슌스케 외, 『사상으로서의 3·11』, 윤여일 옮김, 그린비, 2012.
에릭 클라이넨버그, 『폭염 사회: 폭염은 사회를 어떻게 바꿨나』, 홍경탁 옮김, 글항아리, 2018.
조르조 아감벤, 『장치란 무엇인가?/장치학을 위한 서론』, 양창렬 옮김, 도서출판 난장, 2010.
헨리 지거리스트, 『문명과 질병』, 황상익 옮김, 한길사, 2008.
존 홀러웨이, 『크랙 캐피털리즘』, 조정환 옮김, 갈무리, 2013.
조셉 프레드·아웃도어 라이프 편집부, 『재난 생존 매뉴얼』, 김지연 옮김, 다봄, 2018.
주디스 버틀러, 『젠더 허물기』, 조현준 옮김, 문학과지성사, 2015.
마릴린 체이스, 『격리-전염병에 맞서 싸운 한 도시의 기록』, 어윤금 옮김, 북키앙, 2003.
미셸 푸코, 『안전, 영토, 인구: 콜레주 드 프랑스 강의 1977~78년』, 심세광 옮김, 난장, 2011.
리베카 솔닛, 『이 폐허를 응시하라: 대재난 속에서 피어나는 혁명적 공동체에 대한 정치사회적 탐사』, 정해영 옮김, 펜타그램, 2012.
셸던 와츠, 『전염병과 역사-제국은 어떻게 전염병을 유행시켰는가』, 태경섭·한창호 옮김, 도서출판 모티브북, 2009.

셰리 핑크, 『재난, 그 이후: 시스템이 붕괴된 사회에서 삶과 죽음의 책임은 누구에게 있는가?』, 박중서 옮김, 알에이치코리아, 2015.

발터 벤야민, 「중앙공원」, 『보들레르의 작품에 나타난 제2제정기의 파리/보들레르의 몇 가지 모티프에 관하여 외』, 김영옥·황현산 옮김, 길, 2010.

지그문트 바우만, 『모두스 비벤디: 유동하는 세계의 지옥과 유토피아』, 한상석 옮김, 후마니타스, 2010.

2장 오월 여성 데칼코마니 : 대신에/동시에 말하기

기본 자료

1) 『5·18 광주민주화운동자료총서』(권호순)

5·18 민주화운동기록관 『5·18 광주민주화운동자료총서』(『자료총서』, 광주광역시 5·18사료 편찬위원회, https://www.518archives.go.kr/).

제145회 국회 「5·18광주민주화운동 진상조사특별위원회 회의록」제28호, 대한민국국회사무처, 1989. 2. 22., 『자료총서 5권』.

제145회 국회 「5·18광주민주화운동 진상조사특별위원회 회의록」제30호, 대한민국국회사무처, 1989. 2. 24., 『자료총서 5권』.

『월간조선』 특별취재반 오효진, 조갑제, 조남준, 이춘삼, 권영기, 「'광주'주역 36인의 증언: 내가 겪은 80년 5월의 광주」(『월간조선』 1985. 5.), 『자료총서 11권』.

이광영(5·18부상자회 부회장), 「입체특집/광주사태를 재심한다. 광주사태 시민군 수기 '금남로 10일, 스님이 겪은 연옥'」(『월간경향』 1988. 3.), 『자료총서 11권』.

전옥주(주부, 5·18 당시 가두방송원), 「'간첩누명에 고문까지'」(『월간경향』, 1988. 3.), 『자료총서 11권』.

김영철(가명, 5·18 당시 광주투입 계엄군), 「입체특집/광주사태를 재심한다. 5·18 광주사태 계엄군 수기-'다 같은 피해자, 참회의 마음을': 광주사태에 투입된 어느 계엄군의 고백」(『월간경향』(1988. 3.), 『자료총서 11권』.

박명민(유족, 농업), 「헌혈한 뒤 총맞은 여고생/광주 주역 36인의 증언: 내가 겪은 80년 5월의 광주」(『월간조선』 1988. 3.), 『자료총서 11권』.
나의갑, 「그때 그 목소리의 주인공, 전옥주는 누구인가?」(『월간예향』 1988. 5.), 『자료총서 11권』.
「차가 멈춰 데려간 곳은 음침한 장소였다」(『국민신문』 1988. 7. 1.), 『자료총서 11권』.
박래풍(당시 구두닦이) 구술/정리 제공: 송기숙(한국현대사사료연구소 소장 전남대 교수), 「광주투쟁기 '구두닦이에서 광주투사로: 한 밑바닥 인생이 겪은 5·18과 고문'」(『말』 1989. 1.), 『자료총서 11권』.
박창호(기자), 「당시 7공수 33대대 최영신 중사의 그날 그 기억」(『생활성서』 1995. 5.), 『자료총서 11권』.
김성봉(외과의원 원장), 「"헌혈하고 간 여고생 시체로 다시 왔다"–의사가 겪은 5·18 참상」(『월간예향』 1996. 2.), 『자료총서 11권』.
김치년(당시 3여단12 작전병), 「전투는 있었지만 학살은 없었다/3공수여단 12대대 작전병 출신의 실명수기–'내가 겪은 광주사태'」(『월간조선』 1996. 4.), 『자료총서 11권』.
정현상(동아일보 기자), 「광주민주화운동 가두 방송 두 여인/전옥주·차명숙」(『신동아』 1998. 5.), 『자료총서 11권』.
풍간공일(風間公一), 「일인(日人) 사진기자의 현장 목격기」(『신동아』 1985. 7.), 『자료총서 11권』.
아놀드 피터슨, 정동섭 번역, 「피터슨 목사의 광주 증언록/내가 겪은 광주, 80년 5월」(『사회평론 길』 1995. 5.), 『자료총서 11권』.
필립 퐁스, 「외국인이 증언하는 80년 5월 광주: 광주사망자 3백 명은 넘는다」(『신동아』 1989. 5.), 『자료총서 11권』.
전용호, 「광주부상자, 고통의 세월 8년/부상자 동지회를 중심으로」(『월간경향』 1988. 7.), 『자료총서 12권』.
송영도 구술(고 김완봉 학생 어머니/정리 제공: 한국현대사사료연구소), 「이불홑청으로 만든 플래카드–중학생 외아들 잃은 홀어머니의 8년 투쟁기」(『말』 1988. 12.), 『자료총서 12권』.

「20사단 충정작전보고 국방부 원자료 전문」(『신동아』 1988. 12.), 『자료총서 13권』.
「폭동진압 잘못된 것 없다/광주현장에 있던 공수 특전단 소속장병들」(『한국논단』 1996. 5.), 『자료총서 13권』.
고정희, 「광주민중항쟁과 여성의 역할/광주 여성들, 이렇게 싸웠다」(『월간중앙』 1988. 5.), 『자료총서 14권』.
김준태, 「「광주항쟁」 현장일기: 12일간 (1980. 5. 16.~1980. 5. 27.)의 현장목격 일기를 중심으로」(『월간중앙』, 1988. 5.), 『자료총서 14권』.
이준수(본지 기자), 「노동자는 항쟁에 어떻게 참여했나」(월간 『노동자』 1989. 5.), 『자료총서 14권』.
손명선 증언, 「광주비디오, 그 살육의 현장」(한국현대사사료연구소, 1989. 2.), 『자료총서 17권』.
이수애, 「광주민중항쟁과 여성의 삶: 여성의 눈으로 삶 읽기」(『여성문제연구』(목포대, 1996. 5.), 『자료총서 18권』.
「안부웅 광주 민주화운동 당시 11공수특전여단 61대대장의 진술」(『월간조선』 별책부록 1999. 1.), 『자료총서 18권』.
「광주시 상황보고」(1980. 7. 3.), 『자료총서 20권』.
「5·18사태 상황 및 조치사항/광주시」, 『자료총서 20권』.
전라남도, 「행정기관 소장문서중 광주사태 부상자 관련 문서들: 광주사태부상자 치료대책」, 『자료총서 22권』.
「전언통신」, 『자료총서 22권』.
「광주사태로 인한 인명피해(부상자) 상황 보고」(1980. 7. 3.), 『자료총서 23권』.
서울지방검찰청·국방부검찰부, 「5·18관련 사건 수사결과(1995. 7. 18.)」, 『자료총서 50권』.
「군이 작성한 사진 설명」, http://theme.archives.go.kr/next/518dm/page3_2_view.do?page=1&no=6.

신문 기사

「광주 일원 심각 사태」, 『경향신문』 1980. 5. 22.

「"이성회복 질서유지를" 이계엄사령관 광주사태에 담화」, 『동아일보』 1980. 5. 22.
「이 계엄사령관 담화발표 광주사태 고정간첩 침투선동 악화면 파국 초래」, 『매일경제』 1980. 5. 22.
「박총리, 광주서 호소 이성과 냉정 되찾아 가정·직장 돌아가길」, 『경향신문』 1980. 5. 23.
「데스크」, 『매일경제』 1980. 5. 23.
「광주사태 수습움직임」, 『동아일보』 1980. 5. 23.
「미결의(美決意) 이미 전달 주한미관리(駐韓美官吏)」, 『동아일보』 1980. 5. 24.
「최대통령, 광주서 특별담화 "과오 관용…불문(不問)에 붙이겠다"」, 『경향신문』 1980. 5. 26.
「전화위복의 계기삼자」, 『매일경제』, 1980.5.28.
「광주사태 일지」, 『동아일보』 1980.5.28.
「열사(熱砂)의 중동 땀흘리는 한국인-현장의 소리」(상), 『동아일보』 1980. 5. 28.
「취재기자들의 방담(放談)으로 엮어본 사태현장 광주 그 10일」, 『경향신문』 1980. 5. 29.
「슬기와 이해로 화합을 범국민적 광주 시민돕기를 보고」, 『매일경제』 1980. 5. 30.
「계엄사 발표 「광주사태」」, 『동아일보』 1980.5.31.
「중동국들 한국소요사태이후 공사수주·무역거래등을 주저」, 『경향신문』 1980. 6. 28.
「"진리탐구만이 애국의 바른길" 전남지역대학생 반공·면학풍토 조성 궐기대회」, 『동아일보』 1980. 8. 5.
「최대통령 성명전문」, 『경향신문』 1980. 8. 16.
「김대중활동, 북괴책동과 상통」, 『경향신문』 1980. 9. 11.
「집회시위에 관한 법개정과 국가적 차원의 새 인식」, 『경향신문』 1980. 12. 4.

논문

강현아, 「5·18 민중항쟁과 여성활동가들의 삶」, 『한국사회학』36(1), 한국사회학회, 2002.

강현아, 「5·18 항쟁 역사에서 여성의 주체화」, 『한국여성학』20(2), 한국여성학회, 2004.
김귀옥, 「5·18민중항쟁 정신을 평화운동으로 계승하고 있는 오월의 여성」, 『여성과 평화』6, 한국여성평화연구원, 2020.
김영희, 「'5·18'의 기억 서사와 '여성'의 목소리」, 『페미니즘 연구』18(2), 한국여성연구소, 2018.
김영희, 「'5·18 광장'의 '애국' 담론과 '여성'의 비가시화: 청취의 연대가 만들어내는 '여성' 발화의 장소」, 『경제와 사회』126, 비판사회학회, 2020.
김정한, 「광주 학살의 내재성-쿠데타, 베트남전쟁, 내전」, 『역사비평』131, 역사문제연구소, 2020 여름.
노영기, 「'5、18항쟁과 군대'에 관한 연구와 전망」, 『민주주의와 인권』5(1), 전남대학교 5·18연구소, 2005.
노영기, 「5·18항쟁 초기 군부의 대응-학생시위의 시민항쟁으로의 전환 배경과 관련하여-」, 『한국문화』62, 서울대학교 규장각한국학연구원, 2013.
안진, 「5·18광주항쟁에서의 여성 주체세력의 성격-광주항쟁의 젠더화를 위한 시론(試論)-」, 『광신논단』14, 광신대학교출판부, 2005a.
안진, 「5·18 광주항쟁에서의 여성의 피해, 그리고 생존」, 『여성과 평화』4, 한국여성평화연구원, 2005b.
안진, 「5·18 광주항쟁에서 여성 주체들의 특성」, 『젠더와 사회』6(1), 한양대학교 여성연구소, 2007.

단행본 및 기타

광주전남여성단체연합, 『광주 여성-그녀들의 가슴에 묻어 둔 5·18 이야기』, 후마니타스, 2012.
광주여성가족재단, 『5·18과 여성-5·18 민주화운동 40주년 이후 방향 모색』, 2019. 11. 27.
5·18기념재단, 『5·18의 기억과 역사-간호사 편』(10), 심미안, 2020.
홍성표 일지·메모/안길정 기획·집필, 『호텔리어의 오월 노래-광주관광호텔에서 본 5·18』, 빨간소금, 2020.
아를레트 파르주, 『아카이브 취향』, 김정아 옮김, 문학과지성사, 2020.
미셸 푸코, 『이것은 파이프가 아니다』, 김현 옮김, 민음사, 1995.
폴 코트라이트, 『5·18 푸른 눈의 증인–폴 코트라이트 회고록』, 최용주 옮김, 한림출판사, 2020.

3장 재난 이후 인문학적 실천 : 세월호 바람에게

자료

세월호 추모곡 「바람이 잠든 곳」(이승원 작사, 성용원 작곡, 2018)
세월호 추모곡 「천 개의 바람이 되어」(임형주 노래, 2014)
「"어두컴컴한 바다뿐" 세월호 속 마지막 사진」, 『국민일보』, 2015.9.4. http://news.kmib.co.kr/article/view.asp?arcid=0009823634&code=61121111&cp=nv.
「서강대 이냐시오 성당에서 열린 '세월호 참사' 희생자들을 위한 추모 미사. 세월호 사고 희생자 실종자 생존자 가족대책위원회 대변인 유경근씨」, 『경향신문』, 2014.5.21. http://news.khan.co.kr/kh_news/khan_art_view.html?artid=201405251108411&code=940100#csidx0d2e36134d74ae3a87f3bdf44f3079d.
「[진도 여객선 침몰] 배에서 온 전화 "엄마, 반쯤 잠겼는데 바다밖에 안 보여"」, 『국민일보』, 2014.4.16, http://news.kukinews.com/news/article.html?no=198383.
5·18광주민주화운동기록관, 청년세대 포럼 「미래세대가 518을 기억하는 새로운 방법2」, 2019. 12. 11.

논저

고은 외, 『우리 모두가 세월호였다』, 실천문학사, 2014.
김명인, 「'세월호 문학'의 시작」(해설), 『아름다운 그이는 사람이어라』(김탁환 소설집), 돌베개, 2017.
김상봉, 『네가 나라다: 세월호 세대를 위한 정치철학』, 길, 2017.
김종군 외, 『국가폭력 트라우마와 치유』(건국대학교 통일인문학연구단 기획), 패러다임북, 2018.
김탁환, 『아름다운 그이는 사람이어라』, 돌베개, 2017.
김항, 『종말론 사무소』, 문학과지성사, 2016.
권명아, 「사건 이후의 인간학-혼의 투쟁에 대하여」, 『팽목항에서 불어오는 바람』, 현실문화, 2015.
김형중, 『후르비네크의 혀』, 문학과지성사, 2016.
김형중, 「우리가 감당할 수 있을까?-트라우마와 문학」, 『문학과사회』27(3), 문학과지성사, 2014.
김홍중, 「마음의 부서짐: 세월호 참사와 주권적 우울」, 『사회와 이론』26, 한국이론사회학회, 2015.
노영기, 「5·18항쟁 기록물의 생성과 유통」, 「역사와 현실」104, 한국역사연구회, 2017.
노영기, 「10년 전의 기억, 새로움을 위한 제언-국방부 과거사진상규명위원회의 5·18 조사 활동과 평가」, 『역사비평』121, 역사문제연구소, 2017.
방현석, 『세월』, 아시아, 2017.
신지영, 『마이너리티 코뮌-동아시아 이방인이 듣고 쓰는 마을의 시공간』, 갈무리, 2016/2017.
신형철, 『슬픔을 공부하는 슬픔』, 한겨레출판, 2018.
은우근, 「5·18공동체: 부끄러운 자들을 위한 연대」, 『너와 나의 5·18』(5·18기념재단 기획, 김정인 외), 오월의봄, 2019.
이광호, 「남은 자의 침묵-세월호 이후에도 문학은 가능한가?」, 『팽목항에서 불어오는 바람』, 현실문화, 2015.
이명원, 「끝에서 시작으로-용산, 뉴욕, 후쿠시마」, 『후쿠시마에서 부는 바람』, 갈무리, 2012.
임경규 외, 『민주주의 증언 인문학: 민주주의는 증언에서 시작된다』, 앨피, 2018.

임지현, 『기억 전쟁: 가해자는 어떻게 희생자가 되었는가』, 후마니스트, 2019.
정문영, 「침묵의 고고학 혹은 '유언비어'에 관하여」, 『이미지 테크놀로지 생명정치-생명관리 사회의 테크놀로지와 권력』(조선대학교 인문학연구원 이미지연구소 편), 앨피, 2016.
조선대학교 인문학연구원 이미지연구소 편, 『폭력 이미지 재난: 폭력의 스펙터클 그 상상의 끝』, 앨피, 2012.
조정환, 「혁명과 재앙 사이의 후쿠시마」, 『후쿠시마에서 부는 바람』, 갈무리, 2012.
조정환, 「인지자본주의와 재난자본주의 사이에서-'후쿠시마'라는 이름」, 『후쿠시마에서 부는 바람』, 갈무리, 2012.
진태원, 『애도의 애도를 위하여:비판 없는 시대의 철학』, 그린비, 2019.
진태원, 『을의 민주주의: 새로운 혁명을 위하여』, 그린비, 2017.
차승기, 『비상시의 문/법: 식민지/제국 체제의 삶·문학·정치』, 그린비, 2016.
천정환, 「애도의 한계와 적대에 대하여」, 『팽목항에서 불어오는 바람』, 현실문화, 2015.
한순미, 「불면의 감촉」, 『문예연구』여름호, 문예연구사, 2017.
한순미, 「나무-몸-시체: 518 전후의 역사 폭력을 생각하는 삼각 운동」, 『인문학연구』52, 조선대학교 인문학연구원, 2016.
한홍구·서경식·다카하시 데쓰야, 좌담집 『후쿠시마 이후의 삶』, 이령경 옮김, 반비, 2013.
홍세화, 「여는 글」, 『팽목항에서 불어오는 바람: 세월호 이후 인문학의 기록』, 현실문화, 2015.
서경식·다카하시 테츠야, 『단절의 세기 증언의 시대』, 김경윤 옮김, 삼인, 2002.
이소마에 준이치, 『죽은 자들의 웅성임: 한 인문학자가 생각하는 3·11대재난 이후의 삶』, 장윤선 옮김, 글항아리, 2016.
모리 이치로, 「세계를 사랑한다는 것」, 『사상으로서의 3·11-대지진과 원전 사태 이후의 일본과 세계를 사유한다』(츠루미 슌스케·요시모토 다카아키·사사키 아타루), 윤여일 옮김, 그린비, 2012.

사사키 아타루, 「부서진 대지에, 하나의 장소를」, 『사상으로서의 3·11–대지진과 원전 사태 이후의 일본과 세계를 사유한다』(아이아 총서 9)』, 윤여일 옮김, 그린비, 2012.

코소 이와사부로, 「녹색 속에 감추어져 있는 송곳니들: 혁명과 재앙 사이의 세계와 지구」, 『후쿠시마에서 부는 바람』, 조정환 옮김, 갈무리, 2012.

코소 이와사부로, 「3.11 이후의 지구적 아나키즘」, 『후쿠시마에서 부는 바람』, 윤여일 옮김, 갈무리, 2012.

자크 랑시에르, 『역사의 형상들』, 박영옥 옮김, 글항아리, 2016.

조르조 아감벤, 『아우슈비츠의 남은 자들: 문서고와 증인』, 정문영 옮김, 새물결, 2012.

조르조 아감벤, 『언어의 성사: 맹세의 고고학』, 정문영 옮김, 새물결, 2012.

모리스 블랑쇼, 『카오스의 글쓰기』, 박준상 옮김, 그린비, 2012.

프리모 레비, 『가라앉은 자와 구조된 자』, 이소영 옮김, 돌베개, 2014/2015.

시몬 비젠탈, 『모든 용서는 아름다운가: 용서받을 자격과 용서할 권리에 대하여』, 박중서 옮김, 뜨인돌, 2005/2019.

부록

Disaster Humanities After the Pandemic

Chantal Mouffe, 「Chapter 5. Agonistic Politics and Artistic Practices」, AGONISTICS: Thinking the World Politically, 2013), Seoul: Nanjang, 2020.

Cho Jung–hwan, In between cognitive capitalism and disaster capitalism–The name called Fukushima, The wind blown from Fukushima, Seoul: Galmuri Publisher, 2012.

James C. Scott, translated by Jun Sang–in, Domination and the Arts of

Resistance: Hidden Transcripts (1992), Seoul: Humanitas Books, 2020.

Jung Geun-sik, 「For research on the history of Hansen's disease in East Asia」, Health and Social Science 12, Korean Association of Health and Medical Sociology, 2002.

Han Soon-mi, 「Pink Voices-Questions Raised by Hybridity in Hansen's Disease Patients' Records」, Korean Studies Institute, Pusan National University, 2017.

Maurice Blanchot, translated by Park Jun-sang, Writing of Chaos(L'écriture du désastre, 1980), Seoul: Greenbee, 2012.

Rob Nixon, translated by Kim Hong-ok, Slow violence and the Environmentalism of the Poor, 2011, Seoul: Ecolivres, 2020.

Kwon Heon-ik, translated by Park Chung-hwan, et al., Ghosts of War in Vietnam (2008), Busan: Sanzini, 2016/2018.

Kwon Heon-ik, translated by Jung So-young, After the Korean War: An Intimate History), Seoul: Changbi Publishers, 2020.

Seo Jung-in, History and Nature, Royal azalea festival, Seoul: Minumsa, 1986.

Lee Cheong-jun, In between existential language and relational language, Words hidden in the ellipsis, Paju: Nanam Publishing House, 1985.

Lim Chul-woo, The Reason I Write, How I write: Writing and life of Asian writers, Seoul: Asia, 2020.

Makoto Oda, As a Japanese writer As a asian writer, How I write: Writing and life of Asian writers, Seoul: Asia, 2020.

Putu Wijaya, Writing is a struggle, How I write: Writing and life of Asian writers, Seoul: Asia, 2020.

Cris Toala Olivares(Dutch–Ecuadorian photographer), A Volcano as Your Neighbour, ted, Dec 14, 2016. (https://www.youtube.com/watch?v=mVXFsodbsHA)

David Wallace Wells, translated by Kim Jae–kyung, The Uninhabitable Earth (2019), Seoul: Chungrim Publishing Co., 2020.

Judith Butler, translated by Kim Eung–san·Yang Hyo–sil, 「Chapter 4: Bodily Vulnerability, Coalitional Politics」, Notes Toward a Performative Theory of Assembly (2015), Seoul: Changbi Publisher, 2020.

Naomi Klein, translated by Lee Soon–hee, This Changes Everything: Capitalism vs. the Climate (2014), Paju: Open Books Co., 2019.

David Biello : Journalist in energy and environment. Science curator for TED. https://ideas.ted.com/you–have–been–living–in–a–new–geologic–time–all–along. (Sep 8, 2016/DavidBiello).

Donald J. Trump on Twitter : (5:51 PM, Mar 16, 2020) https://www.nytimes.com/2020/03/18/us/politics/china–virus.html.

"Shincheonji was not the only problem"…Muslims left in COVID–19 blind spot, Yonhap News, August 5, 2020.

논문 원전 서지사항

- 오월 여성 데칼코마니–대신에/동시에 말하기
  상허학보63, 상허학회, 2021.
- 거울과 카메라: 한센병 발화에서 “당신”의 각도
  의료사회사연구7, 의료역사연구회, 2021.
- Disaster Humanities after the Pandemic
  Journal of Humanities Therapy11(2), 강원대학교 인문과학연구소. 2020.
- 재난 이후 인문학적 실천 – 세월호의 ‘바람’에게
- 인문논총77(2), 서울대학교 인문학연구원, 2020.
- 세계를 바라보는 다초점 렌즈로서의 재난(인)문학
  동서비교문학저널(50), 한국동서비교문학학회, 2019.